GOLDMANN
Lesen erleben

Buch

Wandlitz – ein kleiner Ort in Brandenburg. 2013 wurde hier ein Flüchtlingsheim eröffnet. Was viele zunächst als Bedrohung empfanden, wird heute als Bereicherung gesehen. In Wandlitz sind aus Fremden Freunde geworden. Wie das funktioniert hat, davon erzählt Bürgerrechtler Mathis Oberhof in diesem Buch. Darüber hinaus gibt er nützliche und konkrete Tipps, wie ein gelungenes Miteinander zu gestalten ist, und zeigt auf, wie man helfen kann, damit aus Willkommenskultur Integrationskultur wird.

Autoren

Mathis Oberhof, geboren 1950, war von 2012 bis 2013 Koordinator des Runden Tisches Wandlitz, der die Willkommenskultur für Flüchtlinge organisierte. Für diese Arbeit wurde er mit verschiedenen Ehrungen ausgezeichnet, zuletzt mit der Ehrenmedaille des Landes Brandenburg. Der Vater von drei Söhnen lebt als Rentner mit seiner Frau in Wandlitz bei Berlin.

Carsten Tergast wurde 1973 in Leer/Ostfriesland geboren. Nach einer Lehre als Sortimentsbuchhändler absolvierte er ein Literatur- und Medienwissenschaftsstudium in Paderborn. Er ist freiberuflicher Journalist, Autor und Texter für verschiedene Print- und Onlinepublikationen. Seit 2008 hat er an 20 Buchprojekten mitgewirkt, so etwa an Michael Winterhoffs Bestseller *Warum unsere Kinder Tyrannen werden.*

Mathis Oberhof
mit Carsten Tergast

»Refugees Welcome!«

Die Geschichte einer gelungenen Integration
So können Sie Flüchtlingen helfen

GOLDMANN

Alle Ratschläge in diesem Buch wurden vom Autor und vom Verlag sorgfältig erwogen und geprüft. Eine Garantie kann dennoch nicht übernommen werden. Eine Haftung des Autors beziehungsweise des Verlags und seiner Beauftragten für Personen-, Sach- und Vermögensschäden ist daher ausgeschlossen.

Der Verlag weist ausdrücklich darauf hin, dass im Text enthaltene externe Links vom Verlag nur bis zum Zeitpunkt der Buchveröffentlichung eingesehen werden konnten. Auf spätere Veränderungen hat der Verlag keinerlei Einfluss. Eine Haftung des Verlags für externe Links ist stets ausgeschlossen.

FSC www.fsc.org MIX Papier aus verantwortungsvollen Quellen FSC® C014496

Verlagsgruppe Random House FSC© N001967

Dieses Buch ist auch als E-Book erhältlich.

1. Auflage
Originalausgabe März 2016
Wilhelm Goldmann Verlag, München,
in der Verlagsgruppe Random House GmbH

Umschlaggestaltung: Uno Werbeagentur, München
Redaktion: Angela Kuepper
Satz: EDV-Fotosatz Huber/Verlagsservice G. Pfeifer, Germering
Druck und Bindung: GGP Media Gmbh, Pößneck
MZ · Herstellung: cb
Printed in Germany
ISBN 978-3-442-17631-1
www.goldmann-verlag.de

Für Aylan Kurdi,
geboren 2012 in Syrien,
ertrunken im Mittelmeer vor der
türkischen Stadt Bodrum am 2. September 2015,
und für die Zehntausenden Namenlosen, die auf dem Weg
nach Europa ihr Leben lassen mussten.

Inhalt

Geleitwort von Ministerpräsident Dr. Dietmar Woidke

Liebe Leserinnen und Leser,

Brandenburg ist weltoffen und bekennt sich zu seiner Tradition, in der Toleranz einen herausgehobenen Platz hat. In den letzten Jahren haben immer mehr Menschen in unserem Land öffentlich zu dieser Tradition gestanden.

Ein bekanntes Beispiel ist der »Runde Tisch« in Wandlitz. Er wurde zu einem Katalysator, der anfängliche Angst und Sorge vor einem in Wandlitz geplanten Asylbewerberheim in eine »Willkommenskultur« umwandelte. Maßgeblich daran beteiligt war der Autor Mathis Oberhof. Nun hat er seine Erinnerungen verfasst und damit auf sehr authentische Weise den Fokus auf die Ereignisse 2012/2013 in Wandlitz gelenkt, wo die Flüchtlinge willkommen geheißen werden.

Ich wünsche Ihnen eine spannende Lektüre und hoffe, dass das Wandlitzer Vorbild Schule machen wird.

Ihr

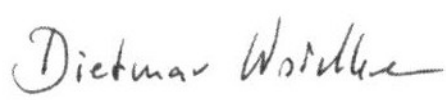

Dr. Dietmar Woidke
Ministerpräsident des Landes Brandenburg

Prolog: Samirs Lächeln

Es ist ein schüchternes Lächeln, das sich auf Samirs Gesicht ausbreitet. Aber es ist ein Lächeln, und ich bin froh darüber, dass es dieses Lächeln gibt. Samir lächelt, weil er gerade von seinem Traum erzählt hat. Er möchte ein bekannter Sänger werden, auf der Bühne stehen, Musik machen und die Menschen mit seiner Kunst erfreuen. Er, der ganz andere Gedanken im Kopf haben könnte, schaut in die Zukunft und sieht sich mit dem Mikrofon in der Hand vor dem Publikum stehen. »Ich war schon immer ein Romantiker«, sagt Samir und wird ein wenig rot dabei, »und Deutschland finde ich romantisch.«

Der Ort, an dem Samir diese Sätze sagt, ist eigentlich wenig romantisch, dafür sehr deutsch. Wir sitzen zusammen im Verwaltungsbüro des Flüchtlingsheims in Wandlitz. Aktenordner und Papierstapel zeugen vom bürokratischen Aufwand, der hier jenseits jeglicher Romantik getrieben werden muss. Draußen allerdings scheint die Sonne, es ist ein schöner Spätsommertag, obwohl wir jahreszeitlich eigentlich schon im Herbst sind. Hier, nur 30 Kilometer vom Moloch Berlin entfernt, scheint die Welt an diesem Tag ziemlich in Ordnung zu sein und vielleicht sogar ein wenig romantisch. Für mich. Aber eben auch für Samir und seinen Freund Azmi, der neben ihm sitzt und ebenfalls ein zufriedenes Gesicht macht.

Samir und Azmi sind Syrer, vor wenigen Wochen erst in Wandlitz angekommen, sie sprechen schon ein wenig Deutsch, dazu etwas Englisch, sind aber sichtlich erleichtert, als mit etwas Verspätung der Dolmetscher erscheint. Nun können sie sicher sein, dass wir ihre Erzählungen richtig verstehen werden. Dass wir verstehen werden, warum sie hier in Wandlitz sind und nicht in Aleppo, ihrem Heimatort in Syrien, wo beider Familien zum Zeitpunkt unseres Gesprächs immer noch leben.

Ich hatte Samir gebeten, zunächst seine Geschichte zu erzählen, und bis er lächelnd zum Ende kommt mit dem Wunsch, ein Gesangsstar zu werden, hat er jene Fluchterlebnisse geschildert, die nicht nur seine, sondern so viele Biografien in diesen Tagen um dramatische Details erweitern.

Ich fühle in diesem Moment, wie Freude in mir hochsteigt. Freude darüber, dass Samir mir diese Geschichte im geschützten Rahmen des Wandlitzer Flüchtlingsheims erzählen kann. Denn das ist nicht selbstverständlich angesichts der Ereignisse, die Deutschland und ganz Europa zurzeit scheinbar überrollen. Hunderttausende Menschen sind zu diesem Zeitpunkt auf der Flucht, sehr viele davon haben Deutschland als Ziel. Überwältigende Aufnahmebereitschaft einerseits und Widerwille sowie echter Hass und reale Aggression auf der anderen Seite. Was dominiert? Ich will hier zeigen und beweisen: Die

Mehrheit will sich den Herausforderungen konstruktiv stellen. In Wandlitz haben wir es geschafft.

Von dieser sprunghaften und dramatischen Entwicklung war noch nichts zu merken, als im Januar 2013 die ersten Asylbewerber in das Heim in Wandlitz einzogen. Und doch profitieren wir jetzt, Ende 2015, genau von den Dingen, die sich damals zutrugen und von denen ich in diesem Buch berichten möchte, um zu zeigen, wie eine Willkommenskultur, die diesen Begriff umfassend ernst nimmt, aussehen kann.

Das unscheinbare Wörtchen »umfassend« ist mir dabei sehr wichtig. Obwohl dieses Buch »Refugees Welcome!« heißt und es natürlich in erster Linie um die Flüchtlinge geht, die zu uns nach Deutschland kommen und die wir hier willkommen heißen möchten, zielt meine Absicht auf einen sehr viel weiteren Willkommensbegriff. »Willkommen« soll nach meiner Vorstellung etwas sein, das jeder Mensch überall für sich in Anspruch nehmen kann. Kommst du irgendwohin, wo nicht deine Heimat ist, sollst du willkommen sein. Bist du anders als andere, sollst du willkommen sein. Dieses »Anderssein« muss sich dabei nicht auf die Herkunft beziehen, sondern es meint jede Abweichung von einer gefühlten oder von außen willkürlich gesetzten Norm: andere Hautfarbe, andere Religion, andere Weltanschauung, körperlich anders, geistig anders. Eine Willkommenskultur, die diesen Begriff ernst nimmt, lehnt all dieses andere nicht ab, sondern heißt es willkommen und integriert es in die vorhandenen Strukturen. Einer meiner Wahlsprüche lautet: »Respect! Empower! Include!« Dieser Dreiklang, der dem Wahlkampf von Barack Obama vor einigen Jahren entlehnt ist, enthält für mich das Geheimnis der Willkommenskultur: Wir sollten das andere respektieren. Dieser Respekt wird sowohl uns als auch die anderen stärken. Und gestärkt können wir das andere in unsere Gemeinschaft aufnehmen, inkludieren.

Davon handelt dieses Buch auf einer höheren Ebene. Diese Gedanken stehen im Hintergrund, wenn ich erzähle, wie wir es in Wandlitz geschafft haben, eine Erfolgsgeschichte aus dem angstbesetzten Umstand zu machen, dass ein Flüchtlings- bzw. Asylbewerberheim vor Ort eröffnet werden sollte. Und wie andere aus dieser Erfolgsgeschichte lernen können, wenn sie selbst gern helfen möchten.

Doch nun will ich zunächst Samir seine Geschichte erzählen lassen, um gleich zu Beginn dieses Buches in Erinnerung zu rufen, warum es wichtig ist, all diese Menschen nicht abzulehnen, sondern willkommen zu heißen.

Woher stammen Sie?
Ich komme aus Aleppo, einer großen Stadt im Norden Syriens, die ganz massiv vom Krieg in meinem Land betroffen ist. Genauer gesagt, stamme ich aus einem der Vororte von Aleppo.

Was haben Sie in Syrien gemacht, und warum haben Sie sich zur Flucht entschlossen?
Ich war Student der Biologie an der Universität von Aleppo. Eines Tages wollte ich von der Universität zurück in den Vorort fahren, in dem meine Familie wohnt, doch ich fand nur noch Trümmer vor. Alles war von Bomben getroffen worden, es stand kaum noch ein Stein auf dem anderen.

Haben Sie Ihre Familie wiedergefunden?
Ja, zum Glück waren alle unverletzt, aber wir hatten kein Dach mehr über dem Kopf und mussten sehen, wo wir bleiben. Wir sind dann in einem anderen Teil Aleppos bei Verwandten untergekommen, aber das war der Moment, in dem klar war, dass es so nicht weitergehen konnte und der Älteste aus meiner Generation sich auf die Flucht begeben musste. Ich habe dann angefangen, meinen Weggang zu planen, denn ich wusste, dass es ein schwieriger und langer Weg werden würde.

Und dann haben Sie sich direkt auf den Weg nach Westeuropa gemacht?
Nein, so einfach ist das nicht. Die Flucht kostet viel Geld, das war mir von Anfang an klar. Ich hatte etwas gespart, aber ich wusste, dass das nicht reichen würde, um die ganze Strecke zu schaffen. So habe ich mich zunächst in die Türkei durchgeschlagen und in Istanbul nach einer Arbeit gesucht. Das klappte zwar, aber es war sehr hart und sehr schlecht bezahlt. Als syrischer Flüchtling war ich dort nicht viel wert, und es war leicht, mich und andere meiner Landsleute auszubeuten. Für einen Zwölfstundentag in der Fabrik, in der ich gearbeitet habe, habe ich pro Monat nur etwa 300 Euro verdient. Davon habe ich noch einen großen Teil an meine Familie geschickt, um sie zu unterstützen.

Da muss es lange gedauert haben, bis Sie das Gefühl hatten, genug Geld zusammenzuhaben.
Ja, ich habe dort fast zwei Jahre gearbeitet. Irgendwann hatte ich genug Geld gespart, um die weitere Flucht wagen zu

können. Gemeinsam mit anderen Syrern habe ich mich auf die Suche nach Schleppern gemacht, die uns mit Booten von Bodrum an der türkischen Mittelmeerküste zur gut 20 Kilometer entfernten griechischen Insel Kos rüberbringen sollten.

Was waren das für Boote, und was hat die Überfahrt gekostet?
Zum Zeitpunkt meiner Flucht musste ich für die Überfahrt 1000 Euro bezahlen. Ich habe aber gehört, dass die Schlepper mittlerweile weit mehr verlangen. Je mehr Flüchtlinge kommen, desto teurer wird die Fahrt. Das Boot war vollkommen überfüllt, es war vielleicht sechs Meter lang und eineinhalb Meter breit. Darauf waren wir mit insgesamt 54 Leuten. Dass wir es überhaupt bis nach Kos geschafft haben, ist ein kleines Wunder, denn wir hatten irgendwann ein Leck an Bord, sodass das Boot zu kentern drohte. Die Küstenwache hat uns dann aufgegriffen und nach Kos gebracht.

Hatten Sie die ganze Zeit einen Plan, wie es weitergehen soll?
Ja. Es war klar, dass Deutschland das Ziel der Reise sein würde, und die Route dorthin war bekannt. Ich hatte mein Handy dabei und wusste durch das GPS-Signal immer recht gut, wo ich mich befand. Durch den Kontakt zu anderen Geflüchteten, die die Reise schon hinter sich hatten, wusste ich auch, wie es weitergehen sollte. Von Kos aus mussten wir es nach Athen schaffen und von dort weiter über die sogenannte Balkanroute Richtung Ungarn und Österreich.

Das war alles vollkommen klar und durchgeplant?
Der Weg an sich ja. Wie man durchkommt, natürlich nicht. In Serbien sind wir fast 120 Kilometer zu Fuß gelaufen. Haben im Wald geschlafen. Egal welches Wetter war, einfach immer weiter und hoffen, dass der Akku des Handys hält und das GPS nicht ausfällt.

Wo war es am unangenehmsten?
In Ungarn. Dort geht es nur darum, Flüchtlinge abzukassieren. Ich hatte es bis Budapest geschafft und mich dort orientiert. Zuerst bin ich in einem Hotel untergekommen, dessen Besitzer sich derzeit an der Flüchtlingskrise eine goldene Nase verdient. Die ungarische Polizei guckt weg und lässt die Leute gewähren, da wäscht eine Hand die andere.

Also möglichst schnell wieder weg?
Ja. Ich bekam dann mit, dass es eine Möglichkeit geben würde, mit Privatautos über Österreich Richtung Deutschland zu kommen. Wir mussten uns alle mitten in der Nacht an einer bestimmten Stelle einfinden, wo eine ganze Kolonne hochwertiger Autos wartete, lauter große Audis, Mercedes und BMW und ein paar Mittelklassewagen. In jedes Auto wurden so viele Insassen gezwängt wie nur möglich, nachdem wir alle mehrere Hundert Euros bezahlt hatten.

Hatten Sie Angst?
Die ganze Zeit. Ich habe kein Wort gesagt und immer nur gehofft, dass die Schleuser wenigstens Wort halten und uns wirklich bis nach Deutschland bringen. Ich hatte von mehreren

Leuten gehört, die noch auf österreichischer Seite einfach rausgeschmissen und sich selbst überlassen wurden. Oder sogar noch in Ungarn, irgendwo auf dem Land. Bezahlt hatten sie ja schließlich schon, also waren sie Freiwild für die Schleuser.

Sie haben es aber auf diese Weise bis nach Deutschland geschafft?
Ja, glücklicherweise fuhr das Auto, in dem ich saß, bis kurz vor München, dort mussten wir aussteigen. Ich war so froh, als ich sicher wusste, dass ich tatsächlich Deutschland erreicht hatte!

Wie sind Sie dann nach Wandlitz gekommen?
Von München aus wurde ich in das Erstaufnahmelager nach Eisenhüttenstadt gebracht. Dort gab es nur Zelte, und es war ziemlich kalt, das hat mich etwas erschreckt, weil ich dachte, Zeltlager gäbe es in Deutschland nicht. (*Samir zeigt auf seinem Handy ein Foto von sich, dick eingepackt im Schlafsack, auch hier schon sein typisches schüchternes Lächeln auf dem Gesicht.*) Aber es war o.k., Hauptsache Deutschland. Von Eisenhüttenstadt aus wurde ich dann nach Wandlitz geschickt, und hier fühle ich mich zurzeit sehr wohl.

Das ist schön! Welche Vorstellung hatten Sie von Deutschland, als Sie Syrien verließen?
Ich bin Kurde, und die Kurden, die ich kenne, wollten schon immer alle nach Deutschland. Für uns ist es eine Art Sehnsuchtsort. Daher war die Vorstellung gar nicht so wichtig, ich wollte einfach nur hierhin.

Was gefällt Ihnen am besten in Wandlitz?
Die Landschaft. Der Wald, die Seen. Alles sieht so romantisch aus, und ich bin Romantiker. (*Da ist es wieder, das schüchterne Lächeln.*) Und natürlich, dass die Leute hier so freundlich zu uns sind. Wir haben auch von anderen Dingen gehört, aber hier sind alle nett und bemühen sich um uns.

Wenn Sie an die Zukunft denken, was stellen Sie sich für sich selbst in etwa fünf Jahren vor? Wo sind Sie dann?
Hoffentlich immer noch in Deutschland. Ich würde gerne hierbleiben. Eine Familie gründen. Und natürlich ein bekannter Sänger werden. (*In diesem Moment verwandelt sich das Lächeln, und ein begeistertes Funkeln ist in seinen Augen auszumachen.*)

Danke, Samir, für dieses interessante Gespräch!

Als wir das Gespräch führten, waren die Ereignisse, die eigentlich der Anlass für dieses Buch sind, bereits zweieinhalb Jahre her. Und niemand konnte damals ahnen, wie wichtig es schon bald werden würde, eine echte Willkommenskultur zu etablieren. Die Zahlen, um die es damals ging, sind mit denen, über die wir heute diskutieren, nicht mal ansatzweise zu vergleichen. Die Reaktionen von Teilen der Bevölkerung jedoch sind es sehr wohl. Das merkten wir in jenem November 2012, als sich im großen Saal der Kulturbühne »Goldener Löwe« in Wandlitz jene fast schon legendäre Einwohnerversammlung abspielte, die den Grundstock für alles legen sollte, auf das wir heute in Wandlitz im Hinblick auf unseren Umgang mit Flüchtlingen, aber auch mit dem »anderen« allgemein stolz sind.

So fing alles an

Rückblende. Wandlitz, 5. November 2012

Im »Goldenen Löwen« haben sich fast 400 Bürgerinnen und Bürger zur größten Bürgerversammlung seit der Wende versammelt. Es gibt nur einen einzigen Tagesordnungspunkt: das geplante Asylbewerberheim in der Bernauer Chaussee. Eine Bürgerinitiative hat in wenigen Tagen mehr als 300 Unterschriften gegen das Heim gesammelt. Wie ich mit einem Stirnrunzeln feststellen muss, sind unter den Unterzeichnern auch fast alle Mitglieder der örtlichen Gemeindevertretung.

Am Eingang wird ein Fragebogen mit zehn Fragen verteilt. Jede einzelne suggeriert dabei, dass es sich bei neu eintreffenden Flüchtlingen vor allem um ein stark erhöhtes Kriminalitätsrisiko in Wandlitz handelt. Die Luft ist zum Schneiden, die Stimmung extrem angespannt, latente Aggressivität schwingt im Raum mit. Nach der Einführung durch den Landrat Bodo Ihrke melde ich mich als einer der Ersten zu Wort und bekomme schon Gegenwind, kaum dass ich den Mund geöffnet und die ersten Sätze gesagt habe.

© Ulli Winkler

So fing alles an: Protestversammlung am 5.11.2012

»Das gehört nicht hierher!«

Immer häufiger kommen diese Zwischenrufe.

Ich gehe ganz nah ans Mikrofon. Bemühe mich, leise und deutlich zu sprechen, will nicht aufgeregt sein. Ich wusste doch, dass es so kommen wird!

»Wenn wir von Asylbewerbern, von Flucht und von Flüchtlingen sprechen, denken wir natürlich auch an die wenige Kilometer von hier entfernte Berliner Mauer, an der beim Versuch, von Ost nach West zu gelangen, an einer Grenze, die zwei Systeme voneinander trennte, mindestens 138 Tote zu beklagen waren. Die wenigsten von uns wissen aber, wie viele Tote an der Grenze zwischen Europa und Afrika zu beklagen sind:

Von 1988 bis Mai 2011 starben vor den Grenzen Europas 16.981 Menschen. Allein im letzten Jahr waren es über 1500. Erstickt, verdurstet, ertrunken. 265 auch von europäischen Polizisten erschossen. 6000 sind noch immer im Mittelmehr verschollen. Das Nachdenken über diese Zahlen gehört in den Kontext der Frage, wie wir mit AsylbewerberInnen in Wandlitz umgehen.«

Wieder Zwischenrufe:

»Zur Sache!«

»Was soll denn das!«

Hinter mir wird es immer unruhiger. Ich zwinge mich, langsam und deutlich zu sprechen, ruhig zu bleiben. Immerhin: Ein Drittel meines Textes habe ich schon hinter mir.

»Als jemand, dessen Tante Elisabeth 1943 von den Nazis im Rahmen der Euthanasie ermordet wurde, weil sie Depressionen hatte, bin ich für immer froh, dass in allen Ländern und Kontinenten während der Nazizeit Tausende verfolgter Deutscher Asyl bekamen.

Nur eine winzige Auswahl von bekannten Namen führt uns das in Erinnerung: Schriftsteller wie Oskar Maria Graf, Anna Seghers, Bertolt Brecht, Theaterleute wie Lilli Palmer, Marlene Dietrich, Ernst Busch, Politiker wie Willy Brandt, Ernst Reuter, Clara Zetkin. Daneben Abertausende namenloser Juden und anderer Verfolgter des Naziregimes!«

Es wird immer unruhiger. Kein Tumult, eher eine Murmelmauer. Als ich »Marlene Dietrich« sage, ruft einer laut: »Die hat aber am Alex keinen Kerl totgeschlagen.« Die Wut steigt in mir hoch: Als ob Flüchtlinge alle Mörder wären, wie jene, die vor einem Monat am Alexanderplatz Jonny totgeschlagen haben. Doch ich bleibe ruhig, während um mich herum der Geräuschpegel so stark steigt, dass ich kaum noch zu hören bin.

Kurz unterbreche ich meinen Beitrag und sage: »Bitte haben Sie die Toleranz, mich ausreden zu lassen! Ich bin gleich fertig!« Und tatsächlich: Das Wort »Toleranz« scheint wie Baldrian zu wirken. Es wird ruhiger, ich habe das Gefühl, als ob in diesem völlig überfüllten Saal unter den Hunderten

Menschen auf einmal viele zu ihrem Sitznachbarn sagen: »Lasst ihn doch ausreden!«

»Ich finde, das Signal von heute sollte nicht so lauten wie das Plakat der neonazistischen Republikaner: ›Das Boot ist voll!‹ Und es sollte nicht so heißen, wie es der Tischler Josef und seine Frau Maria vor 2000 Jahren hörten: ›Es ist kein Platz in der Herberge!‹ Sondern: Auch wenn es Konflikte gibt: Wir haben noch Platz! Wir reichen euch die Hand! Kirchen, Vereine und Privatpersonen sind aufgerufen!«

Nun setzt rhythmischer Beifall ein. Ich bin einen Moment sehr irritiert, fühle mich fast an Parteitage erinnert, auf denen jeder Beitrag des Vorsitzenden laut beklatscht wird. Doch dann verstehe ich: Eine Minderheit klatscht und will sagen: »Hört ihm zu. Wir finden gut, dass er redet.« Und vielleicht auch, was er sagt. Eine Gänsehaut überzieht mich, jetzt kurz vor dem Ende meiner Rede übermannt mich die Emotion, meine Stimme beginnt zu zittern. Jetzt bloß ruhig bleiben.

»Jeder kann was tun. Heute hat mich ein Syrer, der in der Nachbargemeinde im Mühlenbecker Land wohnt, angerufen, dass er bereit zu Dolmetscherdiensten ist.

Ich selbst will Spielzeug spenden und bin bereit zu kostenlosem Deutschunterricht.

Vergessen wir nie, was uns unsere Eltern erzählt haben, die aus Schlesien und Ostpreußen in den Westen geflüchtet sind! Wie froh sie waren, wenn sie nach vielen verschlossenen Türen endlich eine fanden, die sich öffnete.«

Länger hätte ich nicht ruhig bleiben können. Ich habe das Gefühl, meine Halsschlagader platzt. Ich bin froh, dass ich es geschafft habe. Aber noch viel schöner ist die Überraschung, auf die ich nicht eingestellt war: Es gibt Beifall. Nicht die Mehrheit, ganz bestimmt nicht, dazu sind die Ängstlichen und die Aggressiven zu verblüfft. Aber es gibt Beifall! Viel mehr Zustimmung, als ich erwartet habe.

Als ich mich wieder auf meinen Platz setze, legt Margot, meine Frau, ihre Hand auf meinen Arm. »Toll«, flüstert sie. Jetzt hängen mir die Tränen in den Augen. Ich musste mich so konzentrieren, um nicht laut zu werden, und bin jetzt ziemlich fertig. Fertig, aber eben auch glücklich. Ich musste all diese Dinge sagen, nie habe ich auch nur einen Moment daran gezweifelt. Dabei haben mir viele geholfen. Sie haben meine Rede, meine Meinung, mein Bemühen inmitten dieser aufgeheizten Stimmung willkommen geheißen und in mir das Gefühl verstärkt, dass es sich zu kämpfen lohnt.

»Bleibet hier!« – Was Wandlitz mit dem Merkel'schen »Wir schaffen das« zu tun hat

»Meine Seele ist betrübt bis zum Tod. Drum bleibet hier und wachet mit mir.« Ein Bibelzitat aus dem Matthäusevangelium. Scheinbar vollkommen ohne jeden Zusammenhang zur Flüchtlingskrise, scheinbar aus der Luft gegriffen. Doch für mich ist es ein wegweisender Spruch geworden, ein Motto gleichsam, ein Antrieb, der mich immer wieder Auftritte wie den zuvor beschriebenen in der Gemeindeversammlung hinlegen ließ.

Es gibt ein Lied, das dieses Matthäuszitat wieder aufgreift, ein Lied, das ich mit den anderen Mitgliedern des Chores sang, nachdem ich die Gemeindeversammlung schließlich verlassen hatte, um zur Probe zu eilen. Vielleicht war es ganz gut, dass ich nur diese begrenzte Zeit zur Verfügung hatte, so konnte meine Rede in Ruhe ihre Wirkung entfalten, ohne dass jemand die Gelegenheit hatte, mich direkt dafür anzugreifen.

Meine Chorprobe ist mir heilig, ich versäume sie nie und hatte mir auch für jenen Abend vorgenommen, diesen Vorsatz nicht zu brechen. Mulmig war mir zumute, als ich an den Leuten vorbeiging, die während meiner Rede besonders aggressiv dazwischengerufen hatten, noch dazu hinter meinem Rücken, weil ich mitten in der Versammlung stand. Erst später wurde mir bewusst, wer da schrie, und das war sicher in dem Moment ganz gut so. Denn es handelte sich um die spätere NPD-Kreisvorsitzende Aileen Rokohl und den harten Kern der Neonazi-Szene in Barnim-Uckermark.

Kaum war ich an den Nazi-Schreihälsen vorbei, wurde ich am Ärmel gezupft: »Toll gemacht! Das war Klasse!«, ruft einer, und eine Frau flüstert mir zu: »Danke, dass Sie aufgestanden sind.« Ein Dritter gibt mir seine Visitenkarte. Ihn treffe ich nur kurze Zeit später wieder, er wohnt schräg gegenüber vom Heim und wird mein erster Kontakt für das, was sich dann so schnell zur Wandlitzer Willkommenskultur entwickelt.

Als ich in die Chorprobe kam, schlug mein Puls immer noch schneller. Aber Körperlockerungen, Atemübungen und 90 Minuten komplizierte Chorsätze singen, das ist zwar anstrengend, doch es entspannt. Ich kann abschalten, mich beruhigen, in meinen Körper zurückfinden und mich auf der tiefen Basslinie der Notensätze erden. Zum Schluss jeder Probe darf sich, wer in der letzten Woche Geburtstag hatte, ein Lied wünschen.

Heute ist Wolfgang dran. Und da ist es dann: Sein Wunschlied lautet: »Bleibet hier.« Und obwohl es von Kreuzigung und Tod handelt, von der Verzweiflung des Gekreuzigten, ist es für mich an diesem Abend das Begrüßungslied für die angekündigten Flüchtlinge. Als ich auf dem Motorroller nach Hause fahre, lasse ich meinen Tränen freien Lauf, daheim angekommen, fühle ich, wie die Last dieses Tages endlich weicht. Mit ist warm ums Herz, ich spüre, dass dies ein guter Auftakt gewesen ist. Was ich nicht wissen konnte, war, welch ein Wahnsinnsjahr mir und allen in Wandlitz noch bevorstehen sollte. Was ich nicht wissen konnte, war, dass wir, lange bevor die Kanzlerin ihren berühmten Ausspruch tat, davon überzeugt waren, dass wir das schaffen würden. Wobei niemand so genau wusste, was »das« während der kommenden Monate sein würde. Und tatsächlich änderte sich »das« auch des Öfteren, bis heute ist es so, dass »das« eine immer wieder neue und andere Aufgabe meint, die sich uns stellt. Doch gleich bleibt die Überzeugung, dass wir »das« schaffen. Und so waren wir auch überzeugt, dass wir das »Bleibet hier« schaffen würden. Bleibet hier, weil ihr willkommen seid und wir das gemeinsam schaffen werden. Genau das sprach für mich im Moment des Singens aus dieser Liedzeile.

Filmbericht über die Bürgerversammlung am 5.11.2012

Erste Warnungen – Willkommenskultur fällt nicht vom Himmel

Fünf Tage vor der großen Gemeindeversammlung saßen wir mit den üblichen Teilnehmern im Vorbereitungskreis für den jährlichen Adventsbasar beisammen. Als alles besprochen war, holte der immer etwas hektische Adrian eine Liste hervor.

»Gestern hat die gesamte Gemeindevertretung die Unterschriftensammlung gegen das Heim unterzeichnet!« Er klang geradezu euphorisch und schob mit stolzem Gesichtsausdruck nach: »Für menschenwürdiges Asyl in Wandlitz.«

Die ganze Gemeindevertretung? Schon 300 Unterschriften? Ich schaute die Pfarrerin an, deren Gesichtsausdruck genau widerspiegelte, was sie von der Unterschriftensammlung hielt. Als alle gegangen waren, saßen wir noch mit ihr im Gemeindehaus zusammen, um die Situation zu besprechen. Sie berichtete uns, dass die Integrationsbeauftragte des Kreises sich an sie gewandt und die Kirchen um Unterstützung gebeten habe. Montag finde die Bürgerversammlung statt, da werde es heiß hergehen, aber sie sei verhindert. Ob wir nicht ... Für Margot und mich war klar: Da müssen wir hin.

Erst nach diesem Gespräch merkte ich, was sich zusammenbraute, ja schon zusammengebraut hatte. Natürlich hatte ich die Diskussion in der Lokalzeitung verfolgt: Da ging es vor allem auch um die Frage nach Einzelunterbringung oder Heimunterkunft. Spontan würde wohl jeder für die Einzelunterbringung als menschlichere Alternative plädieren. Der Pferdefuß war erst auf den zweiten Blick zu erkennen. Einzelwohnungen für Asylbewerber, für die, wie ich viel später lernte, das Asylbewerberleistungsgesetz ganze 4,75 Euro pro Quadratmeter vorsieht, solche Wohnungen gibt es in Wandlitz am Speckgürtel Berlins kaum oder gar nicht. Die scheinbar soziale Frage, ob Einzelunterkunft oder Heim, lief letztlich nur auf eins hinaus: Packt das Heim irgendwohin, aber nicht zu uns nach Wandlitz!

Heute weiß ich von vielen, dass sie damals unterschrieben haben, weil sie gute Bedingungen für Flüchtlinge wollten, nicht weil sie *keine* Flüchtlinge in Wandlitz gewollt hätten. Diese Erkenntnis ist mir immer wieder Warnung vor Vereinfachungen und pauschalen Schuldzuweisungen wie auch der sofortigen Ausgrenzung von Menschen. Es lohnt stets ein zweiter Blick, ein Gespräch über die Fakten, oft klärt sich in diesem Moment schon sehr vieles.

Think positive! Warum »Willkommen« nicht einfach nur ein Wort ist

»Wir wollen nicht das Böse bekämpfen, sondern das Gute unterstützen!«

Diesen Vorschlag hatte die Wandlitzer Pfarrerin Janet Berchner einfach in die Runde geworfen, als wir uns nach der aufregenden Gemeindeversammlung im kleineren Kreis trafen, um zu überlegen, wie wir nun vorgehen könnten, um tatsächlich aktiv zu werden und etwas zu tun, das Wandlitz ein positives Erlebnis im Zusammenhang mit den Flüchtlingen bescheren würde. Der Satz der Pfarrerin stand einen Moment im Raum, wirkte in uns und kreiste in unseren Köpfen. Es war deutlich spürbar, wie jeder von uns spontan versuchte, diese Aussage in die nahe Zukunft zu wenden und mit konkreten Inhalten zu füllen.

Der Hintergrund war uns recht bald klar. Wenn man heute im Fernsehen Talkshows zum Thema sieht, in Zeitungen oder im Internet Artikel und Kommentare liest oder auch nur mit anderen Menschen spricht, ist eins immer schnell bei der Hand: Vorwürfe gegen all die, die das Böse verkörpern.

Das war nicht die Richtung, die wir einschlagen wollten. Natürlich kam auch bei uns oft genug Abscheu auf, wenn wir fremdenfeindliche Kommentare lasen oder hörten, natürlich spürten wir Wut, wenn es wieder irgendwo Aufmärsche aus der rechtsextremen Ecke gab. Aber wir wussten auch: Wut und Abscheu sind schlechte Ratgeber. Sie fressen Energie, Produktivität, sie machen schlechte Laune und helfen damit letztlich niemandem und schon gar nicht den Gästen, die wir doch willkommen heißen wollten, denen wir doch zeigen wollten, dass Wandlitz, dass Deutschland ein weltoffenes Land ist, in dem man die Arme ausbreitet, statt sie zu verschränken, wenn Menschen in Not Hilfe brauchen.

Inspiriert zu diesen Gedanken hatten mich unter anderem Konstantin Wecker, der sich seit Jahrzehnten auf und neben der Bühne für Zivilcourage und soziale Gerechtigkeit einsetzt, sowie der Zenmeister Bernard Glassman aus New York, eine der eindrucksvollsten Persönlichkeiten des sozial engagierten Buddhismus. Beide waren seit Jahren auf der Suche nach neuen Antworten auf die ewig gleichen Fragen. Unter dem Untertitel »Engagement zwischen Wut und Zärtlichkeit« stellten sie ein noch relativ neues Konzept politischen Handelns vor: Machen, anfangen, eingreifen, nicht klagen, nicht siegen wollen, das leiten die beiden links engagierten Anhänger des Buddhismus aus ihrem langen politischen Leben als Schlussfolgerung ab. Der Titel ihres Buches lautet: »Es geht ums Tun, nicht ums Siegen.« Daraus entstand für mich das Hauptmotto meines Engagements am Runden Tisch in Wandlitz. Wir fingen bei null an, und spontan entwickelten sich aus der Fantasie der Beteiligten die unterschiedlichsten Bausteine.

Das WILLKOMMEN-Transparent

Gemeinsam mit meiner Frau Margot saß ich vor dem Bildschirm, um einen Entwurf für ein Transparent zu machen, mit dem die Flüchtlinge in Wandlitz begrüßt werden sollten. Unser Hauptwort stand da längst fest, es hatte sich aufgrund der eben beschriebenen Gedankengänge sehr schnell herauskristallisiert:

WILLKOMMEN!

Wir waren von Anfang an fest davon überzeugt, dass es darauf ankäme, die Spaltung in der Wandlitzer Bürgerschaft nicht zu vertiefen, sondern zu überwinden. Deshalb keine Ablehnungslosung, keine politischen Forderungen wie »Stoppt Rassismus!« oder »Bleiberecht für alle!«.

Viel wichtiger war uns, alle sollten (und sollen bis heute) WILLKOMMEN geheißen werden: die Touristen, die im Sommer zu Tausenden um die Wandlitzer Seen und durch die

Waldgebiete radeln, die jungen Familien, die sich am Speckgürtel von Berlin ein neues Zuhause bauen, die Gewerbetreibenden genauso wie ausländische Mitbürger und Flüchtlinge!

Wir probierten unterschiedliche Sprachen und Schriften aus, um herauszufinden, wie das WILLKOMMEN für ausländische Mitbürger am besten zu visualisieren wäre. Schließlich landeten auf dem Transparententwurf neben dem deutschen Wort 13 Sprachen der Welt:

Armenisch: **գալուստ!**
Arabisch: ال ه أ ال ه سو!
Englisch: **Welcome!**
Baskisch: **ongi etorri!**
Polnisch: **powitanie!**
Norwegisch: **Välkommen!**
Japanisch: 歓迎します！
Persisch: شوخ آ د ی دم!!
Hindi: **आपका स्वागत है!**
Griechisch: **καλωσόρισμα!**
Finnisch: **tervetuloa!**
Vietnamesisch: **Chào mừng!**
Serbokroatisch: **добродошли!**

Bald hatten wir acht verschiedene Schriften außer der lateinischen gefunden, die auch optisch den Eindruck der Sprachenvielfalt der Welt vermitteln sollten.

Zum Schluss kam meine Frau noch auf eine weitere tolle Idee: Warum das große Wort »WILLKOMMEN« in deutscher

Sprache nicht dadurch extra hervorheben, indem wir es in den Farben des Regenbogens schreiben? Diese Farben haben in den letzten Jahren einen so starken Symbolcharakter bekommen, einerseits als Fahne der Friedensbewegung und andererseits für die Bewegung der Schwulen, Lesben, Bisexuellen und Transgender, dass hier gestalterisch noch einmal ganz stark der Anspruch betont werden würde, wirklich alle mit ins Boot zu holen.

Und wenn es erst mal läuft, ist die konkrete Umsetzung meist kein großes Problem mehr. Sehr schnell fanden wir in Würzburg eine Druckerei, die 3,5 mal 1,5 Meter große Transparente für unter 100 Euro vierfarbig herstellt. Ganz einfach online zu bestellen und kurze Zeit später geliefert. Die evangelische und die katholische Gemeinde bestellten gleich vier Transparente für ihre Kirchen. Das Transparent an der katholischen St.-Konrad-Kirche hing sogar senkrecht vom Kirchturm herunter, welch ein wunderbares Bild!

Und die helfenden Hände wurden nicht weniger. Die Bürgermeisterin bot die Hilfe der IT-Mitarbeiterin der Gemeinde bei der Aufbereitung der Druckdatei an, gleichzeitig bestellte sie ebenfalls ein Transparent für den großen Zaun am Sportplatz der Grundschule mitten im Ort. Einige Wochen später ließen wir noch 2000 Willkommensaufkleber im Postkartenformat drucken. Bis heute sieht man sie auf Briefkästen, den Hecks von Autos oder an Eingangstüren von Geschäften. Mit den Ladenbetreibern haben wir besprochen, dass der Aufkleber bedeutet: »Lieber Flüchtling, auch wenn der Einkauf ein wenig länger dauert, weil du noch nicht unsere Sprache sprichst und verstehst, bist auch du bei deinem Einkauf in diesem Geschäft herzlich WILLKOMMEN!«

Bürgermeisterin Dr. Jana Radant (l.) und Pfarrerin Janet Berchner enthüllen das erste WILLKOMMEN-Transparent.

Ab dem ersten Advent hatten wir dann die Transparente überall im Ort hängen. Glücklicherweise gab es keinerlei Sachbeschädigungen, offenbar wirkte das, was wir da geschaffen hatten, so frisch und einladend, dass niemand sich traute, Hand anzulegen. Für mich ein weiterer Beweis für die Richtigkeit der »Positivitätsthese«. Plakate mit einer aggressiven Grundhaltung (»Nazis raus« oder das Symbol »Nazis in den Mülleimer«) hätten vermutlich wesentlich mehr zu einer Aufheizung der Stimmung beigetragen. So war alles auf eine friedliche, zugewandte Art und Weise geregelt, die dem einen oder anderen ein spontanes Lächeln auf die Lippen gezaubert haben mag, bevor überhaupt die Hauptadressaten der Plakate in Wandlitz angekommen waren.

»Es ist noch Platz in der Herberge« oder: Ein wahrhaft heiliger Abend

Für den Heiligabendgottesdienst der evangelischen Gemeinde hatte Pfarrerin Berchner sich etwas Besonderes einfallen lassen. Da die Wandlitzer Dorfkirche wegen Bauarbeiten ohnehin geschlossen war, schlug sie vor, den Weihnachtsgottesdienst unter freiem Himmel auf dem großen Platz vor dem Bahnhof Wandlitz zu zelebrieren. Um zu betonen, dass dieser Gottesdienst sich unter anderem auch an die richte, die da demnächst eine Herberge bei uns in Wandlitz suchen würden, bat sie uns, das größte Transparent über dem Eingangsbereich zur Bahnhofshalle anzubringen.

Und was war das dann für ein Erlebnis! In die Wandlitzer Dorfkirche passen normalerweise maximal 150 Besucher. Hier nun, auf dem Vorplatz des Bahnhofs, hatten sich über 400 Menschen versammelt, darunter mit Sicherheit viele, die nie oder nur sehr selten eine Kirche von innen sehen. Man konnte fühlen, wie die berüchtigte Schwellenangst verschwunden war, wie diese Feier ohne Mauern drum herum als einladend wahrgenommen wurde, ja: wie eben alle, die sich hier versammelten, sich willkommen fühlen durften und das auch sichtbar spürten. Hätte es noch einer Bestätigung bedurft, dass wir mit unserer »Willkommensstrategie« richtiglagen, hier war sie auf die schönste vorstellbare Art.

Die Menschen wärmten sich in der Gemeinschaft beim Singen der Weihnachtslieder, vielleicht wärmten sie sich auch an der »frohen Botschaft«, die vor dem aktuellen Hintergrund besonders hell strahlte. Da war es fast logisch, dass unser

Transparent in den 14 Sprachen das Aufmacherbild und die Schlagzeile der Heimatzeitung bildete, die über diesen einzigartigen Open-Air-Gottesdienst berichtete. Auch in der Redaktion hatte man unsere positive Botschaft verstanden und somit zum Mittelpunkt der Berichterstattung gemacht. Diese Botschaft lautete gerade vor dem Hintergrund der Weihnachtsgeschichte: Im Gegensatz zu vielen Menschen in den Zeiten von Maria und Josef vor 2000 Jahren sagen wir denjenigen, die in Armut, Not und Verzweiflung an unsere Tür klopfen: »Ja, es ist noch Platz in der Herberge!« Im Artikel hieß es:

> *»Nahezu 400 Menschen dürften es gewesen sein, die Heiligabend den Weihnachtsgottesdienst unter freiem Himmel am Bahnhof Wandlitzsee feierten. Pfarrerin Janet Berchner hatte dazu eingeladen, weil die Kirche in Wandlitz-Dorf wegen Sanierung derzeit ohne Dach und in der Basdorfer Kirche die Heizung defekt ist. Mit einem großen Plakat, auf dem »Willkommen« in 14 Sprachen steht, wollte sie besonders die Verantwortung für das Asylbewerberheim betonen. Die Pfarrerin schilderte dann die Weihnachtsgeschichte. Maria und Josef fanden keine Herberge, sodass Jesus in einem Stall geboren wurde. Junge Leute haben das Bild von Maria und Josef an der Krippe mit dem Jesuskind dargestellt. Daneben leuchtete das Friedenslicht aus Bethlehem, das Pfadfinder nach Wandlitz gebracht hatten.«*[1]

Bis zu diesem Zeitpunkt war noch kein einziger Flüchtling eingetroffen. Aber die Diskussion war spürbar in Gang gekommen, und sie hatte die von uns erhoffte positive Note. Sie war eher von Neugier als von Furcht bestimmt, der Großteil der Wandlitzer war offenbar fest entschlossen, die Hilfesuchenden tatsächlich willkommen zu heißen. Vielleicht hatten wir mit dieser optischen Aktion die Herzen so mancher ängstlicher Bürgerinnen und Bürger einen klitzekleinen Spalt geöffnet. Auch ausländische Touristen und polnische Arbeiterinnen und Arbeiter, die die Woche über in Berlin beschäftigt waren und auf dem Rückweg durch Wandlitz fuhren, nahmen das vielsprachige WILLKOMMEN dankbar entgegen. Wir alle vom Runden Tisch freuten uns mittlerweile richtig auf die Bekanntschaft mit den ersten Flüchtlingen, die gleich zu Beginn des neuen Jahres eintreffen sollten.

Wir heißen euch willkommen! Der Tag ist da

Wir schreiben den 3. Januar 2013. Weihnachten ist friedlich vorübergegangen, der Jahreswechsel geschafft, alle konnten die Akkus ein wenig aufladen und im Kreise der Familien Kraft tanken für den Start ins neue Jahr. Denn: Der Start ins neue Jahr ist gleichbedeutend mit dem Start des Flüchtlingsheims. Seit Tagen beschäftigt alle, die so fleißig mitgearbeitet haben, vor allem die bange Frage: Kommt die NPD? Wird das Eintreffen der Flüchtlinge gleich am ersten Tag die befürchteten Krawalle mit sich bringen, die ja für manche indifferente Bürger erst der Grund waren, sich gegen das Heim auszusprechen?

Rückblickend können wir uns die angespannte Atmosphäre in Wandlitz kaum mehr vorstellen. Am 15. Dezember 2012 hatte die Kreisverwaltung extra einen Tag der offenen Tür im geplanten Asylbewerberheim veranstaltet, um möglichst vielen Menschen die Angst davor zu nehmen. Auch hier stand der Willkommensgedanke dahinter. Wir wollten sagen: »Seid willkommen, euch vor Ort ein Bild davon zu machen, wie es hier aussieht, dann ist es auch nach dem Einzug der Flüchtlinge kein unbekannter, bedrohlicher Bau für euch, sondern ihr habt eine Vorstellung, wie die Menschen hier leben.«

An diesem Tag machten mir vollkommen unbekannte Menschen Fotos von fast jedem Winkel des Heims, von jedem Fluchtplan, von jedem Treppenhaus. Und ausgerechnet an diesem Tag hatte die *Märkische Oderzeitung* die Seite 1 mit der Schlagzeile aufgemacht: »Schlägerei in Flüchtlingslager in Eisenhüttenstadt«

Einige Bürger hatten ebendiese Ausgabe unter dem Arm, tuschelten verstohlen und ließen sich auch von den beruhigenden Worten der Sozialdezernentin des Barnimer Landratsamtes über die Unterbringungskonzeption offenbar nicht von ihren Befürchtungen abhalten, dass mit den Flüchtlingen Unruhe, Kriminalität und eine große Bedrohung der Einheimischen nach Wandlitz kämen. Später erfuhr ich zu allem Überfluss, dass es sich bei den »Hobbyfotografen« zum Teil um NPD-Mitglieder gehandelt hatte.

Diese Erlebnisse machten uns nicht ängstlich, aber vorsichtig. Bei aller positiven Einstellung, bei aller gelebten Willkommenskultur darf man nie blauäugig an die Sache herangehen. Es gibt diejenigen, die solche Bemühungen sabotieren wollen, es gibt diejenigen, die auch nicht davor zurückschrecken, ein solches Heim anzuzünden, die Meldungen der letzten Monate in der Presse haben das leider immer wieder aufs Neue bestätigt.

Wir vom – damals noch sehr kleinen – Runden Tisch hatten deshalb Verständnis dafür, dass das Landratsamt den Ankunftstermin der Erstbezieher im Übergangswohnheim nicht öffentlich machen wollte. Uns aber teilte man mit, am Montag, dem 3. Januar 2013 um 10 Uhr sei es so weit. Der Termin war allerdings das Einzige, was man uns sagen konnte. *Wer* da aus *welchen* Ländern, welchen *Alters* und welchen *Geschlechts* eintreffen würde, das wusste niemand, und so fieberten wir alle mit Ungewissheit, aber auch viel Optimismus dem Zeitpunkt entgegen, an dem unsere Willkommenskultur sich beweisen sollte.

Ab 10 Uhr standen wir, Pfarrerin Berchner und andere Unterstützer des Runden Tisches mit selbst gebackenem Kuchen und Thermoskannen mit Kaffee und Tee voller Neugier im Foyer bereit. Nach 40 Minuten des Wartens war es dann so weit: Der erste Bus mit Flüchtlingen hielt vor dem Heim.

Die Türen öffneten sich, nach und nach stiegen die Menschen unsicher, oftmals sichtlich verängstigt, aber auch vorsichtig neugierig aus dem Fahrzeug aus. Ihr ganzes Hab und Gut war in die bekannten Plastiktüten gequetscht, die man schon vor Jahrzehnten in meiner bayerischen Heimat abschätzig »Türkenkoffer« nannte, ein Sinnbild dessen, wie wenig vom alten Leben übrig bleibt, wenn Krieg und Vernichtung den Menschen erreicht haben. Die Ersten erklommen die sechs Stufen der Treppe zum Eingang des Heims, es mag ihnen vorgekommen sein, als wenn sie einen Berg besteigen müssten, denn für sie war ja immer noch vollkommen unsicher, was sie hinter den Türen des Heims erwarten sollte.

Und dann: das große, farbige Willkommenstransparent mit dem Wort in 14 Sprachen. Ein erstes schüchternes Lächeln auf manchen der Gesichter, bis heute meine ich, in diesem Moment einige Steine von Herzen plumpsen gehört zu haben. Keine Ablehnung, keine misstrauischen Gesichter und verschränkten Arme warteten da im Foyer, sondern freundliche, neugierige Gesichter unter einem bunten Plakat mit einer einladenden Botschaft: Ihr seid hier willkommen.

Zwei kleine Worte. Große Wirkung

Der Erste, der auf mich zukommt, ein Vietnamese, vielleicht Ende 20, vermutet in mir – vielleicht wegen des Alters oder des Lodenmantels – einen »Offiziellen« und fragt: »Wann Schule?« Im ersten Moment bringe ich kein Wort heraus, zu sehr berührt mich diese scheinbar simple Frage. Wie oft habe ich den Stammtischspruch gehört: »Die sollen doch erst mal Deutsch lernen!« Und nun sind dies also die ersten Worte, die an mich gerichtet werden: Wann Schule? Nachdem ich mich gefangen habe, kann ich ihm nicht ohne Stolz versichern: »Nächsten Montag um 16 Uhr hier im Gymnasium gleich um die Ecke *Deutsch für Anfänger* und am Freitag um 15 Uhr *Deutsch für Fortgeschrittene.*« Ein Lächeln tritt auf sein Gesicht. Er hat mich offenbar verstanden, und er freut sich über die Auskunft und darauf, dass er schon bald die Gelegenheit haben wird, seine Deutschkenntnisse zu verbessern.

In all der Zeit, die wir in Wandlitz nun schon friedlich und harmonisch zusammenleben, musste ich zwischendurch immer wieder an diese kleine, scheinbar unbedeutende Szene zurückdenken. Für mich ist sie nie klein und unbedeutend gewesen, sondern hatte von Anfang an starken Symbolcharakter. Mit gerade mal zwei Worten – Wann Schule? – hatte der junge Mann unabsichtlich deutlich gemacht, was das Schlimmste in menschlichen Beziehungen ist: Vorurteile. Vorurteile, von denen sich niemand frei machen kann. Ich hatte ja nicht nur immer wieder diese Stammtischparolen gehört, sondern mich auch selbst gefragt, wie viel Bereitschaft wohl bei den Neuankömmlingen vorhanden sein würde, schnell die Sprache des Landes zu lernen, in dem sie nun angekommen waren. Und dann pulverisierte der junge Mann all diese Bedenken mit seinen ersten Worten, die er nach der Ankunft sprach. Solche Erlebnisse sind es unter anderem, die mich immer wieder ermutigen, weiterzumachen. Auch in Momenten des Zweifels oder der Überforderung, die alle Helfer zwischendurch erleben. Wenn für ein paar Stunden, ein paar Tage die Zweifel sprießen, ob »wir das schaffen«. Ja, auch diese Momente gibt es, und es ist gut, sich dann zu erinnern. An zwei scheinbar unbedeutende Worte. An den Menschen, der sie aussprach und damit große Hoffnung verband. An all die anderen, die ebenfalls Hoffnungen mitgebracht haben und uns bitten, ihnen bei deren Erfüllung zu helfen. Diese Erinnerung lässt uns weitermachen.

Gelöste Stimmung – und ein sofort gelöster Minikonflikt

Die Atmosphäre erinnerte mich mittlerweile an den Moment auf Klassenfahrten, wenn in der Jugendherberge die Zimmer verteilt wurden. Alle liefen ein wenig aufgeregt durcheinander, aber es stellte sich mehr und mehr Entspannung in den Gesichtern ein. Entspannung auf unserer Seite, weil sich Befürchtungen nicht bestätigten, und auch Entspannung aufseiten der Flüchtlinge, weil sie gemerkt hatten, dass niemand hier ihnen Böses will.

Ich sprach eine Frau mit einem kleinen Baby auf dem Arm an und bat sie, mir die vietnamesische Aussprache des Wortes für »Willkommen« beizubringen. Sie lachte und sprach mir die Silben langsam und deutlich vor, ganz so, als wenn sie ein Kind unterrichten würde. Meine ersten Sprechversuche müssen sehr lustig geklungen haben, doch nach mehreren Anläufen zeigte sie den Daumen nach oben: »Tschao ming« – so ist es richtig, die zweite Silbe wird »I« ausgesprochen, obwohl »U« geschrieben wird. Ich habe die ersten beiden Wörter Vietnamesisch in meinem Leben gelernt, und sie hat in den ersten Minuten der Ankunft in Wandlitz einem deutschen Mann etwas aus ihrer Heimat beibringen können. Ich sah sie im Laufe der Zeit immer mal wieder im Heim und wusste bald, dass sie Nguyen mit Nachnamen hieß und ihr Kind auf den Namen »Viet-Luc« hörte. Viet-Luc bedeutet übersetzt »vietnamesischer Deutscher«. Kann Willkommenskultur und Integrationswille sich schöner und besser artikulieren als in einer solchen Namensgebung?

Als der junge Vietnamese, der mich eingangs nach dem Deutschunterricht gefragt hatte, sein Zimmer bezogen hatte und zu Tee und Keksen ins Foyer zurückgekehrt war, erzählte er mir: »Mein Onkel wohnt in Berlin. Aber hier ist es besser!«

Und tatsächlich konnte man es nicht leugnen: Der Plattenbau war ordentlich herausgeputzt, alle Wände waren gestrichen, fast alle Elektroinstallationen erneuert. Auf jeder Etage gab es eine Gemeinschaftsküche mit vier Elektroherden und ausreichend Töpfen, Pfannen und Geschirr, daneben einen Gemeinschaftsraum mit Fernseher und Computer inklusive Internetanschluss.

Am Nachmittag waren schließlich alle zufrieden und der Erfolg der Aktion wurde auch sichtbar: die Thermoskannen leer, nur noch ein paar trockene Krümel auf den Tellern. Wir konnten guten Gewissens sagen: Die Vorarbeit des Runden Tisches war geglückt. Die Kreisverwaltung unterstützte uns und hatte auch die Presse eingeladen, die Redakteurin der Regionalzeitung erfuhr bei ihren Interviews schreckliche Fluchtschicksale. Die direkte Konfrontation mit dem Leid dieser Menschen löste auch bei ihr Empathie und Mitgefühl aus, sodass die Berichterstattung in der Zeitung sehr gut transportierte, warum wir uns so sehr für die Willkommenskultur ins Zeug legten.

Den ersten kleinen Konflikt will ich an dieser Stelle auch nicht verschweigen, denn niemand sollte ernsthaft glauben, dass die Zusammenführung so vieler unterschiedlicher Menschen, die sich kaum kennen, auf relativ engem Raum immer harmonisch und problemlos über die Bühne geht. Entscheidend ist jedoch, wie man mit diesen Konflikten umgeht. Fühlt man sich in einer bereits vorhandenen Ablehnungshaltung bestätigt und ruft sofort: »Siehste, wusste ich's doch!«? Oder schöpft man aus der positiven Energie des Wortes »Willkommen« und engagiert sich mit diesem Antrieb für die Lösung von Konflikten? Natürlich galt für uns Letzteres, und so gingen wir das kleine Problem entsprechend konstruktiv an. Worum ging es?

Die Heimleitung hatte eine iranische Familie Zimmer an Zimmer neben einer tschetschenischen untergebracht. Die Iraner waren aus ihrer Heimat geflohen, weil sie als Christen unter dem Mullah-Regime verfolgt wurden, die Tschetschenen, weil sie wegen ihres muslimischen Glaubens von Putins Statthalterregierung in Grosny als Al-Qaida-Terroristen verdächtigt wurden. In dieser Konstellation bleiben Reibungspunkte häufig nicht aus, und es lag auf der Hand, dass beide Familien nicht glücklich waren, so dicht beisammen zu leben. Doch fand sich rasch eine Lösung, indem die Iraner ein Zimmer einen Stock höher bekommen konnten. Ach, wenn es doch immer so einfach ginge!

Die Zimmer an sich sind nicht groß, man darf nicht vergessen, pro Person sind lediglich sechs Quadratmeter vorgesehen. Aber gemessen an den Vorgaben des in Deutschland geltenden »Asylbewerberleistungsgesetzes« war und ist Wandlitz eine vorbildliche Lösung. Positiv zeigte sich auch von Anfang an, dass die Trägerschaft des Übergangswohnheims nicht einer privaten oder gemeinnützigen Organisation oblag, sondern direkt vom Landratsamt verwaltet und geleitet wurde.

Am Ende des Tages befragte mich das TV-Team des örtlichen Kabelsenders, das den ganzen Tag über den Einzug der Neuen berichtete, wie ich denn zu der Information stünde, dass die schulpflichtigen Kinder, die heute das Heim bezogen hätten, zunächst nicht eingeschult werden sollten, sondern erst, wenn ihre Familien in Wohnungen würden umziehen können.

Das Thema war nicht angenehm, wie oft habe ich in diesen Wochen befürchtet und zu verhindern versucht, dass an die

Stelle des Zusammenführens von Einheimischen und Flüchtlingen der Konflikt zwischen deutschen Ehrenamtlern und deutschen Behörden tritt. Aber bei diesem Thema kann man nicht ausweichen, also sage ich, ein klein wenig in »Politikersprech«, ins Mikrofon: »Niemand, mit dem ich gesprochen habe, findet diese Regelung glücklich. Wenn das Bundesverfassungsgericht festgestellt hat, dass auch die Kinder von noch nicht anerkannten Asylbewerbern der deutschen Schulpflicht unterliegen, dann bedeutet das auch, dass sie ein Recht auf sofortige Einschulung haben!«

Fünf Monate mussten wir auf diesen Punkt immer wieder drängen. Dann erst erklärte sich das Barnimer Kreisschulamt bereit: »Jedes im Übergangswohnheim eintreffende schulpflichtige Kind wird sofort eingeschult.« Auf der Behördenebene braucht es eben bisweilen ein wenig länger, bis Willkommenskultur umgesetzt werden kann. Darüber ärgert man sich häufig, doch sollte man nicht vergessen, dass die zuständigen Sachbearbeiter nun mal an die Gesetzgebung gebunden sind und in der Regel alles tun, um schnelle und verträgliche Lösungen herbeizuführen. Auch im Umgang mit Behörden tut ein wenig gelebte Willkommenskultur gut, wie ich bald erfuhr: weniger Konfrontation, weniger Misstrauen, dafür Unterstützung der Sachbearbeiter mit Informationen und die Bereitschaft zur Zusammenarbeit. Häufig lässt sich ein Verfahren mit diesen einfachen Mitteln beschleunigen.

Bericht über den Tag der offenen Tür am 15.12.2012

Bericht über neue Flüchtlinge am 16.1.2013

Artikel der *Märkischen Oderzeitung*

Gelebte Flüchtlingshilfe mit dem »Runden Tisch«

Auf den letzten Seiten war bereits mehrfach vom Runden Tisch die Rede. Dieser ist das Gremium, ohne das unser kleines Wunder von Wandlitz von Anfang an nicht möglich gewesen wäre.

Er war und ist so wichtig, dass ich in diesem Buch, von dem viele praktische Ratschläge für die Flüchtlingsarbeit ausgehen sollen, näher darauf eingehen möchte, wie dieses Gremium funktioniert.

Wenn man sich anschaut, woran gut gemeinte Initiativen – egal, um welches Thema es geht – häufig scheitern, dann erkennt man schnell, dass der größte Feind von Erfolg und Fortschritt Streit unter den Aktiven einer Initiative ist. Wie soll anderen Menschen geholfen werden, wie soll eine Sache vorangebracht werden, wenn diejenigen, die sich dafür engagieren wollen, sich nicht einmal untereinander einigen können und über tausend Kleinigkeiten streiten?

Wer schon einmal versucht hat, eine größere Gruppe beim Engagement für eine Sache zu einigen und zu organisieren, kann davon ein Lied singen: Persönliche Eitelkeiten stehen häufig im Vordergrund, schnell wird der Ruf nach einer Hierarchie laut, es werden Vorsitzende gewählt, Posten verteilt und Satzungen erstellt. Am Ende erlahmt die Dynamik, die jedes dieser Engagements zu Beginn angetrieben hat, man ergeht sich in ellenlangen und wirklichkeitsfremden Diskussionen, Eifersüchteleien und Postengeschacher brechen aus, und was dabei auf der Strecke bleibt, ist die Sache, für die man eigentlich kämpfen wollte.

Wir machen das anders

Vor dem Hintergrund dieser Ausführungen scheint mir bis heute absolut entscheidend, was Pfarrerin Janet Berchner bereits bei der allerersten Sitzung des Runden Tisches Ende November 2012 unmissverständlich formulierte und woran wir uns bis heute gehalten haben:

»*Keine Parteien! Kein Vorstand! Kein Grundsatzpapier!*«

»Keine Parteien« hieß: Wir wollten uns nicht zum Spielball parteipolitischer Interessen und Ränkespiele machen lassen, von Beginn an sollte keine Partei das Gefühl haben, hier eine weitere Spielwiese zu besitzen, auf der sie sich profilieren und neue Mitglieder werben könnte. Außerdem sollte niemand unter Druck geraten, den Meinungen oder Vorschlägen eines Parteifreundes folgen zu müssen. »Partei- oder Fraktionsdisziplin«, wie man sie von der untersten Ebene der Gemeinde- und Stadträte bis hinauf in den Bundestag zur Genüge kennt, sollte niemals unsere Arbeit torpedieren oder sogar verhindern können.

»Kein Vorstand« hieß: Wir wollten nicht den einen oder die zwei oder drei großen Vorsitzenden, die festlegen, in welche Richtung wir gehen und wie sich sämtliche Mitglieder des Runden Tisches zu verhalten haben. Im Grunde gab es ja nicht einmal Mitglieder im eigentlichen Sinne, denn auch hier wäre schon wieder eine strukturelle Hürde aufgebaut worden, die den einen oder anderen vielleicht von seinem Hilfsvorhaben abgebracht hätte, weil er erst mal irgendwo Mitglied hätte werden müssen, verbunden mit einer gefühlten Verpflichtung, etwas für diese Mitgliedschaft zu tun. Wir wollten keinen Vorstand, denn uns lag daran, die Idee einer möglichst flachen Hierarchie wirklich umsetzen zu können. Wir wollten keinen Vorstand, denn es galt zu verhindern, dass jemand sagte: »Ich würde ja mitmachen, aber wenn der oder der dort das Sagen hat, lass ich es lieber, mit dem kann ich nicht umgehen.«

»Kein Grundsatzpapier« hieß im Grunde zweierlei: Erstens wollten wir keine Zeit dadurch verlieren, dass wir, anstatt mit der Hilfe zu beginnen, erst einmal wochenlang darüber debattierten, wie unsere Grundsätze in schöne Worte zu verpacken wären und ob dieser oder jene Satz für das Papier taugte oder nicht. Zweitens waren wir der Überzeugung, dass von einem solchen Papier zwangsläufig zu viele Vorgaben und einengende Leitlinien ausgehen würden. Jeder, der etwas machen will, müsste sich die ganze Zeit fragen lassen (bzw. sich selbst fragen), ob das, was er tun will, denn auch allen Grundsätzen der Organisation entspräche. Besser kann man Ideen und Dynamik von persönlichem Engagement nicht ausbremsen.

»Keine Parteien, kein Vorstand und kein Grundsatzpapier« hieß vor allem aber auch, dass wir uns unseres Grundsatzes, unserer einzigen und wahrhaftigen Leitlinie von Beginn an gewiss waren. Diese Leitlinie manifestiert sich in dem Wort, das in der deutschen und in 14 anderen Sprachen auf unserem Transparent prangte: Willkommen! Unser inneres Grundsatzpapier enthielt somit nur ein Wort, unser gefühlter Vorstand hatte nur eine Richtung vorzugeben und jede Partei hätte sich ohnehin diesem einen Wort verpflichten müssen: Willkommen!

Und wieder: »Es geht ums Tun, nicht ums Siegen!«

Ist der Runde Tisch damit eine »parteienfeindliche« Bürgerinitiative? Welches Selbstverständnis liegt unserer Arbeit zugrunde? Ist »hierarchielos« gleichbedeutend mit anarchistisch im Sinne von herrschaftslos? Wird nicht aus den in diesem Buch beschriebenen Aktivitäten und Strukturen deutlich, dass in Form des Koordinators eben doch ein Leiter vorhanden ist, der erstens noch nicht einmal demokratisch gewählt wurde und zweitens als Ansprechpartner für alle Fragen hierarchisch doch über den anderen zu stehen scheint? Es lohnt sich, diese Fragen etwas genauer zu untersuchen.

Kein Zweifel, beim Runden Tisch arbeiteten von Anfang an auch Menschen mit, die Mitglied einer politischen Partei sind. Doch spielten diese Mitgliedschaften in der praktischen »Tisch-Arbeit« bislang nie eine Rolle. Niemand sprach im Namen einer Partei, niemand machte Werbung für eine Partei, und so konnte es auch gar nicht zum Streit verschiedener Parteien darüber kommen, was denn der beste Weg der Willkommenskultur wäre.

Kein Zweifel, alle Menschen, die beim Runden Tisch in seinen verschiedenen Phasen mehr oder weniger aktiv mitgearbeitet haben, taten dies aus einem inneren Wertesystem heraus. Aber da wir keine Grundsatzdiskussion an den Anfang stellten, trat das Nebeneinander verschiedener, vielleicht sogar sich widersprechender Wertvorstellungen nicht zutage. Vollkommen gleichgültig, ob das Engagement aus einem christlichen Glauben, einer marxistisch gespeisten Vorstellung von Solidarität, einem humanistisch begründeten Wunsch nach Tätigkeit für die Gemeinschaft oder einfach nur dem Bedürfnis entsprang, im Ehrenamt ein wenig Anerkennung zu erlangen: Es spielte schlicht und ergreifend zu keinem Zeitpunkt eine Rolle. Wie Konstantin Wecker und Bernie Glassman es formulierten: »Es geht ums Tun, nicht ums Siegen!«

Kein Zweifel, wir alle, die wir uns am (wirklich so gestellten) Runden Tisch (oder auch dem so gestellten Stuhlkreis) versammelten, arbeiteten im Alltag in der Regel in hierarchisch strukturierten Firmen, Organisationen oder Zusammenhängen. Hier aber gab es keinen Vorstand, keine Posten, keine Hierarchie. Wer etwas tun wollte, tat es einfach. Und wer etwas nicht alleine tun wollte, suchte sich Gleichgesinnte.

Kein Gremium existierte, das die verschiedenen Ideen, Projekte und Aktivitäten absegnete, genehmigte oder korrigierte. Unser innerer Leitspruch war: Derjenige, der etwas tut, trägt die Verantwortung dafür.

So entstanden fast nur Projekte, für die es vollkommen ausreichte, dass von Anbeginn Menschen da waren, die von dieser einen Idee begeistert waren und alles dafür taten, sie praktisch umzusetzen. Frau Döring verband ihre ausgedehnten Naturspaziergänge mit ihrem Hund damit, Flüchtlingskinder mitzunehmen. Herr Sahling fand Unterstützung und Sponsoren wie etwa den Schulverein der Grundschule Basdorf, suchte Schul- und Flüchtlingskinder und drehte mit ihnen gemeinsam den Film »Willkommen«. Frau Breuer bot interessierten Bewohnern ihren Spezialsprachunterricht »Deutsch lernen an Kochtopf und Bratpfanne« an. Die Lehrerin der Montessorischule, Frau Zimmermann, startete mit ihren Schülerinnen und Schülern das »Projekt Asyl«, besuchte das Übergangswohnheim, veranstaltete eine Weihnachtsfeier und half ihren Schülern beim Schreiben eines Briefes an die Bundeskanzlerin.

Ich könnte diese Aufzählung fortsetzen und unzählige weitere Aktivitäten nennen, die aus dem gleichen Geist heraus entstanden. Jedes Mal hatte jemand eine Idee und konnte sie deshalb umsetzen, weil er nicht durch die Strukturen daran gehindert wurde. Jedes Mal standen andere Menschen vom Runden Tisch – und auch solche, die dort nicht angedockt waren – helfend mit ihren speziellen Kompetenzen zur Seite und sorgten dafür, dass die jeweilige Aktion erfolgreich verlaufen konnte.

»Hier macht ja jeder, was er will!«

Knapp drei Jahre später, im Herbst 2015, verfolgte ich auf Facebook einen Konflikt zwischen den Flüchtlingshelfern in einer Nachbargemeinde. Jüngere, unorganisierte Leute hatten sich in einer Facebookgruppe zusammengefunden, während der Bürgermeister eine Gemeindemitarbeiterin als Flüchtlingsbeauftragte eingesetzt hatte. Diese sollte in einem Willkommensarbeitskreis zusammen mit Vertretern aus Vereinen und Parteien ebenfalls Unterstützung für die Neubürger organisieren. Der Konflikt brach aus, als ein Sportvereinsfunktionär den Aktiven aus der Facebookgruppe vorwarf: »Hier macht ja jeder, was er will!« Je nach Betonung wird ein solcher Satz häufig in Gruppen oder Organisationen als Kritik formuliert, um mehr »Einheitlichkeit« in der Gruppe herbeizuführen. Aber vielleicht ist es doch genau dieser Satz, der die Stärke und auch den großen Unterschied dieser Zehntausenden von freiwilligen Helfern ausmacht, bei denen im Gegensatz zu vielen bestehenden Organisationen in der Tat meistens im Vordergrund steht: »Ich mache das, was ich will, was ich kann, was ich ganz persönlich für sinnvoll halte!« Es scheint mir ein Dilemma des gegenwärtigen Nebeneinanders von Organisationen, seien es Parteien, Kirchen oder Vereine, und solchen Kreisen, die ich als Graswurzelinitiativen bezeichnen möchte, dass die Organisationsvertreter sich kaum vorstellen können, der Satz »Hier macht jeder, was er will!« möge auch eine ausgesprochen positive Bedeutung für die Freiwilligenarbeit haben.

Es gab zwei Bereiche, für die dennoch viel organisatorische Strukturierungsarbeit notwendig war: die Bürgerbegegnungsfeste und die Spendentätigkeit, beide werde ich im Folgenden noch näher beschreiben. Beide sind auch Beispiele dafür, wo die Hierarchielosigkeit an ihre Grenzen stößt und wie im konkreten Fall damit umzugehen ist.

Koordination: Ja.
Hierarchie und Anweisungen: Nein.

Nun kann man natürlich einwenden, dass auch die hierarchieloseste Organisation nicht funktionieren kann, wenn überhaupt keine Struktur vorhanden ist und niemand sich fürs große Ganze zuständig fühlt. Diesem berechtigten Einwand kann ich nur entgegnen, dass unser Runder Tisch in meiner Person so etwas wie einen »nicht gewählten Koordinator« hatte.

Das mag im ersten Moment etwas konstruiert klingen, vielleicht auch so, als ob man sich nicht eingestehen möchte, dass eben doch einer das Sagen haben muss, damit die Dinge funktionieren.

Ich glaube fest daran, dass in der Bezeichnung »Koordinator« am besten zum Ausdruck kommt, wie ich meine Rolle die ganze Zeit verstanden habe. Ich neige zur Aktivität, bin insofern ein »Macher«. Was ich jedoch nie war, ist: ein »Bestimmer«, ein »Anführer«. Ich bin kein großer Vorsitzender in dem Sinne, dass ich eifersüchtig darüber wache, ob alles unter meiner Kontrolle ist und niemand die Leitlinien verletzt. Ich hatte auch nie das Gefühl, diese Wachfunktion einnehmen zu müssen. Unsere einzige Leitlinie war das Wörtchen »Willkommen«, und wer dieses nicht mit Inhalt hätte füllen wollen, der wäre von vornherein nie auf mich und andere vom Runden Tisch zugegangen.

Meine Rolle als Koordinator hatte auch strukturell nichts von einem großen Vorsitzenden. Ich hatte nie den Anspruch, bei allen Aktivitäten gefragt zu werden; verschiedene Dinge waren längst angelaufen, bevor ich überhaupt davon erfuhr, und ich freute mich jedes Mal wie ein Schneekönig, wenn sie erfolgreich waren.

Was wäre die Alternative zu einem »nicht gewählten« Koordinator? Ehrlich gesagt: Ich weiß es nicht. Oft bin ich gefragt worden, ob die Willkommenskultur in Wandlitz sich genauso entwickelt hätte ohne das Engagement einzelner Personen. Natürlich nicht! Wir brauchten und brauchen »Macher«. Aber eben immer Macher, die keine Bestimmer sein wollen. Und davon hatten und haben wir viele.

Natürlich brauchen wir weiterhin und wohl noch lange Parteien zur politischen Willensbildung, sind Bürgerinitiativen und Vereine, die auch von Fall zu Fall Vorstände bilden und wählen, eine Bereicherung der Zivilgesellschaft. Natürlich ist es in bestimmten Situationen sinnvoll, Grundsatzpapiere zu diskutieren und gemeinsame Plattformen zu erarbeiten. Dennoch: In welcher Geschwindigkeit und mit welcher Wirksamkeit in dem kleinen Ort Wandlitz eine Stimmung von Angst und Ablehnung in weiten Teilen der Bevölkerung umgedreht werden konnte in eine Stimmung von Toleranz, Empathie und Solidarität, das hat nach meiner Meinung auch etwas mit den oben genannten organisatorischen (Nicht-)Strukturen zu tun.

Freiwilligkeit und Freude am Helfen

Ein wesentlicher Bestandteil der Nichtstrukturen ist die absolute Freiwilligkeit, mit der alle Helfer in Wandlitz zu Werke gehen. Diese Art der Freiwilligkeit war etwas, das mir von Beginn an ungemein wichtig war. Ich hatte einen Vers vom

Kabarett zweier Pfarrer auf dem evangelischen Kirchentag in Hamburg im Hinterkopf, der lautete: »Ich geb den kleinen Finger, man nimmt die ganze Hand – das nennt man dann das ›Ehrenamt‹.« Als dieser Vers vor 400 kirchlichen Ehrenamtsmitarbeitern gesungen wurde, bebte der Veranstaltungsraum vor zustimmendem Beifall. Mich hat das damals sehr nachdenklich gemacht. Hier waren sie versammelt, Ehrenamtler oder Organisatoren ehrenamtlicher Arbeit, ohne die weder Kirchen, Vereine, Parteien noch Bürgerinitiativen existieren könnten. Aber die Hauptgegner befriedigender Ehrenamtlichkeit – das wurde hier deutlich – sind die Überforderung, die zu geringe Wertschätzung und ein vollkommen ungenügend praktiziertes Prinzip: die absolute Freiwilligkeit. Ich möchte an einem Beispiel verdeutlichen, worum es mir geht.

Der Runde Tisch existierte gerade mal drei Monate, der Sprachunterricht war erst wenige Wochen alt, da rief Frau Kickel-Andrae mich an und bat um ein Gespräch. Wir empfingen sie bei uns daheim mit Kaffee und Kuchen. Nach wenigen Augenblicken platzte es unter Tränen aus ihr heraus: »Mich macht der Sprachunterricht fertig! Ich bin doch gar keine Lehrerin und komme didaktisch ständig ins Schwimmen. Ich kann nachts nicht mehr schlafen und habe Angst vor der nächsten Unterrichtsstunde. Ich habe das alles falsch eingeschätzt und hoffe, Sie sind mir nicht zu böse, wenn ich Ihnen sage: Ich kann nicht mehr!«

Ich war völlig verblüfft: War ich der Vorgesetzte? Hatte ich darüber zu entscheiden, was andere tun oder lassen? Wir dankten Frau Kickel-Andrae von ganzem Herzen für ihren Beitrag, den sie bisher geleistet hatte, und bestärkten sie darin, solche Aufgaben zu übernehmen, die ihr Freude machten und ihre Kräfte nicht überstiegen.

Wenige Wochen später half sie dann bei der Organisation des ersten Bürgerbegegnungsfests. In ihrer beruflichen Tätigkeit hatte sie hochprofessionelle Kompetenzen des Veranstaltungsmanagements erlernt. Von nun an profitierten wir von diesen Kompetenzen, von ihrer Freude an Ablaufplänen und Beschlussprotokollen sowie ihrer ganzheitlichen Herangehensweise an Veranstaltungen, und es gelang uns, mit minimaler Kraft höchst erfolgreiche Veranstaltungen durchzuführen. Nach meinem Ausscheiden »aus der ersten Reihe« wurde sie einer der beiden Sprecher des Wandlitzer Runden Tisches.

Nur was ich mit Freude tue, tue ich wirklich gut!

Wenn Menschen bereit waren zu helfen, war das oft mit dem Hinweis verbunden, dass sie wenig Zeit hätten, aber trotzdem gerne helfen wollten. Und genau so darf, ja soll es auch laufen: Auch wer nur wenige Stunden beim Fest einspringt oder nur zwei Mal für zwei Stunden in der Spendenhalle beim Sortieren hilft, hat uns viel geholfen! Dieses Wertschätzen ohne moralischen Druck, eine Kultur des Dankesagens zu entwickeln, einfach jeden einzelnen Beitrag zu würdigen, so klein er auch erscheinen mag, auch dies sind ganz sicher Gründe, warum die Willkommenskultur in Wandlitz so schnell und fruchtbar wachsen konnte. Es gehört sogar ganz eng in diese Willkommenskultur hinein, denn letztlich signalisierten wir den Menschen, die da kamen, um Gutes zu tun: Auch ihr seid willkommen! Und zwar nicht nur, wenn ihr die ganze Hilfe im Alleingang stemmt, sondern mit jedem Beitrag, den ihr leisten wollt und den ihr leisten könnt. Es ist das gleiche Spiel wie bei Sammlungen von Geldspenden: Genannt werden häufig genug diejenigen, die eine große Summe gespendet haben. Und natürlich ist es toll, wenn jemand für einen guten Zweck drei-, vier- oder gar fünfstellige Summen spenden kann und will. Trotzdem fallen dabei oft diejenigen hintenrüber, die mit ihren fünf oder zehn Euro ebenfalls Gutes tun und für die im Verhältnis zum Gesamteinkommen diese Summe genauso gewaltig ist wie für den Gutverdiener ein Betrag von mehreren Hundert oder Tausend Euro.

Letztlich ist es ganz einfach: Jeder Mensch ist bereit, Gutes zu tun, wenn es freiwillig ist. Und: Wertschätzung ist der wichtigste Ansporn für ehrenamtliche Arbeit.

»Wenn mein Sohn wieder gesund wird, will ich viele Stunden Ehrenamt leisten!«

Silvia Ocker, 39 Jahre alt, wohnt mit ihrem Mann und ihren drei Kindern seit 2012 im Ortsteil Schönerlinde in Wandlitz. Die gebürtige Ruhrpottlerin erzählte mir so intensiv von ihren Erfahrungen und ihrer Motivation, als Freiwillige zu helfen, dass ich unser Gespräch hier wiedergeben möchte.

Wie sind Sie auf die Idee gekommen, dass Sie beim Runden Tisch mitwirken und den Flüchtlingen in Wandlitz helfen könnten?

Ich habe das erste Mal aus einem Artikel im Heidekrautjournal von der Protestversammlung zum Asylbewerberheim und von Ihrem Diskussionsbeitrag erfahren. Ich kannte niemanden, der bei der Versammlung dabei war, und eigentlich hatte ich mir fest vorgenommen, Sie danach anzurufen und Ihnen zu sagen: »Das fand ich super!« In der hiesigen evangelischen Gemeinde, in der ich mich ein bisschen engagierte, sagte Pfarrer Berchner zu uns, dass seine Frau einen Runden Tisch initiiert habe, und die würden noch Mitstreiter suchen. »Wollen Sie da nicht mithelfen?«, schlug er vor. Und so bin ich da gelandet. Mir war das wichtig, etwas gegen rechts zu tun. Denn als wir nach Brandenburg gezogen sind, haben viele zu uns gesagt: »Ihr könnt doch nicht nach Brandenburg ziehen. Denkt ihr nicht an eure Kinder? Da sind doch ganz schön viele Rechte!«

Das war aber dann gar nicht so?
Wir sind hier im Dorf sehr toll aufgenommen worden. Alle waren hilfsbereit, als wir hier gebaut haben. Wir sind hier richtig gut angekommen. Deshalb habe ich mir gedacht: Wenn hier irgendetwas passiert, wie zum Beispiel mit dem Übergangswohnheim, dann möchte ich mithelfen. Und zwar möglichst nicht dagegen, sondern dafür. Etwas Gutes mitgestalten. Und das ging dann alles ganz schnell. Ich war beim ersten Runden Tisch im evangelischen Gemeindehaus in Wandlitz. Und es gab dort auch ganz konkrete Anlässe, bei denen man sich einbringen konnte, nicht so einen theoretischen Überbau. Wir brauchen Fahrräder, wir brauchen Dolmetscher, wir brauchen dies, wir brauchen das.

Hatten Sie denn überhaupt Zeit dafür?
Ich war noch in der Elternzeit, das war eine gute Voraussetzung. Unser mittlerer Sohn ist schwer herzkrank, und da hatte ich mir damals vorgenommen, wenn er gesund wird, wenn das alles gut geht, dann werde ich viele Stunden Ehrenamt leisten. Ich bin lange nicht dazu gekommen, das einzulösen, weil ich beruflich ziemlich eingespannt war. Aber jetzt wusste ich, es ist Zeit, jetzt mache ich das.

Es war also ein Vorsatz, den Sie schon länger mit sich herumtrugen, der sozusagen in Ihrer Herzensschublade auf Realisierung wartete?
Auf jeden Fall! Ich habe bei dieser ersten Sitzung vorgeschlagen, dabei zu helfen, Dolmetscherkapazitäten für die Kommunikation mit den Asylbewerbern zu vermitteln. Ich habe dann aber gemerkt, dass mir das zu wenig war, nur zu vermitteln, ich wollte selbst etwas tun. Ich habe daraufhin eine Eltern-Kind-Gruppe gegründet. Mir wurde schnell klar, dass hier im Heim kein »betreutes Wohnen« stattfindet. Die Mütter schienen uns oft überfordert in der ganztägigen Betreuung ihrer Kinder. Sie haben gekocht für sie, sie sauber gehalten. Und ich habe zusammen mit einer Freundin jeden Dienstag versucht, die pädagogische Kompetenz der Mütter ein wenig zu stärken. Wir haben dann in der Spendenhalle die Spenden sortiert und mal geguckt, was für Spielzeug es gibt. Beim Sortieren der Spenden haben wir auch ganz viel Müll weggefahren, und ich wurde mit dem konfrontiert, was ich vielleicht etwas überspitzt »Spendenfaschismus« nennen würde. Denn was ist das denn anderes, wenn man für Flüchtlinge gebrauch-

te Männerunterhosen abgibt. Ich gebe doch nur Sachen weg, von denen ich denke, die sind noch gut!

Ich höre diesen sehr harten Begriff jetzt von Ihnen zum ersten Mal. Sie haben das aber nie skandalisiert, sondern einfach gemacht – aussortiert, weggeschmissen?
Ja, ich habe auch die Puzzleteile gezählt. Ich finde, man kann kein Puzzle verschenken, bei denen von 100 Teilen 20 fehlen!

Wie hat auf Sie die Debattenkultur am Runden Tisch gewirkt?
Ich hatte schon an der einen oder anderen Stelle Schwierigkeiten mit Ihrem Führungsstil. Ich fand Sie da sehr dominant. Sie hatten Ihre festen Vorstellungen und wollten die Schwierigkeiten außen vor lassen. Aber wenn ich dann nach Hause fuhr und vielleicht unzufrieden mit der einen oder anderen Angelegenheit war, habe ich mir gesagt: »Ja, aber ich bin ja auch nicht bereit, das zu übernehmen ...« Letztendlich kann man immer nur Sachen kritisieren, die man bereit ist, selbst besser zu machen.

Ich finde das toll, dass Sie das ehrlich aussprechen! Ich habe gegenüber anderen immer das Prinzip vertreten, dass derjenige, der die Arbeit macht, auch die Verantwortung für den Inhalt und die Qualität übernehmen muss. Ich glaube, dass es anstrengend wird und demotivierend ist, wenn Menschen, die nicht an den jeweiligen Projekten beteiligt sind, anderen vorschreiben wollen, wie und in welcher Weise sie die Arbeit zu leisten haben. Wie sind Sie denn in die Arbeitsgruppe »Bürgerbegegnungsfest« gekommen?

Ich habe Schwierigkeiten, wenn für Projekte Helfer gesucht werden und keiner antwortet. Also habe ich gesagt: »Okay, ich kann auch einen kleinen Beitrag leisten.« Eigentlich war mir überhaupt nicht klar, wie ich das anstellen sollte. Ich konnte es aber einfach nicht aushalten, wenn niemand einen Finger rührte. Also habe ich gesagt, ich mache jetzt bei der Bürgerbegegnungsfestgruppe mit. In dieser kleinen Gruppe hat die Arbeit auch sehr viel Spaß gemacht. Es ist ja leichter, als wenn man sich immer mit 20 Leuten abstimmen muss. Obwohl es an dem Tag dann in Strömen geregnet hat, fand ich, es hat uns als Gruppe zusammengeschweißt. Das war sehr schön!

Das Gespräch mit Frau Ocker zeigt mehrere Dinge auf. Vor allem natürlich, wie hier jemand das Prinzip der Freiwilligkeit von Anfang an verstanden und für sich genutzt hat. Frau Ocker hat genau an den Stellen mit ihrer Hilfe angesetzt, an denen sie selbst sich gut aufgehoben fühlte, und sie hat nach und nach in sich hineingehorcht, um festzustellen, ob sie sich noch mehr zumuten kann und möchte. Immerhin war sie durch ihren kranken Sohn sehr lange Zeit hoch belastet und auch im Beruf in Beschlag genommen

Dieses In-sich-Hineinhorchen und die eigenen Kräfte spüren ist es, was wir in Wandlitz fördern wollten und wollen, weil unserer Überzeugung nach sich der größte und beste Effekt der Hilfsbereitschaft dann einstellt, wenn die Dinge mit Überzeugung und Freude getan werden. Jeder von uns kennt diesen Zusammenhang schon aus seiner Schulzeit: Viele Fächer, viele Lerninhalte musste man sich erquälen und erkämpfen, weil einem der Lehrer nicht lag und man wenig Lust aufs Lernen verspürte. Stand dann jedoch ein großartiger Pädagoge vorne, der einem sogar auf scheinbar abseitige Inhalte richtig Lust machte, begann man, freiwillig zu lernen und über das Normalmaß hinaus zu arbeiten. Und obwohl man mehr tat als nötig, machte es Spaß, man schaffte mehr und bekam am Ende auch noch bessere Noten.

Was die Flüchtlingsarbeit angeht, bedeutet Freiwilligkeit natürlich auch Vertrauen. Vertrauen darauf, dass Menschen schon den Finger heben werden, um tätig zu werden. Nicht immer klappt das von Beginn an, wie auch Frau Ockers Einlassungen zum Bürgerbegegnungsfest andeuten. Aber wie wir am Status quo in Wandlitz ganz deutlich ablesen können, hat es immer wieder geklappt. Genug Menschen haben einen inneren moralischen Kompass, der ihnen sagt, dass es gut sein wird, fremden Menschen in ihrer Not zu helfen. Und dieser Kompass leitet sie dann meistens auch ohne jeden Druck von außen zu den Stellen, an denen sie wirkungsvoll helfen können.

Eine dieser Stellen, und gleichzeitig eine der wichtigsten, ist der Sprachunterricht für die Flüchtlinge. Nicht nur der junge Vietnamese, der mich bereits am ersten Tag mit seinem »Wann Schule?« fast zu Tränen rührte, wollte unbedingt so schnell wie möglich die deutsche Sprache lernen, die meisten hier ankommenden Menschen sind sehr begierig darauf, sich rasch einigermaßen gut verständigen zu können. Kaum ein Satz von Flüchtlingsgegnern ist unsinniger als das berüchtigte »Die sollen erst mal unsere Sprache lernen«. Das tun sie. Und sie machen es großartig. Hilfe bekommen sie dabei von unseren nicht minder großartigen Freiwilligen.

Import der US-Graswurzelbewegungen – Celebration und Evaluation

Als ich im Jahr 2007 mit meiner Frau zusammen vier Wochen New York und New Jersey besuchte, wurden wir mitten in den Obama-Wahlkampf mit seinem zum geflügelten Wort gewordenen Motto »Yes, we can!« hineingerissen.

Der dadurch entfachten Begeisterung insbesondere des farbigen Teils der Bevölkerung konnte sich kaum jemand entziehen. Nach dem überraschenden Sieg des ersten farbigen US-Präsidenten beschäftigte ich mich viel mit der »Organizing-Kampagne«, von der Beobachter meinten, sie sei eine wesentliche Ursache dafür gewesen, dass aus einem »Bündnis der Minderheiten« eine arithmetische Mehrheit der Wahlbevölkerung werden konnte.

Zwei Begriffskombinationen haben mich beeindruckt und sich tief in mein Herz eingegraben. In jedem der mehreren Hundert Kampagnenbüros, in denen sich etliche Tausend Wahlhelfer regelmäßig trafen, waren Transparente angebracht, auf denen drei große Worte als Leitsatz der Arbeit prangten: *Respect! Empower! Include!*

So sollten alle »Organizer«, wie die dortigen Wahlhelfer genannt wurden, sich in jedem Augenblick drei Haltungen gegenüber ihren Mitmenschen verinnerlichen:

- Respektiere dein Gegenüber.
- In allem, was du tust, stärke sein Selbstbewusstsein und seine Motivation, selbst aktiv zu werden.
- Stelle alle Handlungen und deine Reden unter die Maxime, die Menschen zu einigen, zusammenzuführen.

Die zweite Begriffskombination, die uns überall entgegensprang, war *Celebration und Evaluation.* Damit sollten, so wurde uns gesagt, die jeweils ersten beiden Tagesordnungspunkte bei jeder Besprechung der »Organizer« umschrieben werden. Genauer gesagt: Bei jeder Beratung sollte zu Beginn eine »Erfolgsmeldung zelebriert« werden. Gab es keine Erfolgsmeldung, sollte »zelebriert« werden, wie ein Organizer einem anderen geholfen hatte. Das Wort Evaluation meint die regelmäßige Überprüfung gesetzter Ziele auf ihre Richtigkeit. Es geht also nicht um den Tagesordnungspunkt »Probleme«, sondern um den Tagesordnungspunkt »Lösungen«.

In diesem Sinne haben wir auch den Ansatz des Runden Tisches gesehen. Unsere Sitzungen sollten immer konzentrierte Abende sein, von denen man froh nach Hause geht.

Die Prinzipien des Runden Tisches

In Wandlitz geschieht gelebte Demokratie vom Runden Tisch aus. Er war von Beginn an die Institution, bei der die Fäden zusammenliefen und von der die Aktionen ausgingen. Um mir selbst Klarheit darüber zu verschaffen, was eigentlich die Prinzipien des Runden Tisches sind, habe ich ziemlich früh versucht, diese zu definieren.

- Erfolge zelebrieren
- Resonanz transparent machen
- Ziele und Maßnahmen visualisieren
- Ausufernde Diskussionen ohne konkrete Festlegungen vermeiden

- Meinungsbilder effizient herstellen
- Immer auch ein wenig für das leibliche Wohl sorgen
- Die Pinnwand: vorbereitete Themenüberschriften an einer Pinnwand als selbstverständlicher Bestandteil der Sitzungen.

So ließe sich in etwa umschreiben, was jede Sitzung des Runden Tisches geprägt hat. Fast immer wurde zu Beginn ein Filmbericht vorgeführt, der seit der letzten Sitzung auf irgendeinem Sender gezeigt wurde. Das symbolisierte Anerkennung, Resonanz und Effektivität unserer Arbeit.

Generell gilt: Menschen gehen nicht gerne zu abendlichen Arbeitssitzungen. Karl Valentin soll einmal über Sitzungen geunkt haben: »Es ist zwar schon alles gesagt, aber noch nicht von allen.« Diese Erfahrung kennt wohl fast jeder von uns, der beispielsweise an Besprechungen in der Firma, an Elternabenden in der Schule und im Kindergarten oder an Vereinssitzungen teilgenommen hat. In fast jeder Versammlung gibt es Dauerredner, Selbstdarsteller und Konflikte, die nicht die Sachebene betreffen. Es gibt Animositäten, Vorurteile oder frühere Verletzungen von Beteiligten, die jetzt auf Kosten der Teilnehmer dieser Sitzung als Projektionsfläche ausgetragen werden. Man kann mit Fug und Recht behaupten: Sitzungen sind unbeliebt.

Gerade weil immer weniger Menschen bereit sind, sich stundenlange Debatten in Vorständen von Sportvereinen, Kirchengemeinden, Parteien oder Bürgerinitiativen anzutun, war es für uns wichtig, die genannten, wenig zielführenden Elemente solcher Sitzungen möglichst zu eliminieren. Auch dazu gehört allerdings jemand, der darüber wacht, dass sich Streit und Eitelkeiten nicht doch wieder Bahn brechen. Am Ende des ersten Jahres am Runden Tisch hörte ich von einer Aktiven erstmals offen ausgesprochen den Einwand, ich hätte sehr stringent alles Negative aus den Sitzungen fernhalten wollen. Ich vermute, das stimmt. Zu meiner Verteidigung und als Anregung möchte ich aber erwähnen: Natürlich gab es auch Konflikte, und ja, wir hatten dann Konfliktsitzungen. Die fanden aber außerhalb der Plenumstreffen des Runden Tisches statt. Beteiligt waren die am Konflikt unmittelbar Betroffenen. Und dort konnten auch Konflikte gelöst und Lösungsvorschläge vereinbart werden.

Da wir in kürzester Zeit zu den unterschiedlichsten Themenbereichen aktiv werden wollten oder mussten, ergab sich unser vorrangiger Grundsatz fast von selbst: »Wer die Arbeit macht, trägt auch die Verantwortung!«

In der Sitzung des Runden Tisches im April 2013 wurde von einer Kommunalpolitikerin die Kritik geäußert, dass nach ihrer Meinung bei der Ausgabe der Spenden gegenüber den Kindern mehr pädagogische Sorgfalt geübt werden solle. Sie habe den Eindruck, dass zu viele Kinder zu viele Stofftiere bekämen. Und sie habe den Eindruck, die Ernährung der Kinder sei oft sehr ungesund. Ich wies die Diskutantin höflich, aber sehr bestimmt darauf hin, dass wir uns freuen würden, wenn sie sich selbst in der Spendengruppe engagiere, sie ihre pädagogischen Erfahrungen und Sichtweisen dort einbringe. Wenn sie dazu nicht bereit oder in der Lage sei, dann sei ihre Kritik nicht zielführend.

Diese Haltung kann man natürlich als Abbügeln von Kritik auffassen, als Ausblenden der Schattenseiten. Mir ging und geht es aber um etwas anderes: dieses Prinzip, die Arbeit derer, die konkret helfen, nicht abzuwerten, zu kritisieren oder zu nörgeln, sondern immer wieder Zuwendung, Wertschätzung und Anerkennung für die Einsatzbereitschaft der Helfer zu artikulieren. Dies schafft eine lang anhaltende positive Grundstimmung.

Fazit Sitzungen müssen nicht ermüdend sein, Sitzungen dürfen nicht ermüdend sein! Nur wenn wir gestärkt und motiviert, um Wissen und Emotionen bereichert nach Hause gehen, zeigt sich auch in unseren Sitzungen die gegenseitige Wertschätzung.

Die Struktur des Runden Tisches

Was sind das eigentlich für Menschen, die die Wandlitzer Willkommenskultur vorangetrieben haben? Auch wenn die Initiative von der evangelischen Pfarrerin ausging, so kamen die Teilnehmer doch aus allen Schichten und Kreisen der Wandlitzer Bevölkerung. Außer den ersten beiden wurden alle weiteren Sitzungen durch die Rundschreiben des Runden Tisches, auf der Homepage der Gemeinde, auf der Facebookseite »Willkommen in Wandlitz« und zum Teil in der örtlichen Presse angekündigt. Aus dem Rückblick von eineinhalb Jahren und den geführten Interviews weiß ich heute, dass diese allgemeine Öffentlichkeit dennoch nicht für alle Menschen transparent war. Am Anfang hörte ich des Öfteren die irrige

Vermutung, es handele sich um einen kirchlichen Arbeitskreis, und auch später erreichten mich vereinzelte Meinungen, die Zusammensetzung des Runden Tisches sei in irgendeiner Form definiert oder begrenzt.

Dass solche Missverständnisse trotz der maximalen Transparenz und des großen Presseechos entstehen konnten, zeigt ein aus meiner Erfahrung häufig wiederkehrendes Missverständnis: Die Aktiven eines beliebigen Gremiums bedauern einerseits, dass sie nicht mehr Unterstützer finden, andererseits haben Menschen, die dieses Gremium unterstützen wollen, das Gefühl, sie könnten dort nicht einfach mitarbeiten, oder aber es fehlt ihnen die Information, wo und wann man bei diesem Gremium mitarbeiten kann. Lösen lässt sich dieses Missverständnis wohl nie komplett, wichtig ist aber immer, die Grundsätze so offen wie möglich nach außen zu kommunizieren.

Was nun jene betrifft, die die Arbeit leisten, fiel von Anfang an auf, dass es in der Mehrheit Frauen sind, allerdings völlig unterschiedlicher Altersgruppen, beruflicher Qualifikation oder Herkunft. Ein paar Beispiele habe ich hier zusammengestellt, um zu zeigen, dass sich niemand zu verstecken braucht. Jeder wird gebraucht, jeder kann etwas beitragen. In Wandlitz waren das neben vielen anderen:

- die Pfarrerin, die die Initiative zur Gründung des Runden Tisches ergriff
- eine Mitarbeiterin der Evangelischen Akademie zu Berlin, die zu mir sagst: »Bisher habe ich oft wissenschaftliche Konferenzen zur Asylproblematik organisiert, jetzt möchte ich mal selbst in der Praxis helfen.«

- die Psychotherapeutin, der Folgendes wichtig ist: »Ich mache vor allem aus einem Grund hier mit: Damit die Neonazis wissen, wenn sie einen von denen angreifen, greifen sie uns alle an!«
- zwei Mitarbeiterinnen der Gemeindeverwaltung, die ihre Motivation so formulieren: »Wir sind zwar im Auftrag der Bürgermeisterin mit dabei, aber es ist uns auch ein persönliches Anliegen!«
- die junge Mutter von drei Kindern, Sozialarbeiterin, die sich geschworen hat, wenn ihr herzkrankes Kind gesund würde, zum Dank ehrenamtliche Arbeit zu leisten
- die Schauspielerin, die seit langer Zeit etwas in ihrem neuen Wohnort Wandlitz sucht, bei dem sie sich ehrenamtlich betätigen kann. Nun fand sie den Kontakt zu einer tschetschenischen Familie und wurde, als diese ausgewiesen werden sollte, zu einer der wichtigsten Aktivistinnen, die sich erfolgreich für die Rückführung eingesetzt hat.
- die passionierte Lehrerin im Ruhestand, 20 Kilometer entfernt wohnend, die nicht nur Deutsch unterrichtet, sondern später zur »Mama« wird
- die aktive Lehrerin, die auch im Hauptberuf »Deutsch für Ausländer« unterrichtet
- die Rechtsanwältin, die einfach etwas tun will
- der ehemalige Botschafter der BRD in afrikanischen Staaten, selbst mit einer Pakistanerin verheiratet, der den Aktiven wie ein »elder statesman« Wertschätzung und Anerkennung bei jeder Gelegenheit zollt
- der gehbehinderte Rentner, der unermüdlich mit seinem elektrischen Krankenfahrstuhl im Wohnheim präsent ist,

bei Arztbesuchen, Interviews gegenüber der Presse und in vielen anderen Angelegenheiten Russisch dolmetscht und sich gleichzeitig um die Fahrradwerkstatt kümmert
- der Diakon der katholischen Gemeinde, der ohne großes Aufhebens vor allem in den hektischen Anfangsmonaten quasi der Transportunternehmer des Runden Tisches geworden ist, mit dem Gemeindebus Möbelspenden abholt und auch ausliefert, wenn Flüchtlinge eine Wohnung zugewiesen bekommen
- der Vorständler aus der örtlichen Montessorischule, der ebenfalls still und sehr effizient überall mithilft und anpackt, wo Not am Mann ist, bei Transporten, bei Finanzierungslücken, bei der Lösung organisatorischer Probleme
- die Sozialdezernentin des Landkreises, die mitarbeitet, als wäre sie eine ganz normale Bürgerin des Ortes, ohne ihre Verantwortung als Amtsträgerin zu vertuschen, sodass sie jederzeit auch bereit ist, in unangenehmen Situationen Frage und Antwort zu stehen

Es ist unmöglich, an dieser Stelle alle zu erwähnen. Manche waren nur ein oder zwei Sitzungen dabei, manche halfen bei einem Fest oder einem Umzug. Aus dem eigenen Freundeskreis der Nachbargemeinde halfen beispielsweise drei Rentner viele Stunden lang, die riesigen Regale aufzustellen.

War jemand dabei, der eine Organisation vertrat? Sprach jemand im Namen einer Partei? Überbrachte jemand die offizielle Meinung einer Kirchengemeinde? Bewarb sich jemand für ein Mandat im Vorstand oder als Delegierter zu überregionalen Zusammenschlüssen? Überall: Fehlanzeige. Natürlich hat jeder am Runden Tisch noch andere Zusammenhänge, sind manche Mitglied in den politischen Parteien, in einem Gemeindekirchenrat oder einem Vereinsvorstand. Aber all das blieb und bleibt außen vor.

Wir wirken auf Augenhöhe

Man liest es häufiger, und auch wir vom Runden Tisch gebrauchen diesen Ausdruck: Kommunikation auf Augenhöhe. Aber was heißt das eigentlich: »Auf Augenhöhe?« Hierarchielos? Ohne Vorstand? Ohne Rangabzeichen und Titel? Mag sein, dass auch dies alles oder das meiste für den Runden Tisch in Wandlitz zutrifft, wichtiger aber ist mit Sicherheit: Wir sind zwar nicht alle gleich, aber wir wertschätzen uns gleich. Akzeptanz, Lob, Anerkennung, vollständige Freiwilligkeit und immer wieder Wertschätzung sind die Grundlagen unserer Arbeit.

- Wertschätzung der **Zeit**, die jede und jeder einbringt,
- Wertschätzung für den **Mut**, den jede und jeder aufbringt,
- Wertschätzung für die individuelle **Kreativität**, die hinter jedem Beitrag zu entdecken ist.

Wichtig ist diese bedingungslose Wertschätzung vor allem deswegen, weil uns so vieles über die persönlichen Umstände, unter denen die Zeit, die Kraft und Ideen für eine Willkommenskultur aufgebracht werden, unbekannt ist und so manches aus Diskretion auch unbekannt bleiben muss.

Gibt es nicht auch noch andere Dinge im Leben als den Runden Tisch?

Die Wertschätzung dessen, was jeder Einzelne beiträgt, ist auch deshalb wichtig und notwendig, weil man sich immer wieder vor Augen führen sollte, dass all diese Menschen auch noch andere Probleme in ihrem Leben zu lösen haben: Kinder großziehen, Arbeitsplatz verteidigen, Hypotheken abzahlen, Mieterhöhungen verkraften, bei Fortbildungen nicht den Mut verlieren, Trennungen bewältigen, Beziehungsprobleme lösen, Todesfälle oder Krankheiten verarbeiten ... So vieles, was hier nicht zur Sprache kommt, soll doch bedacht sein, wenn wir den Wert der freiwilligen Beiträge richtig bemessen wollen.

Für mich brachte der Runde Tisch auch etwas sehr Privates, was ich als Politisches erlebte in diesen Monaten: Es war zwar nicht das erste Mal, dass ich mit meiner Frau in ehrenamtlichen Zusammenhängen gemeinsam aktiv wurde. Aber nie vorher war es so konkret, so intensiv und so stark ins örtliche Umfeld integriert. »Sie sind ein eingespieltes Team, nicht wahr?«, meinte Frau Kickel-Andrae nach der zweiten Sitzung des Runden Tisches. Sie hatte bemerkt, wie Margot mir mit Handzeichen signalisierte, leiser oder weniger druckvoll aufzutreten, wie sie mich auf übersehene Wortmeldungen hinwies oder mit wenigen Bemerkungen zur Entschärfung unnötiger Konfliktsituationen beitrug.

So gehört mein Jahr am Runden Tisch in Wandlitz auch zu den glücklichsten Monaten meiner Ehe. So viel Nähe in der Unterschiedlichkeit, so viel kritisches Feedback in der wertschätzenden Unterstützung, so viel realistische Wahrnehmung bei aller Euphorie – all das hat uns eine bisher so noch nicht erschlossene neue Ebene unserer Partnerschaft eröffnet. In der Bibel wird für körperliche Liebe zweier Menschen die schöne Metapher gebraucht, »sie erkannten einander«. So konnte ich in diesen Monaten auch erfahren und glücklich auskosten: »Wir erkannten noch mal neue Seiten aneinander«, auch das ist eben eine Form von Willkommensglück. Ich bin sicher, dass es auch anderen Menschen am Runden Tisch außerhalb von Paarbeziehungen so ging. Dass sie Freunde und Bekannte neu kennenlernten, intensiveren Austausch hatten und dadurch auf eine neue Bewusstseinsebene gelangten.

Und die Defizite?

In der Arbeit des Runden Tisches wurden natürlich auch Defizite deutlich: Immer wieder wurde der Wunsch nach Bildung eines Arbeitskreises »Asylpolitik« laut, der sich mit den politischen und ausländerrechtlichen Hintergründen des Asyls beschäftigen und die Möglichkeit von öffentlichen Diskussionsveranstaltungen prüfen sollte. Intensiv wurde die Frage besprochen, dass und wie ein solcher Arbeitskreis »Asylpolitik« bei Abschiebungen wie später der Familie Miramatov nach Polen politisch aktiv werden könnte. Es hat nicht sollen sein, und die Kampagne zur Rückkehr von »Magomed mit seiner Familie« nach Wandlitz konnte auch ohne einen solchen Arbeitskreis erfolgreich beendet werden, wenn auch nur auf der Schulter von ganz wenigen lastend.

Fazit Die Verteidigung und Organisation der *Pluralität* ist die Stärke, *Nivellierung* die Bremse am Runden Tisch. Natürlich scheint es zunächst leichter, alle über einen Kamm zu scheren oder einheitliche Standards zu vereinbaren.

Wir aber haben die umgekehrte Erfahrung gemacht: Die Verteidigung, Pflege und der Erhalt der Diversität (Verschiedenartigkeit) macht die Arbeit bunter und eröffnet viel mehr Zugänge.

Nach eineinhalb Jahren kann man rückblickend feststellen, ohne Hierarchie, ohne Parteien oder Organisationskomitee und auch ohne den Zwang der Einigung auf ein Grundsatzpapier war die Arbeit leichter, motivierender, mit nur geringen Reibungsverlusten und höchst effektiv. Die zeitweilig quasi hauptamtliche Moderation durch einen »Koordinator« ist nicht ohne Weiteres übertragbar oder wiederholbar. Welche Auswirkungen eine nun notwendige Strukturierung und damit auch eine gewisse Hierarchisierung nach sich ziehen, muss die Zukunft zeigen.

Die unterschiedlichen Rollen: Zivilgesellschaft – Verwaltung – Parlamente

Auch wenn am Runden Tisch alle die gleiche Wertschätzung erfahren sollten, war von vornherein klar, dass nicht alle gleich sind. Die bereits erwähnte Diversität bezog sich auch auf die Aufgaben, die wir in unserem jeweiligen Leben übernommen hatten. Neben sehr vielen normalen Wandlitzer Bürgern waren auch Vertretet der Verwaltung anwesend. Und sehr schnell war klar, dass es ohne die Politik nicht gehen würde.

Bei der ersten Beratung, zu der wir uns im Dezember 2012 im evangelischen Gemeindehaus trafen, unterhielten wir uns über die juristischen Grundlagen des deutschen Asylrechts, wie sie unter anderem im Asylbewerberleistungsgesetz niedergelegt sind. Eine Frau aus der Gemeindeverwaltung verwies darauf, dass der Status des Asylbewerbers aus Sicht des Gesetzgebers beinhalte, es den Flüchtlingen vor ihrer Anerkennung nicht »grenzenlos bequem« zu gestalten. So seien die gesetzlichen Grundlagen, daran seien Ämter und Amtspersonen gebunden.

Das war der Punkt, an dem wir in der Geburtsstunde des Runden Tisches festhielten: Es ist wichtig, dass alle Beteiligten die unterschiedlichen Rollen akzeptieren, die im Wesentlichen dreigeteilt sind:

- die *ehrenamtlich Tätigen* aus der Zivilgesellschaft,
- die *Mitarbeiter* der *Gemeinde,* des *Landkreises* und des *Bundes,*
- die Vertreter der *Parlamente.*

Die Ehrenamtlichen leisten außerhalb ihrer Berufstätigkeit einen zeit- und gefühlsmäßig großen Einsatz, weil sie überdurchschnittlich hohe Empathie und Solidarität mit den Flüchtlingen empfinden. In diesem Personenkreis ist vermutlich die Kritik an der drastischen Einschränkung des deutschen Asylrechts Anfang der Neunzigerjahre sowie an Verordnungen wie dem Dublin-II-Abkommen, die es Flüchtlingen schwer machen sollen, in ein Land ihrer Wahl zu gelangen, besonders stark.

Im Gegensatz dazu sind Mitarbeiter der Gemeinde, des Landkreises, des Landes oder des Bundes an Anweisungen von oben, an gesetzliche Grundlagen und an politische Vorgaben der jeweiligen Regierungen oder Verwaltungsspitzen gebunden. Schon hier kann es deutliche Nuancen und Unterschiede zum Engagement und zu den Meinungen der Ehrenamtler geben.

Von Anfang an haben wir auch eine dritte Gruppe beschrieben, die Parlamentarier. Aus unserer Sicht wäre deren Aufgabe,

Schlussfolgerungen aus unseren Erfahrungen zu ziehen, Kritik und Vorschläge zur Veränderung von Missständen in den parlamentarischen Raum einzubringen und über Beschlüsse der Gemeindevertretung, des Kreistages oder des Landtages Verbesserungen herbeizuführen. Diese dritte Rolle, das muss man kritisch anmerken, blieb weitestgehend ungenutzt. Mit Ausnahme des ehrlichen Auftretens und Einsatzes der damaligen Bundestagsabgeordneten Dagmar Enkelmann gegenüber dem Bundesamt für Einwanderung und Migration erlebten wir zwar Höflichkeitsbesuche von Ministern und Fraktionsvorsitzenden im Heim, aber keine politisch-parlamentarische Unterstützung unserer Arbeit. Einer jedoch, der kam. Und zeigte ehrliches Interesse: Dietmar Woidke.

Rückenwind vom Ministerpräsidenten

Als der Ende August 2013 neu gewählte brandenburgische Ministerpräsident Dr. Dietmar Woidke Anfang November des Jahres seinen Antrittsbesuch im Barnim machte, traf er sich zum Abschluss des Tages mit ehrenamtlich engagierten Bürgern aus diesem Kreis. Auch der Runde Tisch aus Wandlitz war eingeladen, und so saß ich an diesem Tag zwischen Frauen in der Uniform der freiwilligen Feuerwehr, Sportvereinsaktivisten, Förderern kommunaler Kulturarbeit und anderen, die in der einen oder anderen Weise ohne Erwartung materieller Entlohnung die Gemeinschaft, die Zivilgesellschaft voranbringen wollten.

Erst seit wenigen Wochen stand der langjährige SPD-Politiker aus dem Spreewald nun im Brennpunkt der Öffentlichkeit. Es war für mich ein spannendes Erlebnis, ihn neben dem Landrat in dieser Runde zu beobachten, wo natürlich jeder für sein Anliegen um Unterstützung wirbt, seien es Finanzen, Beachtung und Wertschätzung oder Änderungswünsche bei Verordnungen und Gesetzen.

Woidke hörte sich sehr konzentriert jedes einzelne Anliegen an, machte sich Notizen und erteilte Erledigungsaufträge an seine Mitarbeiter. Man hatte wirklich das Gefühl, er interessiere sich persönlich für die Sorgen und Nöte seiner Landeskinder. Ich nutzte die Gelegenheit, um zwei Themen anzusprechen, die mir äußerst wichtig erschienen. Das eine war der Dolmetschermangel, denn schließlich gilt: keine Verständigung ohne Verstehen! Hier sah ich großen Handlungsbedarf, weil die Möglichkeit, miteinander zu kommunizieren, für die Integration, die immer auch auf gegenseitigem Verständnis basiert, dringend notwendig ist.

Der andere Punkt betraf die »Mobilen Beratungsteams (MBT)«. Das Bundesland Brandenburg hat hier ein Alleinstellungsmerkmal einer gut entwickelten Infrastruktur von regional verteilten Teams, die die Zivilgesellschaft wie auch Verwaltungen in der Auseinandersetzung mit Rechtsextremismus und Neonazis unterstützen. Seien es juristische Fragen der Vermietung von öffentlichen Räumen an neonazistische Parteien, sei es die Bildung von Bürgerbündnissen oder versammlungsrechtliche Auseinandersetzungen mit den Ausländerfeinden – in all diesen Fragen stehen hoch motivierte, engagierte und kompetente Mitarbeiterinnen und Mitarbeiter der MBT zur Verfügung. All das ist zu loben und hervorzuheben, doch stand für mich immer eine wichtige Frage im Raum, sodass ich an jenem Tag die Gelegenheit beim Schopfe packen wollte: Warum werden die MBT erst aktiv, wenn das Kind schon in den Brunnen gefallen ist, wenn also die Gefahr besteht, dass die Neonazis die Ängste in der Bevölkerung instrumentalisieren?

Ich schlug vor, dass die MBT sofort mit ihren professionellen Kompetenzen Hilfestellung leisten sollten, wenn neue Flüchtlingsheime eingerichtet werden müssten, gerade auch im Hinblick auf den Ort der Ansiedlung. Der Ministerpräsident griff diese Vorschläge interessiert auf, würdigte ausführlich das Beispiel des Wandlitzer Runden Tisches und bedankte sich bei mir stellvertretend für alle Aktiven für diese beispielhafte Arbeit. Inzwischen ist es brandenburgischer Alltag geworden, dass die mobilen Beratungsteams ebendiese Hilfestellung bei der Initiierung und Organisation der freiwilligen Flüchtlingsarbeit leisten. Allerdings hat sich wenig überraschend herausgestellt, dass für diese große Kraftanstrengung die personelle Ausstattung der MBT deutlich verbessert werden müsste.

Wenige Tage nach dem Treffen erhielt ich einen Brief vom Ministerpräsidenten, in dem er noch einmal seine Wertschätzung für unsere Arbeit zum Ausdruck brachte und erklärte, dass er die Vorschläge an die zuständigen Fachressorts weitergeleitet habe.

Als ich ein halbes Jahr später im neu eröffneten brandenburgischen Landtag die »Medaille des Landtages Brandenburg zur Anerkennung von Verdiensten für das Gemeinwesen« entgegennahm, begrüßte mich Ministerpräsident Woidke, als seien wir alte Bekannte. An diesem Tag stimmte er spontan zu, nach der Lektüre des Manuskripts zu prüfen, ob er für dieses Buch ein Grußwort schreiben könne, verband das aber mit einer »Forderung«, der ich nur zu gern nachkommen möchte: »Aber nur, wenn wir gemeinsam eine Lesung durchführen!« Und auch der Brief mit der Bitte um finanzielle Unterstützung für die von uns inzwischen auf Initiative der Bürgermeisterin gegründete Ehrenamtagentur Wandlitz e.V. wurde von ihm nicht nur entgegengenommen, sondern führte innerhalb von wenigen Wochen zu finanziellen Zuwendungen für den Internetauftritt dieses neuen Netzwerks. Ich führe das an dieser Stelle an, weil gerade in den zurückliegenden Monaten und Jahren die Unzufriedenheit mit Politikern auf Landes- und Bundesebene immer größer geworden ist. Woidkes Engagement ist ein Zeichen dafür, dass man auch hier nie verallgemeinern sollte.

In der Zusammenarbeit vor Ort in Wandlitz waren natürlich vor allem die Wandlitzer Bürgermeisterin, die Barnimer Sozialdezernentin und der Landrat unsere Gesprächspartner. Für alle Flüchtlingsinitiativen gilt: Suchen Sie den Kontakt zur örtlichen Verwaltung und Politik, nicht alles lässt sich allein stemmen!

Mit allen dreien führte ich Interviews, um zu erfahren, wie sie das Entstehen der Willkommenskultur in Wandlitz erlebten.

»Wir haben ein Umkippen in der gesellschaftlichen Akzeptanz!« – Der Landrat

Der Barnimer Landrat Bodo Ihrke gehört wohl zu den dienstältesten Landräten des Landes Brandenburg. Einem Journalisten erzählte er Mitte der Neunzigerjahre, dass er eigentlich Abteilungsleiter im VEB Rohrleitungsbau hätte bleiben wollen. Die Genossen des von ihm mitgegründeten SPD-Ortsvereins Eberswalde hätten ihn aber überzeugt, für das Amt des Landrats zu kandidieren. Seit fast einem Vierteljahrhundert übt er dieses Amt nun aus.

Auf der Bürgerversammlung gegen das Asylbewerberheim in Wandlitz am 5. November 2012 traf ich ihn das erste Mal. In Bayern, wo ich die längste Zeit meiner Jugend zubrachte, erlebte ich Landräte als autoritäre Vertreter des Filzes von CSU, Bauernverband und katholischer Kirche. Dementsprechend gering war die mir aus dieser Zeit erhaltene Achtung gegenüber solchen Vertretern der staatlichen Autorität.

Ich werde nie vergessen, wie überrascht ich nun war, dass auf der Protestversammlung ausschließlich Landrat Ihrke und die Wandlitzer Bürgermeisterin Radant das grundgesetzlich verbriefte Recht auf Asyl gegen alle Widerstände und Ängste verteidigten.

Bodo Ihrke empfängt mich im 2007 neu erbauten Landratsamt am Markt in Eberswalde, dem Paul-Wunderlich-Haus. Zumindest architektonisch hätten die Piraten ihre wahre Freude an so viel Transparenz, überall Glaswände: zwischen den Büros, auch vor dem Besprechungszimmer des Landrats und seinem eigenen Büro. Aber auch aus dem Landratsamt hinaus auf den Eberswalder Marktplatz bietet sich durch Fensterfronten bis an die Decke ein umfassender Blick auf das Geschehen. Landrat Ihrke ist stolz auf die Lichtdurchlässigkeit, die zugleich auch Verwaltungsdurchlässigkeit symbolisieren soll. Das Verwaltungsgebäude lädt die Bürger nicht nur wegen der großen Fenster, sondern auch mit vielfältigsten kulturellen Anziehungspunkten, Ausstellungen, Vorträgen und Konzerten zum Betreten des Gebäudes ein. Was sich dem Besucher geradezu aufdrängt, ist die Kategorie Offenheit, die ja auch Bestandteil einer jeden Willkommenskultur ist.

Hier sitzt ein Landrat vor mir, der auch im 24. Amtsjahr weder müde noch ausgebrannt, noch routiniert und abgestumpft wirkt. Ich erlebe einen »Homo politicus«, der Politik nicht nur als Verwaltung und Mehrheitsgewinnung für den Jahreshaushalt versteht, sondern sich tatsächlich als Diener der Menschen versteht, für die er Politik machen möchte.

In dem folgenden Gespräch macht er aus seiner Distanz zu den – wie er sie nennt – »Extremen von der linken Seite« kein Geheimnis. Das lässt ihn aber nicht zum Polarisierer werden, sondern ihm kommt es auf die Mitte der Gesellschaft, auf die Mehrheit an, die so oft als die »schweigende« bezeichnet wird und die er für die Akzeptanz und aktive Verteidigung der demokratischen Grundwerte gewinnen will.

Können Sie sich an die Bürgerversammlung vom 5. Oktober 2012 erinnern, und wenn ja, mit welchen Gefühlen?
Es gab bereits Anfang der 1990er-Jahre eine Situation, in der wir einen schnellen Anstieg der Asylbewerberzahlen bewältigen mussten. Wir hatten damals zwölf oder dreizehn Über-

gangswohnheime im Landkreis. In dem kleinen Dorf Serwest (Gemeinde Chorin, Anmerkung des Autors) mit etwa 200 Einwohnern waren damals 60 bis 70 Asylsuchende untergebracht. Die damalige Bürgermeisterin hatte die Devise: »Ich werde euch so lange zusammenbringen, bis ihr merkt, dass ihr ganz normale Nachbarn seid!« Als wir nach fünf oder sechs Jahren das Asylbewerberheim schließen mussten, hatten die Leute im Dorf Tränen in den Augen – so sehr hatte sich das Verhältnis von Einheimischen zu Flüchtlingen verändert. Und das, obwohl damals ein völlig anderes gesellschaftliches Umfeld existierte. Schließlich hatten alle Bürger der ehemaligen DDR gerade einen Bruch ihrer Berufsbiografien hinter sich und waren mit der Frage beschäftigt: Kann ich morgen noch das Geld für meine Miete aufbringen und Ähnliches. Aber ich habe schon damals erlebt, wie viel ein einzelner Mensch erreichen kann, wenn es darum geht, deutlich zu machen, dass es andere Menschen gibt, denen es oft noch viel schlechter geht. Ich will nicht verheimlichen, dass ich die Debatte um das Übergangswohnheim in Wandlitz auch schon fünf Tage früher hätte führen können. Es konnte uns aber nicht mehr darum gehen, mit den Bürgern zu diskutieren, ob wir das in Wandlitz machen oder ob nicht. Die Zuweisungen von Asylsuchenden durch das Land Brandenburg stiegen dramatisch. Wir mussten in Wandlitz das neue Objekt eröffnen, hatten gar keine andere Wahl. Ich gestehe, ich war in der Versammlung sehr froh, dass Sie aufgestanden sind und Ihren Diskussionsbeitrag gehalten haben. Es war gut, dass Sie dabei nicht darauf eingegangen sind, ob das Heim hierhin oder dorthin kommt, sondern sehr grundsätzlich auf die Frage, wie man mit einem

Nachbarn umgeht, dem es schlecht geht. Das berührt Menschen ganz direkt. Auch dadurch kippte noch in der Versammlung die Stimmung. Wichtig war dabei, dass die Menschen nicht nur abwägen konnten, ob sie die radikalen Argumente gut finden oder nicht. Auf einmal gab es eine Gegenposition und die Frage: Wo stelle ich mich denn hin? Die andere positive Wirkung von Wandlitz war, dass Sie Nachahmer fanden, die sich sagten: Wir können auch was machen! Beim zweiten Mal war es viel einfacher. Zepernick zum Beispiel (Nachbarort von Wandlitz, Anmerkung des Autors) ist nachgezogen. Ja, ich würde schon sagen: Wir haben ein deutliches Umkippen der gesellschaftlichen Stimmung und Akzeptanz erreicht.

Würden Sie wirklich so weit gehen?
Ja, ich sehe das so. Bislang haben sich immer nur Gruppen geäußert, die sehr festgelegt sind. Auch die Gruppen, die dafür sind, haben ja manchmal eine so überbordende Art, dass man gleich ein schlechtes Gewissen hat, wenn man nicht jeden Tag etwas dafür tut. Das war damals das Neue, dass die Debattenlage auf einmal auf die sachliche Ebene gehoben wurde. Sie sagten beispielsweise, jeder soll sich nur so viel engagieren, wie er kann. Das war meiner Meinung nach der Grund, warum die Leute gedacht haben: Eigentlich ist es doch gut. Psychologen wissen das doch ganz genau. Es bringt einem auch selbst etwas, wenn man anderen hilft. Man spürt, dass da was zurückkommt.

Es schließt sich eine längere Diskussion an, bei der Ihrke klarmacht: Ihm geht es um die »Mitte« der Gesellschaft. Im Gegensatz zu den Auseinandersetzungen um Asylbewerber Anfang der 1990er-Jahre weist er darauf hin, dass die ökonomische Situation der Ostdeutschen heute stabiler und berechenbarer geworden ist, als das in den Wirren der Nachwendezeit der Fall war. Darin sieht er auch den Grund, warum es relativ schnell gelingen konnte, nun aus einer ängstlich ablehnenden Haltung eine breite Zustimmung zu machen. Wir kommen sodann auf die NPD-Hetzveranstaltung vor dem Asylbewerberheim am Pfingstsamstag 2013 zu sprechen.

Welche Erinnerungen haben Sie an diesen Tag?
Ich hatte überhaupt keine Sorge, dass die einen großen Zulauf bekommen könnten. Vielmehr fand ich es unverschämt und unmöglich, dass sie sich da hinstellen vor das Asylbewerberheim und ihre Hetzreden halten. Das ist hier so, als wenn ich mich vor das Tor des Nachbarn stelle und rufe: »Hau ab!« Ich hab mir schon Gedanken gemacht, wie sich das entwickelt, wenn die ihre Reden halten und dann Gegenreden gehalten werden – bei so etwas können ja schnell die Emotionen hochkochen. Deswegen fand ich Ihre Idee wunderbar, dass wir gar keine Reden halten, sondern einfach singen. Wir machen ein Fest, einen fröhlichen Protest. Das hat denen natürlich die Sprache verschlagen, die wussten überhaupt gar nicht, wie sie darauf reagieren sollten. Dass die Flüchtlinge rausgekommen sind, hat mich positiv berührt.

Fazit So transparent wie das Landratsamt, so transparent erlebte ich auch den Landrat. Einer, der um die Parteienverdrossenheit und Politikmüdigkeit seiner Mitmenschen weiß, einer, der vor allem jene im Blick hat, die mitunter fälschlich als die »schweigende Mehrheit« bezeichnet werden. Ein Landrat, der sich freut, wenn die schweigende Mehrheit ihre Stimme findet, der Stimmungen und Gefühle der Wählerinnen und Wähler ernst nimmt. Zu einer gelingenden Willkommenskultur gehört auch dies: eine staatliche Verwaltung, die zivilgesellschaftliche Unterstützung als Bereicherung und nicht als Kontrolle oder gar als Kompetenzverlust missversteht. Der Wandlitzer Runde Tisch hat ihm einiges zu verdanken.

»Alle mit ins Boot holen!« – Die Sozialdezernentin

Bodo Ihrke war jedoch nicht der Einzige, der uns unterstützte. Die konkrete Mitarbeit der Sozialdezernentin der Kreisverwaltung Barnim, Silvia Ulonska, ist vom Politikverständnis des Landrates nicht zu trennen. Seit fünf Jahren fallen die Organisation und Betreuung von Asylbewerberheimen in ihren Verantwortungsbereich. Als die Wandlitzer Bürgermeisterin, Dr. Jana Radant, und Landrat Bodo Ihrke am 15. Dezember 2012 zum Tag der offenen Tür in das noch leer stehende Heim einluden, erläuterte Silvia Ulonska das Konzept, beantwortete geduldig alle Fragen und führte durchs Haus. Von der neu gegründeten Bürgerinitiative für eine Willkommenskultur hatte sie gerade erst erfahren und nannte uns sogleich vertraulich den Termin der Ankunft der ersten Flüchtlinge. An fast allen Sitzungen des Runden Tisches hat sie seitdem teilgenommen, jeweils den Tagesordnungspunkt 1 »Sachstandsbericht« knapp und informativ vorgetragen, alle Anfragen und Kritiken sachlich und geduldig beantwortet und ist so in kurzer Zeit normales Mitglied des Runden Tisches geworden.

In der Arbeitsgruppe »Bürgerbegegnungsfest«, die sich vor dem Fest mehrmals wöchentlich traf, arbeitete sie kreativ mit und sorgte nebenbei auch immer wieder für sinnliche Genüsse wie Kuchen, Kekse oder Schokoriegel. Der engere Kreis des Runden Tisches vergaß schon bald, dass es sich um eine leitende Verwaltungsbeamtin handelte, so natürlich und herzlich war ihr Umgang. Ein größeres Kompliment kann man wohl kaum machen.

Sie ist stolz auf Wandlitz, lobt den Runden Tisch, wo sie nur kann, in allen Situationen gehört sie zu denen, die nicht über Probleme, sondern über Lösungen sprechen.

Anfang Februar 2014 sitze ich erstmals in ihrem Büro – gläsern wie das ganze Landratsamt. Voller Herzblut erzählt sie von den aufregenden Tagen im Herbst 2012, als sie mit dem Landrat eine Rundtour durch den ganzen Landkreis machte, um das am besten geeignete Objekt für die vom brandenburgischen Innenministerium gemeldeten zusätzlichen Aufnahmekapazitäten von Asylbewerbern zu suchen. Bald war klar: Keines der Objekte, die zur Verfügung stehen, ist so schnell und auf so hohem Niveau umzubauen wie das leer stehende Oberstufenzentrum in der Bernauer Chaussee in Wandlitz.

Ich brauche kaum Fragen zu stellen, Silvia Ulonska hat Spaß am Erzählen und legt gleich los.

»Der Runde Tisch hat mir so viel Spaß gemacht. Es ging hier doch um Menschen, die in unsere Obhut gegeben worden sind, und die waren in Wandlitz wirklich gut aufgehoben. Gefallen hat mir, dass man dort gleich angefangen hat zu arbeiten, auch wenn man manchmal bei den Projekten gar nicht wusste: Wie kommt das eigentlich an, was kommt dabei heraus? Um dann bei jeder Sitzung zu resümieren: Wie hat das geklappt, was können wir besser machen? Im Tun lernen, das fand ich toll. Von allen Verwaltungsaufgaben, die ich zu erledigen habe, hat mir diese so gut gefallen, dass ich entschieden habe, ich mache so lange mit, wie ihr mich als Vertreterin der Verwaltung dort haben wollt. Natürlich habe ich mir das zunutze gemacht, was der Runde Tisch auf die Beine gestellt hat, seine Kompetenz, das Handlungskonzept, das hat uns sehr viel geholfen. Und dann, dass Sie so berühmt wurden, das hat ja vielen Mut gemacht, und es war schon recht bald im Frühjahr 2013 abzusehen, dass die Gegner des Heims immer leiser wurden.«

Ich möchte von ihr wissen, ob es von Anfang an klar war, dass sie ebenso engagiert wie die Ehrenamtler in unserer Bürgerinitiative mitarbeiten würde.

»Das hat zunächst gar nichts mit dem Thema Flüchtlinge zu tun, ich habe mir zum Ziel gesetzt, alles, was ich mache, möglichst mit Freude und Leidenschaft zu tun. Ich komme ja aus der wissenschaftlichen Forschung, und da hat mich mein Professor gelehrt: ›Wenn du ein Projekt erfolgreich zu Ende führen willst, dann musst du alle ins Boot holen!‹«

Und wie sie alle ins Boot geholt hat! Als die ersten Konflikte zwischen Ehrenamtlern und den Mitarbeitern der Kreisverwaltung im Flüchtlingsheim auftauchten, war sie sofort bereit, ein klärendes Gespräch zu moderieren, um die Streitigkeiten aus der Welt zu schaffen. Mit Erfolg.

Als uns die Möbelspenden über den Kopf wuchsen und ich mich hilferufend an sie wandte, dauerte es keine 24 Stunden, bis sie direkt aus dem Büro des Leiters der Barnimer Dienstleistungsgesellschaft (die im Landkreis die Müllabfuhr und Ähnliches organisiert) anrief und fragte: »Herr Oberhof, wie viele Lkws brauchen Sie von wann bis wann?«

Als das erste Bürgerbegegnungsfest in tropischen Regenfällen zu ertrinken drohte, hatte sie innerhalb von wenigen Stunden den Kontakt zwischen dem Runden Tisch und dem Technischen Hilfswerk (THW) hergestellt, das kostenfrei zwei Zelte aufbaute. Und selbst auf dem Tiefpunkt der Beziehungen zwischen Rundem Tisch und Kreisverwaltung, als Magomed, seine Geschwister und sein Vater nach Polen »zurückgeführt« wurden, war sie bereit, sich den Fragen des Runden Tisches zu stellen, und organisierte, dass sich wenig später der Landrat persönlich den Fragen, der Empörung und dem Unverständnis der Akteure des Runden Tisches in einer Aussprache im Rathaussaal in Wandlitz stellte.

Beim Bürgerbegegnungsfest im Mai 2013 bedankte sie sich bei den Aktiven mit einem aufwendigen Bildband über den Namensgeber des Gebäudes des Landratsamts, Paul Wunderlich. Und beim zweiten Fest ein halbes Jahr später verschenkte sie an den Vorbereitungskreis Geschenkgutscheine der örtlichen Schreibwarenhandlung.

Sie ist die Dienstvorgesetzte der Sozialarbeiter und der Leiterin des Übergangswohnheims, sie ist die politisch Verantwortliche für alle Fragen zur Unterbringung der Asylbewerber im Landkreis Barnim, verantwortlich für die Organisation des Sprachunterrichts, die optimale Verteilung der im Asylbewerberleistungsgesetz vorgesehenen Sozialleistungen und sie unterbreitet dem Landrat Vorschläge für die zahlenmäßige Aufteilung der Flüchtlinge in den einzelnen Ortschaften.

Wahrlich ein Schleudersitz. Aber Silvia Ulonska kommt nie ins Schleudern. Sie stellt sich allen Fragen, übernimmt Verantwortung, wo sie sie tragen kann, und weist auf ihre Grenzen hin, wenn diese erreicht sind.

Ein wenig euphorisch war es schon, aber es kam mir ehrlich aus dem Herzen, als ich bei der Eröffnung des ersten Bürgerbegegnungsfestes formulierte: »Liebe Frau Ulonska, Sie sind eine echte Wandlitzerin!« Dabei wohnt die Thüringerin im 30 Kilometer entfernten Finowfurt.

»Das Wichtigste ist immer wieder Offenheit!« – Die Bürgermeisterin

Schließlich noch die dritte zentrale Figur für unsere tägliche Willkommensarbeit: die Wandlitzer Bürgermeisterin Dr. Jana Radant. Beim Interview mit ihr sitze ich wieder in demselben Amtszimmer, in dem ich nach der Bürgerversammlung am

5. November 2012 ein Gespräch mit ihr und zwei Mitarbeiterinnen der Gemeindeverwaltung führte. Damals ging es um die Finanzierung der Willkommenstransparente.

Ich frage Jana Radant, seit dem Herbst 2011 parteilose Bürgermeisterin und einzige weibliche Amtsinhaberin im ganzen Landkreis, inwieweit die Willkommenskultur Wandlitz verändert hat.

Welche Erinnerungen haben Sie an die Protestversammlung gegen das Heim?
Sofort nachdem ich von Landrat Bodo Ihrke informiert worden war, habe ich die Fakten an alle Fraktionsvorsitzenden der Gemeindevertretung und an den Hauptausschuss weitergegeben. Natürlich war die Aufregung groß. Ich habe dort argumentiert, Asylrecht ist Menschenrecht, und wenn wir in der Außendarstellung als demokratische Gemeinde wahrgenommen werden wollen, kann nur dies der Grundsatz für das Herangehen sein. Das ist überwiegend getragen worden, aber es ist auch gesagt worden: »Mit dem alten Bürgermeister wäre das nicht passiert. Der Landrat hätte in der Amtszeit seines Parteikollegen Udo Tiepelmann (SPD) nicht so eine Entscheidung getroffen.« Ich selbst glaube das nicht, denn Herr Ihrke stand unter Zeitdruck und musste schnell eine Entscheidung herbeiführen, und auch die baurechtlichen Bedingungen waren im stillgelegten Oberstufenzentrum in der Bernauer Chaussee die relativ günstigsten für eine schnelle Lösung.

Ein Mitglied der Bürgerinitiative gegen das Asylbewerberheim hat mir gegenüber behauptet, in der Gemeindevertretungssit-

zung im November hätten alle Mitglieder des Gemeindeparlaments die Unterschriftenliste der Bürgerinitiative gegen das Asylbewerberheim unterschrieben. Können Sie das bestätigen?
Also ich zum Beispiel habe nichts unterschrieben, so kann man schon mal sagen: ALLE haben es nicht unterschrieben.

Und dann kam der Paukenschlag vom 5. November. Wer war der Einladende? Sie und der Landrat?
Ich war die Einladende und habe Herrn Ihrke als Gast hinzugezogen. Ich lege darauf Wert, weil ich auch ein wenig stolz bin, dass das Instrument der Bürgerversammlung erst in meiner Amtszeit in dieser Form entwickelt worden ist. Wir haben ja mittlerweile, glaube ich, mindestens 15 Bürgerversammlungen zu verschiedenen Themen durchgeführt, und es war klar, dass auch die Frage des Asylbewerberheims eine solche Versammlung verlangte. Ich muss aber auch dazu sagen: Als ich das mit dem Asylbewerberheim erfahren habe, habe ich mir gedacht, mein Gott, du bist noch nicht einmal ein Jahr Bürgermeisterin – hätte das nicht noch ein Jahr warten können? Ich hatte ganz schönen Respekt vor dieser Aufgabe!

Provokant gefragt: War am Abend der Versammlung das rassistische Wandlitz anwesend?
Ich habe selbst sehr viel über diese Frage nachgedacht. Ich glaube, das Gute an dieser Versammlung war, dass wir Raum gegeben haben, sodass jeder seine Ängste äußern konnte. Ehrliche Ansagen: Ich habe Angst! Das war richtig, und das musste auch sein. Als dann einige weitergegangen sind in Richtung Hetze, haben wir Stopp gesagt, und auch das war richtig.

Nach Ihrer Rede hat ein Nachdenkprozess eingesetzt. Viele Wandlitzer riefen sich ins Bewusstsein: »Wir sind doch stolz darauf, dass in Wandlitz sehr viele Menschen mit einem hohen humanistischen Bildungsniveau leben. Dann sollten wir unsere Ansicht auch offen zeigen!« Viele von denen hatten sicher auch Bedenken, Ängste. Aber mit Ihrer Rede fühlten sie sich mitgenommen. Und als dann andere ihre Hetze vortrugen, haben die gedacht: Jetzt geht's zu weit!

Man muss die Chance geben, über Ängste zu reden. Nur zu sagen, das ist nichts Neues, stimmt nicht. Mitbürger haben mir gesagt: »Bisher hatten wir doch kein einziges farbiges Kind in unseren Schulen!«

Ein wichtiger Moment in dieser Versammlung war ja dann, wie Sie gegenüber einem NPD-Mitglied von Ihrem Hausrecht Gebrauch gemacht haben ...
Das war gar kein NPD-Mitglied, das war ein Wandlitzer Bürger, der nur bei den NPDlern stand.

Hatten Sie keine Angst, dass es vielleicht zu Tumulten kommen könnte, als Sie diesen Sprecher des Saales verwiesen? Wenn man so etwas macht, hat man ja immer einen moralischen Impuls und auch eine taktische Überlegung.
Eine taktische Überlegung hatte ich nicht. Natürlich war das eine ganz emotionale Veranstaltung, und wir auf dem Podium waren alle ganz schön aufgeregt. Nein, ich fühlte mich nicht unsicher. Ich war mir ganz sicher, dass die Versammlung geordnet weiterlaufen könnte, denn da waren ja auch viele Freunde und Bekannte anwesend.

Ich glaube, heute können wir auch feststellen, dass die Gegner solcher Asylbewerberheime immer lauter und aggressiver auftreten, während die Befürworter einer solidarischen Asylpolitik ruhiger, bescheidener, zurückhaltender und toleranter sind. Das führt mitunter zu einer falschen Wahrnehmung der Mehrheitsverhältnisse.

Dem stimme ich absolut zu. Und: Ich will gar nicht von der Hand weisen, dass auch ich meine Bedenken hatte. Vor allem die Angst, wie wir die Herausforderung stemmen! Wenn man so ein Thema angeht, von dem die Leute nichts wissen, mit dem keine Erfahrungen bestehen. Denn das Nichtwissen ist das Problem, dann muss man sehr offensiv und mit maximaler Transparenz herangehen! Breite Öffentlichkeit herstellen, die Anwohner ins Heim lassen, das haben wir gemacht. Der Tenor war ja: »Wir müssen um unsere Gärten Stacheldraht ziehen.« Das ist auf der Versammlung gesagt worden. Nachbarschaft lebt man, indem man sich kennenlernt. Wir haben bei allen Fragen größtmögliche Transparenz geschaffen. Wir haben unsere Gemeindemitarbeiter mit Argumenten ausgestattet, sodass sie antworten konnten, wenn Bürgeranfragen kamen. Das Wichtigste ist immer wieder Offenheit!

Was hat Sie dazu bewogen, von Anfang an zwei Mitarbeiterinnen der Gemeindeverwaltung zum Runden Tisch zu delegieren?

Wir wussten, dass sehr viel Arbeit auf uns zukommt. Die Pressesprecherin Frau Schulte-Kuhnt hatte sich die Mühe gemacht, ein Konzept zu erarbeiten, und dazu auch bei vielen anderen Bürgermeistern, bei denen es bereits ein Asylbewerberheim gibt, angerufen, um Ideen und Themenfelder zu sammeln, auf denen die Zivilgesellschaft aktiv werden könne. Vor allem, was die Mobilisierung der Spendentätigkeit betrifft, haben wir, glaube ich, viel Unterstützung leisten können. Wir sind mit konkreten Anforderungen ins Amtsblatt gegangen, auf unserer Homepage waren alle Ansprechpartner zum Thema zu finden. Und so konnte dieser wesentliche Strang der Verbindung zwischen Einheimischen und Flüchtlingen sehr schnell erfolgreich geknüpft werden. Vielleicht war für den einen oder die andere sogar ein Stückchen Wiedergutmachung dabei, nachdem das Projekt zunächst so kritisch aufgenommen worden war. Nach dem Motto: »Eine Spende für die Kinder, das ist doch eine gute Sache …«

Pfingstsamstag 2013, das war ja dann ein Tag, der von Ihnen ganz schön viel verlangt hat. Dass sich Bürgermeister in vorderster Reihe und initiativ an einem Protest gegen die NPD beteiligen, ist leider immer noch nicht selbstverständlich in Deutschland.

Wir haben zunächst überlegt, ob wir die angeforderten Plätze anderweitig »bespielen« könnten, haben uns dann aber anders entschieden, weil wir wussten, dass die Wandlitzer Stellung beziehen wollten. Und obwohl am Pfingstsamstag schon viele, viele Bürger in den Ferien waren, sind doch eine ganze Menge zusammengekommen, die Schulen, die Chöre und so viele andere. Man wird ja immer wieder gefragt, ob man die Neonazis mit einer solchen Aktion nicht aufwertet und sie nicht lieber ignorieren sollte. Das kann man tun, aber auch hier haben wir gezeigt, dass Wandlitz stark genug ist, sich dieser Kräfte zu erwehren und mit all unserer Fantasie, mit den Liedern, mit den Trillerpfeifen haben wir erreicht, dass die Hetze nicht gehört werden konnte. Insgesamt war es, ich weiß nicht, ob man es so sagen kann (zögert): ein guter Tag.

Doch, das darf man so sagen, denke ich. Ich erzähle immer, dass es seit Pfingstsamstag das Bonmot gibt: »Pfingstsamstag waren die Nazis in Wandlitz, es war ein wunderschöner Tag.« Natürlich nicht wegen der Nazis, sondern weil gegenüber den 15 Hetzern 250 Bürger, Junge und Alte, Atheisten und Christen, Landrat, Bürgermeisterin, Pfarrerin und Schuldirektor und viele andere Menschen gemeinsam gegen die Hetze aufgestanden sind. Das hat viele sehr glücklich gemacht.

Ja, da stimme ich Ihnen zu. Es war ein Gemeinschaftserlebnis. Gemeinschaft gemeinsam erleben!

Gab es in der ganzen Zeit keinerlei Probleme und negative Vorfälle?

Doch. Ruhestörung nicht, das kann ich gleich mal ausschließen. Die Polizei hat uns mitgeteilt, dass keinerlei Diebstähle vom Asylbewerberheim ausgingen. Das ist schon mal ein sehr wichtiges und schönes Ergebnis und hilft, Vertrauen aufzubauen. Was es gab (lacht): »Die Asylbewerber fahren mit dem Fahrrad auf dem Fußweg!« Das machen Wandlitzer allerdings leider auch! Und dass angeblich Frauen belästigt werden und dass dies in letzter Zeit zunimmt. Es gibt die Beschwerde, im Strandbad würden die Männer den badenden Frauen zugucken. Das machen deutsche Männer aber auch. Wir haben ja auch viele islamische Männer, die es gewohnt sind, dass ihre

Frauen Kopftücher und lange Kleider tragen. Hier müssen wir ins Gespräch kommen, mit der Heimleitung, mit den Heimbewohnern, und nach Lösungen suchen.

Das sind sehr typische Probleme, wenn Männer außerhalb des angestammten Bereichs längere Zeit »interniert« sind, dieselben Probleme kennt man ja auch von Bundeswehrstandorten.
Genau. Manche dieser Männer sind schon jahrelang unterwegs, und in Wandlitz eine Freundin zu finden ist sicherlich nicht so einfach. Das ist auch kein Problem ausländischer Männer, sondern das ist das Problem des einsamen Mannes, der viele Monate keine Frau gehabt hat, also ein ganz menschliches Problem. Aber wir müssen immer wieder aufpassen, dass diese Probleme unsere positive Aufbauarbeit nicht zunichtemachen.

Haben Sie von Amtskollegen Reaktionen gehört, und wenn ja, welche?
Es gab Anfragen und konkrete Erfahrungsaustausche mit Panketal und Schorfheide, alle haben uns gelobt und uns gesagt, dass wir Vorbild sind. Das hat mich natürlich sehr stolz gemacht.

Hat die Solidaritätsarbeit rund um das Asylbewerberheim Wandlitz verändert?
Das Flüchtlingsheim ist alltäglich geworden. Das ist das Wichtigste! Ein Anzeichen dafür: In der Bernauer Chaussee, in der das Flüchtlingsheim steht, sind neue Häuser gebaut worden. In unmittelbarer Nähe zum Flüchtlingsheim haben sich Men-

schen entschieden, zu leben. Wandlitz hat die Herausforderung angenommen, das finde ich toll. Daran sind wir, glaube ich, gewachsen. Es ist bunter geworden in Wandlitz. Faktisch. Ob wir die Aufgabe wirklich schon bewältigt haben, weiß ich nicht. Der Runde Tisch hat diese positive Entwicklung lang anhaltend mit großem ehrenamtlichem Einsatz und vielen Persönlichkeiten gesteuert. Es war die Frage, die mich von Anfang an beschäftigt hat: Wie lange hält so ein Ehrenamt an? Von der Struktur her, glaube ich, haben wir das gut hingekriegt, die Gemeindeverwaltung, die Kirchen, die Organisationen und das Ehrenamt. Und beim Lösen der Aufgaben bewährt sich immer wieder unser Prinzip »Offenheit«, über alles berichten.

Fazit Die Interviews mit diesen drei Hauptverantwortlichen in Politik und Verwaltung sind an dieser Stelle so wichtig, weil sie auch exemplarisch für andere Standorte und Initiativen zeigen, dass eine effektive Flüchtlingshilfe einerseits nur mit der Unterstützung durch öffentliche Stellen zu bewerkstelligen ist. Andererseits spürt man in den Antworten von Bodo Ihrke, Jana Radant und Silvia Ulonska auch, wie sich die Arbeit der vielen ehrenamtlichen Helfer des Runden Tisches positiv und motivierend auf ihre eigene Arbeit ausgewirkt hat.

Ehrenamtlicher Sprachunterricht

Als ich mich auf meinen Diskussionsbeitrag für die Bürgerversammlung vorbereitete, hatte ich ein wenig gegoogelt, was die neu ankommenden Flüchtlinge am ehesten benötigten. Spenden standen natürlich auf meiner Liste, in Form von Geld einerseits, andererseits aber auch etwa in Form von Spielzeug und Kleidung. Ein ganz wichtiger und zentraler Punkt war jedoch vor allem die Hilfe beim Erlernen der deutschen Sprache, daher war ich am Schluss meines Diskussionsbeitrags auch noch einmal explizit darauf eingegangen.

Und so war es für mich ein besonderes Erlebnis, als wir am 3. Januar 2013 die ersten 25 Flüchtlinge aus dem heruntergekommenen bisherigen Übergangswohnheim in Althüttendorf und 25 Flüchtlinge aus dem Erstaufnahmelager in Eisenhüttenstadt mit Kaffee und Kuchen im Foyer begrüßten, das bereits mehrfach erwähnte »Wann Schule?« zu hören.

Dieser junge Mann irgendwo aus dem fernen asiatischen Land zeigt mit diesen beiden Worten, dass er sich sehr wohl darüber im Klaren war, eine sichere, eine auskömmliche Zukunft für sich und eine Familie in diesem Land nur dann aufbauen zu können, wenn er auch die Sprache seiner Einwohner beherrscht.

Verstehst du mich? Die Freiwilligen sammeln sich zum ehrenamtlichen Sprachunterricht

Eine Woche später fand das erste Treffen der Ehrenamtler statt, die sich für den Sprachunterricht bereit erklärt hatten. Natürlich hatte ich, wie auf der Versammlung angekündigt, selbst mit daran teilnehmen wollen. Aber die Aufgaben im Zusammenhang mit dem Heim waren schneller gewachsen, als wir erwartet hatten. Also nahm ich mir genau die Freiheit und Freiwilligkeit, die ich für alle Mitarbeiter so unerlässlich finde. Ich machte ohne falsche Scham und schlechtes Gewissen bei der ersten Zusammenkunft aller Freiwilligen, die Sprachunterricht geben wollten, deutlich, dass ich mich selbst nicht an diesem Projekt beteiligen wollte, da sich mittlerweile herauskristallisiert habe, dass ich vor allem Koordinierungsfunktionen übernehmen würde. Alle Anwesenden akzeptierten das ohne Murren, sodass wir uns schnell inhaltlichen Dingen widmen konnten.

Außer mir waren nur Frauen gekommen, Menschen aus den unterschiedlichsten Bereichen: eine Psychotherapeutin, eine Rechtsanwältin, eine ehemalige und eine aktive Lehrerin sowie eine Mitarbeiterin der evangelischen Kirchenverwaltung.

Wir alle waren Laien, bis auf Frau Fuchs, die als hauptberufliche Lehrerin eine gewisse Routine mitbrachte. Dementsprechend aufgeregt saßen wir nun dort vor einer echten Premiere. Noch dazu kannten wir uns gegenseitig gar nicht, was die Furcht, etwas Falsches zu tun oder zu sagen, nicht gerade senkte. Für mich war es in diesem Moment wichtig, die Furcht zu nehmen, die Ansprüche zu senken und ins Blickfeld zu rücken, warum wir tun sollten, was wir tun wollten.

Es ging dabei nie darum, den Staat aus seiner Verantwortung zu entlassen, jenen Menschen, die bei uns zu Gast sind, die Möglichkeit zum Erlernen der deutschen Sprache auf professioneller Grundlage zu geben. Unser Hauptaugenmerk ist etwas anderes: Wir wollen ohne Wartezeiten den Kontakt zwischen Flüchtlingen und Einheimischen herstellen, wir wollen die ersten Wochen, bis ein geregelter Sprachunterricht anfangen kann, überbrücken. Wir wollen den neu angekommenen Menschen helfen, sich im täglichen Leben sprachlich zurechtzufinden, sei es, dass sie einen Fahrschein lösen oder beim Lebensmitteldiscounter, der nur 1000 Meter vom Übergangswohnheim entfernt ist, einkaufen wollen. Die Fragen, die immer wieder auftauchen, sollen so schnell wie möglich ganz selbstverständlich von den Menschen selbst beantwortet werden können: »Wie heißen Sie?«, »Woher kommen Sie?« und viele andere Standardfragen.

In der Sitzung zeigte sich dann eines deutlich: Es war ganz unvermeidlich, dass alle Helferinnen an sich selbst hohe Ansprüche stellten. Zwei Frauen hatten Unterrichtsmaterial mitgebracht. Dabei hatten wir gar kein Geld, solche Materialien anzuschaffen. Da traf es sich gut, dass die Bürgermeisterin uns das Angebot gemacht hatte, in der ersten Phase die Kopiermöglichkeiten im Rathaus zu nutzen.

Die ersten Unterrichtsstunden bestanden vor allem aus dem Kennenlernen, was von beiden Seiten voller Empathie und gegenseitiger Neugierde geschah. Indes dauerte es einige Unterrichtseinheiten, bis wir feststellten, dass viele unserer neuen Schülerinnen und Schüler überhaupt nicht schreiben und lesen konnten. Weder trauten sie sich, es uns gegenüber zuzugeben, noch hatten sie die sprachlichen Ausdrucksmittel, es zu tun. Es sind immer wieder solche Hürden, mit denen zunächst keiner gerechnet hat, welche die Arbeit mit den Flüchtlingen erst schwierig, dann aber auch interessant und anspruchsvoll machen. Hürden, die dazu da sind, überwunden zu werden. Und die man fast immer überwinden kann, wenn man sich dazu aufrafft, gemeinsam über Lösungsmöglichkeiten nachzudenken.

Die Kinder sind am faszinierendsten, sie sind die absoluten Schnellkönner. Es ist erstaunlich zu hören, wie siebenjährige Mädchen aus Tschetschenien mit neunjährigen Jungs aus Kamerun sich in Englisch verständigen, dann geradezu rasant die ersten deutschen Vokabeln aufsaugen und schon bald umsetzen können. Von Anfang an sind die Kinder die Dolmetscher für ihre Eltern, und nicht nur das: Sie motivieren sie auch, selbst die Sprache zu lernen.

Wie es nicht geht – Übermotivation ist kontraproduktiv

Gleich in der ersten Unterrichtsstunde bahnte sich ein Konflikt an, der mich erneut darin bestätigte, dass unser Ansatz der absoluten Freiwilligkeit und des fehlenden Drucks genau der richtige war. Herr Bauer hatte sich gemeldet. Er, der bereits in staatlichem Auftrag »Deutsch für ausländische Asylbewerberinnen und Asylbewerber« erteilte, wollte uns unterstützen. Womit wir so nicht gerechnet hatten: Herr Bauer ist ein sehr politisch engagierter Mensch, er ist außerdem parteipolitisch organisiert und höchst aktiv, gleichsam »immer zur Stelle«, wenn es um die »Verteidigung der Interessen der ausländischen Mitbürger« geht. Kurzum: Er war offensichtlich sehr von seiner Sache überzeugt. Und genau das war anscheinend sein und damit in diesem Moment auch unser Problem.

Die ehrenamtlichen Lehrer trafen sich erstmals mit den Flüchtlingen zum Unterricht. Sicher klopften die Herzen aller Beteiligten schneller, Unsicherheit war zu spüren, aber alle hatten sich natürlich vorgenommen, sich größtmögliche Mühe zu geben. Frau Fuchs, Fachlehrerin für Deutsch und Geschichte mit Erfahrungen im Unterricht »Deutsch als Fremdsprache«, sollte die Stunde leiten, um den Unerfahrenen die Herangehensweise zu demonstrieren. So sollte ihnen Mut gemacht und ihnen Unterstützung und Hilfe für ihre Herangehensweise gegeben werden. Das war und ist mir und allen, die am Runden Tisch mitarbeiten, bis heute sehr wichtig, denn wir sind keine Profis, und die Ehrenamtler sollen nicht überfordert werden, sondern jeder Einsatz soll neuen Mut machen und die Neugier auf weiteres Engagement wecken.

Leider hatte ich das Gefühl, diesen Anspruch Herrn Bauer in dem langen Telefongespräch, das wir zur Vorbereitung geführt hatten, nicht vermitteln zu können. Er betonte vor allen Teilnehmern immer wieder, dass man sowohl unterrichtsdidaktisch als auch von der politischen Herangehensweise mit Asylbewerbern anders umgehen müsse. Frau Kickel-Andrae, die ebenfalls dabei war, um zu lernen und möglichst viele Informationen mitzunehmen, hatte danach vor Aufregung vor ihrem ersten Unterricht schlaflose Nächte, wie sie mir später berichtete.

Da wir hier in Wandlitz nach anderen Kriterien arbeiteten und es mir wichtiger war, dass der schnelle Kontakt zwischen alten und neuen Einwohnern dieses Ortes hergestellt wurde, konnte ich es verschmerzen, wenn der Unterricht aus der Sicht von Pädagogen vielleicht didaktisch nicht ganz vorbildlich ablief. Herrn Bauer war diese Sichtweise in mehreren Gesprächen nicht zu vermitteln, er bestand auf seiner Ansicht, dass wir professionell pädagogisch arbeiten müssten. Wir haben dann auf seine Mitarbeit verzichtet, was ich ihm in einem persönlichen Gespräch mitteilte und auch begründete. Natürlich habe ich Herrn Bauer verletzt, natürlich hat er die Kritik nicht eingesehen, und auch wenn ich mich gefragt habe, ob ich vielleicht zu scharf oder zu verletzend, gar ungerecht gewesen sei, wusste ich im Inneren, dass es wichtig war, hier ein Zeichen zu setzen.

Die Zeit gab mir recht, wie wichtig es gerade in der Anfangsphase war, die Selbstverantwortung der in den einzelnen

Projekten Aktiven zu verteidigen, sie gegen Abwertungen in Schutz zu nehmen und generell das Prinzip durchzusetzen: »Wer die Arbeit macht, trägt die Verantwortung, sowohl für den Umfang als auch für die Qualität!«

In meinen Augen ist das etwas ganz Entscheidendes, nicht nur für den Sprachunterricht und in letzter Konsequenz auch nicht nur für die Flüchtlingshilfe: Es kommt darauf an, bei anderen Menschen Stärken zu fördern und nicht auf ihren Schwächen herumzuhacken. Die meisten Menschen kennen ihre eigenen Schwächen ganz gut; ständig darauf hingewiesen zu werden sorgt jedoch entweder für Verunsicherung oder für eine Blockadehaltung. Im Hinblick auf die Arbeit mit Flüchtlingen bedeutet es, dass Menschen, die helfen wollen, sich dann lieber wieder zurückziehen. Dabei kann man gerade im ersten Moment, wenn es fast nur um das Zwischenmenschliche geht, kaum etwas kaputt machen, dafür aber ganz viel Positives bewirken. Entscheidend für uns in Wandlitz war, Kontakte herzustellen, und nicht, dass alles perfekt laufen muss.

Der Grundsatz »Wer die Arbeit macht, trägt auch die Verantwortung!« bedeutet keine Last, sondern er sagt vor allem: »Wir trauen dir zu, dass du diese Aufgabe, so, wie du sie angehst, vollkommen zufriedenstellend erledigst!«

Deutsch lernen an Kochtopf und Bratpfanne

Dr. Brigitte Breuer war die Älteste und Erfahrenste in unserem Sprachkursarbeitskreis. Sie hatte schon zu DDR-Zeiten viele Erfahrungen im Deutschunterricht gesammelt, da sie nicht nur in der Schule tätig war, sondern auch Erwachsene und vor allem Spätaussiedler aus der ehemaligen Sowjetunion unterrichtet hatte. Ihre Empathie für die Geflüchteten war von Anfang an riesig. Nicht minder konsequent war und ist sie aber auch bei dem Versuch, den Menschen aus den fernen Kontinenten ein wenig »mitteleuropäische Disziplin« beizubringen. Dabei greift sie allerdings auf ihre ganz eigene Vorgehensweise zurück.

Frau Breuer hatte einen Plan. Zunächst legte sie die Grundlagen: Das ABC der deutschen Sprache wurde erlernt, das Schreiben und Lesen von links nach rechts, das Benutzen des Heftes von vorne nach hinten. Also all die kleinen Dinge, die für uns Selbstverständlichkeiten sind, für viele der Geflüchteten aus völlig anderen sprachlichen Zusammenhängen aber erst einmal verstanden werden wollten. Am besten stellt man es sich so vor, als wolle man selbst Chinesisch, Japanisch oder Kyrillisch lernen. Auch da wird einige Zeit mit dem Erlernen der Buchstaben und der »technischen« Gepflogenheiten der jeweiligen Sprache ins Land gehen.

Nachdem Frau Breuer diese Grundlagen gelegt hatte, ging es im Unterricht in den folgenden Wochen und Monaten im wahrsten Sinne des Wortes um »Gott und die Welt«. Nichts, aber auch gar nichts wurde außen vor gelassen, Themen waren neben vielem anderen: die Weltreligionen, der Klimawandel, der Liepnitzseewald, die Diskussion über Schwule und Lesben, Konflikte in den Herkunftsländern und nicht zuletzt im Jahr 2014 auch die Fußballweltmeisterschaft.

Didaktisch legte Frau Breuer ein außergewöhnliches Engagement und enorme Kreativität an den Tag. Sie brachte große Weltkarten mit in die Schulzimmer, die das nahe gelegene Gymnasium zur Verfügung gestellt hatte, und teilte die lateinische Schrift in große DIN-A4-Buchstaben auf, um sie gemeinsam besser lesen zu können. Nach einigen Unterrichtseinheiten und entsprechenden Erfahrungen entschied sie sich, Anwesenheitslisten zu führen und Verspätungen zu notieren. Grund waren einige Unterrichtseinheiten, die statt mit preußischer Pünktlichkeit eher durch orientalisches Zeitempfinden geprägt waren und somit kaum stattfinden konnten. Mehr noch, die Verspätungslisten haben einen ernsten Hintergrund: Wer dreimal zu spät kommt, kann nicht mehr teilnehmen.

Natürlich war das Vorgehen von Frau Breuer, vor allem was Disziplin und Pünktlichkeit betraf, bei den anderen Helfern umstritten, nicht alle konnten sich mit dieser gefühlten Strenge anfreunden. Doch alle hielten sich an unseren Grundsatz und funkten ihr nicht dazwischen. Dazu trug natürlich auch bei, dass die Flüchtlinge sich von dieser Art des Unterrichts keinesfalls abschrecken ließen, sondern sehr schnell sehr viel lernten.

Und auch wir – auch ich – konnten wieder etwas lernen: Wir alle haben unterschiedliche Herangehensweisen, Vorprägungen, jeder von uns hat andere Zielsetzungen, wie und warum er sich an diesem großen Projekt beteiligt. Aber es bleibt dabei: Wer die Arbeit macht, ist verantwortlich für ihren Inhalt und ihre Qualität. Und am Schluss ist es eigentlich immer besser als vorher.

Bei zwei Sitzungen des Runden Tisches berichtete Frau Breuer ausführlich über die Erfahrung des Sprachunterrichts. Die Herzen der Mehrheit der Teilnehmer eroberte sie an diesem Abend im Flug, als sie ihr neuestes Projekt vorstellt: Deutsch lernen beim Kochen.

Offenherzig bekennt sie, dass sie inzwischen »Lieblingsschüler« habe. Ihre »Black Boys« aus dem Tschad und aus Kamerun haben allesamt bisher wohl eher selten in ihrer Heimat gekocht, weil es ihnen vermutlich von der Mutter, der Schwester oder der Ehefrau abgenommen wurde.

Fehlende Kochkünste sind ein Defizit, das die durch die lange Einsamkeit auf der Flucht ungewollt zu Singles gewordenen Männer in ihrer neuen Heimat durchaus beschäftigt. Hier hatte Frau Breuer eine unglaublich gute Möglichkeit gefunden, quasi spielerisch Abhilfe zu schaffen.

Bevor das Kochen begann, lernten die »Black Boys« die einzelnen Zutaten kennen und konnten dabei ganz nebenbei ihren Sprachschatz erweitern: »Das ist eine Tomate, das sind Zwiebeln, das sind Kartoffeln, wir schneiden mit dem Messer, die Nudeln müssen wir kochen.« Was auch nicht fehlen durfte, und Frau Breuer wäre nicht Frau Breuer, wenn sie an solche Dinge nicht denken würde: Nach der Zubereitung der Gerichte, die durch die Bank aus der deutschen Küche stammten, wurde der Tisch schön gedeckt, damit der gemeinsame Verzehr auch optisch Spaß machte, denn das Auge isst bekanntlich mit.

Sowohl der Regionalsender *RBB* als auch das *ZDF* drehten einen eigenen Beitrag über diese schöne Form des Sprachunterrichts, und als die damalige Bundestagsabgeordnete Dagmar Enkelmann das Heim besuchte, konnte sie sich kaum halten vor Begeisterung über diese originelle Idee. Alle hatten gelernt: Nicht nur Liebe geht durch den Magen, sondern Solidarität auch.

RBB-Bericht zum Wandlitzer Deutschunterricht

Der Engel von Biesenthal. Was eine einzige Person bewegen kann

Ich will an dieser Stelle noch ein wenig bei Brigitte Breuer bleiben, weil sie in der ganzen Zeit, die ich in Wandlitz am Runden Tisch mitgeholfen habe, die Flüchtlingshilfe aufzubauen, wirklich einer der faszinierendsten Menschen gewesen ist.

Brigitte Breuer ist diplomierte und promovierte Pädagogin, Lehrkonzepte und -materialien sind ihr Metier. Sie hat als einzige der Aktivisten des Runden Tisches durchgängig seit Januar 2013 mit den im Übergangswohnheim wohnenden Afrikanern, ihren »Black Boys«, Sprachunterricht durchgeführt und Kontakt gehalten.

Weil sie von so großer Bedeutung für das »Projekt Wandlitz« ist, entschloss ich mich, zu ihr zu fahren und sie zu ihrem Koch-Deutschlern-Kurs für dieses Buch zu interviewen. Herausgekommen ist weniger ein klassisches Interview als vielmehr eine Stichwortsammlung, zu der Frau Breuer ihre Gedanken beigesteuert hat.

Wir saßen fast zwei Stunden im schönen Wintergarten ihres Häuschens in Biesenthal, einem kleinen Ort, 20 Kilometer von Wandlitz entfernt. Was sie alles erzählte, an Fotos, Zeitungsartikeln und selbst hergestellten Lehrmaterialien vorzeigte, machte mich sprachlos. Eigentlich war ich nur gekommen, um Genaueres über »Deutsch lernen an Kochtopf und Bratpfanne« zu erfahren. Nun erfuhr ich viel mehr. Über eine Frau, die für viele afrikanische Männer, die in Wandlitz ankamen, so etwas wie eine »Mama« geworden war. Über eine Frau, deren unerschöpflicher Ideenreichtum, deren Empfindungen, Erfahrungen und Lernprozesse sie nicht ruhen lassen, obwohl sie es sich längst leisten könnte, sich in den wohlverdienten Ruhestand zu begeben. Zweimal in der Woche führte sie jeweils zwei Kurse mit Flüchtlingen in Wandlitz durch, und mir schien, dass sie rund um die Uhr überlegte, wie sie diesen Männern helfen könnte, sich in der neuen Umgebung zurechtzufinden.

Als ich nach dem Interview nach Hause fuhr, angefüllt mit empathischer Energie und so viel berührender kreativer Menschlichkeit, kam mir die Überschrift für diesen Abschnitt in den Sinn, denn genau das ist sie: ein Engel aus Biesenthal.

Und die Liebe, die wir geben, kehrt ins eigene Herz zurück

Während unseres Interviews gab ich Brigitte jeweils ein Stichwort, manchmal aber kristallisierte sich im Laufe unseres Gesprächs heraus, dass sie zu einem bestimmten Begriff etwas mehr sagen wollte. Aus ihren Antworten wird deutlich, was eine einzige Person, die den Flüchtlingen ihr Herz öffnet, an Willkommensglück zu spenden vermag.

Stichwort »Leserbriefe«

Sie schreibt Leserbriefe an die *MOZ*, an die *Berliner Zeitung* und den *SPIEGEL*. Sie widerspricht, wenn Asylbewerbern ein Bleiberecht in Deutschland abgesprochen wird, sie protestiert, wenn die *taz* in einer ganzseitigen Anzeige im *SPIEGEL* Werbung unter dem Motto »Europa erleben« macht und dazu ein sarkastisches Bild eines völlig überfüllten Flüchtlingsbootes vor Lampedusa verwendet. Sie erhält Antworten auf ihre Leserbriefe, oft zustimmend, aber auch einen Drohbrief eines Neonazis aus Bayern.

Stichwort »Arbeitsvermittlung«

140 Adressen hat sie gesammelt, stundenlang Firmen im Großraum Wandlitz angerufen und gefragt, ob dort eine Stelle für Asylbewerber frei sei. Hat Stellenanzeigen gewälzt, Bewerbungsgespräche mit ihren »Boys« geübt, sie Bewerbungen schreiben lassen und sogar eine Zusage der Bernauer McDonald's-Filiale erhalten. Da aber die Arbeitsaufnahme von der Agentur für Arbeit genehmigt werden muss, führten all diese Bemühungen von Frau Breuer dazu, dass diese Stellen an Bürger aus Deutschland vermittelt werden mussten.

Trotz solcher Rückschläge gibt sie nicht auf: In einem Gespräch mit der Leiterin der Agentur für Arbeit Eberswalde erfuhr sie von den Möglichkeiten, in Ehrenämtern zu arbeiten. Sogleich rührte sie erneut die Kontakttrommeln: bei Trägern des Freiwilligen Sozialen Jahres, des Bundesfreiwilligendienstes und beim Bundesamt für zivilgesellschaftliche Aufgaben und Familie. Mit Erfolg: Ab Mitte 2014 begannen die ersten beiden Flüchtlinge, ehrenamtlich (mit Taschengeld) bei der Ukrainehilfe in Lobetal zu arbeiten. Es machte ihnen Spaß, sie waren stolz und wurden dort sehr gelobt. Andere begannen bald, im Bauhof Wandlitz zu arbeiten.

Stichwort »Abschiebungen«

Brigitte Breuer tritt in Ergänzung zur Willkommenskultur auch für eine menschenwürdige Abschiedskultur ein. »Die Mitarbeiter der Verwaltung gehen nach dem Gesetz – ich gehe überwiegend nach dem Herzen. Wenn ich zwei Jahre mit diesen Menschen zusammengearbeitet habe, dann kann ich nicht einfach darüber hinweggehen, dass jemand nicht mehr da ist. Wir müssen zunächst alles versuchen, um die Abschiebung zu verhindern. Und wenn das nichts genutzt hat, dann möchte ich ihnen auch ein würdigeres Abschiednehmen geben. Ich möchte wissen: Dann und dann müssen die fahren. Ich möchte dabei sein, und dann möchte ich nicht, dass sie in Handschellen sind, sondern dass sie menschenwürdig zum Flughafen gebracht werden. Ich möchte nicht einfach die schlichte Feststellung treffen müssen: Oje, der ist jetzt nicht mehr da!«

Als sie in Urlaub fuhr, sagte sie ihren Jungs: »Wenn ihr in der Zeit einen Brief mit einem Abschiebetermin bekommt, dann gebe ich euch hier Telefonnummern, ruft da an (unter anderem beim katholischen Diakon), da wird euch geholfen.«

Stichwort »Minze«

»Minze, danach sind meine Jungs ganz verrückt. Wenn ich ihnen Minze unter die Nase halte, verdrehen sie verzückt die Augen. Einmal habe ich einem eine Tüte frischer Minze mitgebracht, dann sah ich, dass die alle gegenüber im Zimmer standen und er die Minze verteilte. Ich habe ihnen gesagt, ich kann euch noch viel mehr mitbringen. Minze – das ist ein Geruch von Heimat.«

Stichwort »Veranstaltungshinweise«

»Im Unterricht hänge ich Plakate auf: ›Was ist los in Berlin?‹, Karneval der Kulturen der Welt, Straßenfeste in Berlin, Hussitenfest in Bernau, die Fanmeile zur Fußball-WM. Dann kopiere ich einen Stadtplan, schreibe auf, wie sie dorthin kommen.«

Stichwort »Flucht wegen Schwulseins«

Hier kommt Brigitte Breuer auf ein kaum bekanntes, aber nicht zu unterschätzendes Thema zu sprechen, das sicher auch Helfer in anderen Regionen Deutschlands begegnen wird: »Immer wieder und besonders beim Veranstaltungshinweis zur Schwulen- und Lesbenparade reden wir dann auch über das Thema Homosexualität. Das ist ja in Afrika lebensgefährlich, dafür kann man ins Gefängnis kommen oder sogar ermordet werden. Wir haben auch Flüchtlinge, die wegen ihres Schwulseins ihre Heimat verlassen mussten. Ich habe ihnen erzählt, dass unser ehemaliger Außenminister ein Schwuler ist, der damalige Regierende Bürgermeister von Berlin auch, dass sie rechtmäßig verheiratet sind, dass Schwulsein in Deutschland etwas ganz Normales ist. Überzeugt habe ich sie vermutlich damit noch nicht, und zum Christopher-Street-Day sind sie wohl auch nicht gefahren, aber es ist ein Anfang.«

Stichwort »Aktive Lebenshilfe«

»Wir üben auch Verhalten in gefährlichen Situationen. Ich habe mir nach Chaka Stern, einem Coach für Zivilcourage, nützliche Ratschläge erarbeitet, wie man sich selbst und andere am besten gewaltlos verteidigen und helfen kann, ohne zum Opfer zu werden. Beispiele sind etwa:

- Abchecken der Situation beim Betreten der Bahn usw.
- Körpersprache und Verhalten, wenn man angepöbelt wird
- Hilfe für einen Angegriffenen (Das üben wir, indem ich einen der Schüler zum Schein überfalle, und ein anderer soll die Situation so lösen, dass sie nicht eskaliert.)
- Vermeidung von Provokationen (Augenkontakt, teures Handy, einladender Rucksack)
- Den Angreifer aus dem Konzept bringen durch Einsatz einer lauten Stimme und Herstellen von Öffentlichkeit
- Nützliche Hilfsmittel (Taschenlampe, Münzen, Verweise auf Überwachungskameras)
- Rückzug sichern, Gefahr vermeiden.

All diese Dinge stärken enorm ihr Selbstbewusstsein. Das nimmt ihnen die Angst, in die Öffentlichkeit zu gehen.«

Stichwort »Analphabetismus«

»Yahya zum Beispiel hat nie lesen und schreiben gelernt. Am Beginn habe ich ihm das Arabischwörterbuch hingelegt und gesagt: ›Hier, lies mal.‹ Wichtige Wörter hatte ich mir aufgeschrieben, etwa die Begriffe für ›pünktlich‹ oder ›zuverlässig‹. Ich wunderte mich, dass das nicht klappte. Dann habe ich selbst versucht, das jeweilige Wort auf Arabisch auszusprechen. Und auch wenn es mit ihrer Aussprache nur entfernt übereinstimmte, verstanden sie mich plötzlich. Da merkte ich, dass Yahya und auch andere Hocharabisch gar nicht lesen können, denn im Tschad wird ein arabischer Dialekt gesprochen. Inzwischen kann Yahya Deutsch lesen, schreiben, sprechen und vor allem verstehen. Er ist mittlerweile mein Übersetzer in der Gruppe. Darüber bin ich richtig glücklich.«

Stichwort »Fußballweltmeisterschaft«

»Dazu haben wir ein Plakat gemacht mit den Mannschaften und ihren Aufstellungen. An der Aufstellung lernten sie Zahlen: ›Das ist die Nummer 1, das ist die Nummer 23.‹ Oder: ›Wann sind die Spiele?‹, worauf sie das Datum korrekt sagen mussten. Das Datum ist genauso ein Dauerbrenner wie die Ländernamen. Ich fragte beispielsweise: ›Wer wird Weltmeister?‹ Einer sagte: ›Portugiesisch.‹ Ich entgegnete: ›Nein, Portugiesisch nicht, das heißt ›Portugal.‹ Der Portugiese, die Portugiesin, das wissen sie schon, und dann kommt dazu: Die Sprache ist ›Portugiesisch.‹ So machen wir auch mit der Fußball-WM Sprachunterricht.«

Stichwort »Gespräche über private Probleme«

»Sie lernen auch Deutsch, wenn wir über die Fragen reden, die sie im Innersten beschäftigen und die sie mir gegenüber dann auch häufig ganz direkt aussprechen: ›Brigitte, ich möchte eine Frau.‹ – ›Brigitte, ich möchte eine Arbeit.‹ Einmal habe ich sie gebeten, Fotos von ihren Familienangehörigen mitzubringen. Da habe ich erschrocken festgestellt, die haben sie nicht. Die konnten sie nicht mitnehmen auf ihrer Flucht, außer ihren wenigen Habseligkeiten zum Anziehen hatten sie nichts dabei. Nur ihre Hoffnung auf ein besseres Leben.«

Stichwort »Dolmetschen«

»Unsere ehemalige Praktikantin spricht Arabisch und Englisch, aber sie hat wenig Zeit. Dann ist da noch Frau F. aus Wandlitz. Sie ist mit einem Marokkaner verheiratet, der spricht Französisch und Arabisch, und sie spricht Französisch. Und wenn etwas Wichtiges anliegt, neulich war zum Beispiel einer der Flüchtlinge krank und musste ein Formular ausfüllen, dann lass ich die anrufen, und sie kommen hierher ins Heim und helfen.«

Stichwort »Weihrauch«

»Zur Weihnachtszeit habe ich Räucherschalen mitgebracht mit Weihrauch. Das löste Assoziationen aus und Gefühle von Heimat. Die Frauen machen in Afrika Weihrauch unter die Kleidung statt Parfüm. Das sollte ich nun auch machen. Ich hatte einen besonders schönen Weihrauchstein, der hat so einen tollen Rauch entwickelt. Da ging der Rauchmelder los, und es kamen gleich drei Feuerwehren und ein Krankenwagen auf einmal. Peinlich! Die schöne Stimmung war dahin. Und hinterher wollte niemand mehr Kaffee und Käsetorte.«

Stichwort »Geburtstag«

»Da bekommen sie immer eine Karte und ein kleines Geschenk. Das finde ich sehr wichtig. Und wenn ich Ihnen eine SMS schreibe, freuen sie sich riesig.«

Stichwort »Singen«

»Singen wollte ich auch schon, ›Die Gedanken sind frei‹ zum Beispiel. Aber das gebe ich jetzt ab an das Musikcafé, das können die dort besser machen.« (Seit dem Frühjahr 2014 findet im Foyer des Wandlitzer Flüchtlingsheims regelmäßig das »Musikcafé« statt, bei dem Musiker aus der Umgebung gemeinsam mit Flüchtlingen singen, Musik machen und klönen.)

Stichwort »Polonaise gegen Rassismus«

»Als im Mai 2014 die NPD zum dritten Mal nach Wandlitz kam und ihre Hetzreden loswerden wollte, habe ich einige, die es wollten, vom Übergangswohnheim abgeholt. Sie waren sehr stolz, dass sie dabei waren. Ich hatte für sie bunte Basecaps mitgenommen und Glocken. Und dann haben sie gebimmelt die ganze Zeit! Und immer wenn die Braunen geguckt haben, habe ich einen meiner Jungs in den Arm genommen und hab ihn gestreichelt, um zu zeigen: Diese Menschen sind uns willkommen. Hinterher habe ich sie zum Eis eingeladen.«

Stichwort »In der Küche«

»Einige Monate lang habe ich mit den Jungs gekocht, deutsche Hausmannskost, nahrhaft, preiswert und einfach zuzubereiten. Das war Deutschlernen in der Küche pur: Benennen der Lebensmittel, der Gegenstände, der Tätigkeiten. Besonderer Höhepunkt war das gemeinsame Essen am hübsch gedeckten und mit Blumen geschmückten Tisch. Ich sah, dass ich den sparsamen Umgang mit Wasser, die Nichtverschwendung von Lebensmitteln und Hygiene in der Küche zu wichtigen Themen machen musste, auch ein Dauerbrenner. Das alles ist für sie völlig ungewohnt. Sie werfen die Abfälle einfach in die Ecke. Ich habe gerade erst ein Buch gelesen: *Kenia jetzt*. Dort gibt es ja noch sehr viele Slums, da wohnen die Menschen oft noch immer in Reisighütten. Natürlich gibt es keine Müllabfuhr, und sie haben keine Mülleimer, geschweige denn Mülltrennung. Das ist für die Menschen, die herkommen, alles neu, das müssen sie erst lernen. Und ich musste lernen, verständnisvoll und geduldig zu sein.«

Stichwort »Gartenfest«

»Irgendwann möchte ich sie alle zu mir und meinem Mann einladen, zu einem kleinen Gartenfest hier in Biesenthal.«

Stichwort »Motivation«

»Früher haben wir in unser Poesiealbum geschrieben: ›Und die Liebe, die wir geben, kehrt ins eigene Herz zurück!‹ Darum geht's.«

Warum lasse ich diese Aussagen hier so ungefiltert stehen? Weil mir wichtig ist zu zeigen, wie vielfältig zum einen die Hilfe aussehen kann und wie viel innere Wärme und Zugewandtheit zum anderen in einem Menschen wie Brigitte Breuer steckt, die all diese Dinge mittlerweile seit Jahren stemmt und nicht müde wird, weiterzumachen und immer wieder neue Ideen zu entwickeln.

Wir haben viele »kleine« Brigitte Breuers in Wandlitz, und so gibt es sie auch anderswo. Man muss sie nur machen lassen. Niemand muss ein ähnliches Pensum fahren wie unser Engel von Biesenthal, die meisten von uns würden das gar nicht schaffen. Aber wenn jeder eine Kleinigkeit beiträgt, sind wir alle zusammen auch Engel. Darauf kommt es an.

So können Sie helfen

Alles rund um den Sprachunterricht

Gemeinsam Deutsch lernen

Die meisten Flüchtlinge wissen, dass das schnelle Erlernen der deutschen Sprache eine wichtige Voraussetzung dafür ist, in diesem Land Fuß zu fassen und sich eine Existenz aufzubauen. Sprachkurse werden in den jeweiligen Landkreisen unterschiedlich schnell, unterschiedlich ausreichend und in unterschiedlicher Entfernung zum Aufenthaltsort des Flüchtlings angeboten, für Kinder unter 18 Jahren außerhalb des schulischen Bereichs in der Regel gar nicht. Deshalb sind die Sprachkurse von Ehrenamtlichen sowohl Ergänzung zum oft mangelhaften Angebot der staatlichen Sprachkurse als auch meist die erste Begegnung mit Menschen am neuen Ort. Ganz zu Beginn braucht es Basiswissen: Wie kann ich einkaufen? Wie kann ich eine Fahrkarte für den öffentlichen Nahverkehr lösen? Oder: Wie kann ich mich in Notfällen verständigen?

Mehrsprachige Informationen

Immer häufiger werden von unterschiedlichen Behörden und Organisationen Informationen auch in die klassischen Sprachen der Flüchtlinge übersetzt (Englisch, Französisch, Arabisch und Russisch). Eines der bekanntesten Beispiele ist der Streckennetzplan der Verkehrsbetriebe Berlin-Brandenburg: siehe www.bvg.de

»Refugee Home Signs« ist ein Beschilderungssystem für Flüchtlingsheime, Notunterkünfte oder andere Orte, an denen Menschen unterschiedlichster Sprachen zusammenkommen, und das den Bewohnern und Betreibern den Alltag durch klare Orientierung erleichtern will. Das Icon-System wurde in Zusammenarbeit mit einer Berliner Flüchtlingsunterkunft entwickelt und bildet deren Bedarf ab. Es steht zum kostenlosen Download bereit: http://bit.ly/1k2yeBu

Die Stadtverwaltung in Mayen-Koblenz hat als erste in Deutschland in den Sprachen Deutsch, Englisch, Französisch und Arabisch einen digitalen Willkommensatlas ins Netz gestellt: siehe www.kmyk.de

Bilderbücher und -bögen zur Erstverständigung und digitale Wörterbücher

Sehr umfangreich und nützlich ist der doppelseitig mit Piktogrammen bedruckte Bilderbogen von amberpress: http://bit.ly/ersterkontakt

Die Stadt Ravensburg hat zusammen mit dem türkischen Akademikerverein den Bilderbogen »Point it« herausgegeben, der mit farbigen Fotos arbeitet, zum Downloaden: http://bit.ly/point_it

Der Reise Know How Verlag stellt Flüchtlingshelfern und Flüchtlingen kostenfrei als Download und als MP3-Downloads folgende Wörterbücher zur Verfügung: Palästinensisch–Syrisch–Arabisch, Irakisch–Arabisch, Libysch–Arabisch, Dari für Afghanistan, Paschtu für Afghanistan und Pakistan, Kosovo-Albanisch, Bosnisch, Romani, Kurdisch: siehe www.reise-know-how.de

Der Langenscheidt Verlag hat sein Onlinewörterbuch Deutsch-Arabisch im Internet kostenfrei geschaltet: de.langenscheidt.com

Äußerst hilfreich ist die Android App »Refuchat«. Hier kann man sich Standardsätze übersetzt vorlesen lassen, Sätze zur Übersetzung einsprechen oder eintippen. Übersetzt wird ins Englische, Französische, Russische, Ungarische, Arabische, in Farsi, Urdu, Dari und Pashto.

Unterrichtsmaterialien für den regulären Unterricht

Der Deutsche Volkshochschulverband bietet auf der Seite »Ich will Deutsch lernen« (iwdl) eine Fülle von Materialien an:
siehe www.iwdl.de

Ebenso die österreichische Initiative »Lernhilfen von Lehrerinnen«: siehe www.wegerer.at

Auch der Lingolia-Verlag bietet für ehrenamtliche Deutschlehrer kostenlose Downloadmaterialien an: www.lingolia.com

Das Netzwerk »Berlin hilft« hat auf seiner Website eine Linksammlung zu Unterrichtsmaterialien:
www.netzwerkfluechtlingeberlin.wordpress.com

Auch die *Süddeutsche Entwicklungspartnerschaft Asylbewerber & Flüchtlinge* stellt auf ihrer Homepage Praxishilfen für den Unterricht zur Verfügung: siehe www.equal-sepa.de

Diverse Onlinekurse und Materialien werden hier angeboten: www.wycliff.com/fluechtlinge

Ein offenes Wiki zum Deutschunterricht für Flüchtlinge findet man hier: http://wikis.zum.de/willkommen

»Anlautkarten« zum Ausdrucken (einschließlich eines »Anlautkartengenerators«) gibt es hier:
www.kostenlose-ausmalbilder.de

Ein sehr schönes Bilderwörterbuch für Analphabeten steht hier zum Download bereit: http://bit.ly/Woerterbuchanalphabeten

Schulmaterial (Hefte, Stifte etc.) für Flüchtlingskinder sammelt und verteilt in München die Facebookgruppe »Aktion Schulmaterial«.

Interaktive Webseiten und Angebote aus TV und Radio zum Deutschlernen

Die Telenovela »Jojo sucht das Glück« des TV-Programms der *Deutschen Welle* ist ein Format, das sich nicht nur für Selbstlerner eignet. Lehrer können die Videos sinnvoll im Unterricht einsetzen, um Hör-Seh-Verstehen, kommunikative Kompetenz oder Grammatik zu üben. Filme mit einfacher Handlung und Untertiteln sowie weitere kostenlose Unterrichtsmaterialien zum Download finden sich auf der Homepage der *Deutschen Welle*: www.dw.com

Die »Akademie für Leseförderung« hält speziell für Flüchtlingskinder kindgerechte Materialien zum Download bereit: www.alf-hannover.de

Onlineuni für Flüchtlinge

Einen großen Schritt weiter geht »KIRON«, die Onlineuniversität für Flüchtlinge, die komplette Studiengänge anbietet: http://kiron.university

Hilfe zum Dolmetschen

Die Uni Mainz hat einen Dolmetscherpool eingerichtet. Hier kann man Dolmetscher finden. Siehe www.uni-mainz.de

Schulen

An einigen Schulen werden Schüler als Sprachbotschafter ausgebildet.

Alltag in Deutschland

Erst langsam entstehen zusätzlich zu den Sprachkursen in Deutsch Kurse zum Thema »Wie tickt Deutschland?«. Auf der Internetseite www.refugeeguide.de steht unter dem Titel »Willkommen in Deutschland« eine Broschüre zu diesem Thema in den Sprachen Deutsch, Englisch, Französisch, Serbisch, Albanisch, Mazedonisch, Dari, Arabisch und Paschtu zum Download bereit.

Der Deutsche Bibliotheksverband bietet viele Ideenprojekte und Materialien auf seiner Website an, wie Flüchtlinge zum Erlernen und Lesen der deutschen Sprache motiviert werden können: http://bit.ly/bibliothekverband

Nicht den Alltag, sondern die Feiertage stellt der interkulturelle Kalender des Bundesamtes für Migration und Flüchtlinge in den Mittelpunkt. Er beinhaltet vor allem die bedeutendsten Feiertage der fünf größten Weltreligionen: christliche, jüdische, islamische, hinduistische und buddhistische Feiertage: http://bit.ly/interkulturellerkalender

Wen heißen wir willkommen? Khalid – geflohen, weil er schwul ist

Ich bin mit der Geschichte von Samir und seinem Lächeln in dieses Buch eingestiegen, weil ich glaube, dass es für den Abbau von Vorurteilen und unbestimmten Abneigungen sehr wichtig ist, die Geschichten der Menschen zu kennen, die zu uns nach Deutschland fliehen. Am besten ist es natürlich, sie persönlich kennenzulernen, aber auch die Lektüre ihrer Geschichte(n) kann dazu beitragen, diesen Menschen näherzukommen. Und am schönsten wäre es, wenn die Leser dieses Buches diese Geschichten weitertragen, sie Freunden und Bekannten oder auch Unbekannten erzählen und die Botschaft transportieren: Diese Menschen sind keine gesichtslose Masse, auch wenn es in den Nachrichten manchmal so erscheinen mag. Sie sind Individuen, einzelne Menschen, mit Namen, mit Gesichtern, mit Geschichten, Hoffnungen und Gefühlen.

Einer von ihnen ist Khalid aus Somalia, und dies ist Khalids Geschichte. Ich danke Frau Hannah Kickel-Andrae vom Runden Tisch, die das Interview zur Verfügung gestellt hat. Khalid ist nicht sein richtiger Name. Wegen seiner Homosexualität hatte er auch in Deutschland Angst vor homophoben Angriffen und hat uns gebeten, seinen Namen zu ändern.

»Ich gehöre zu einem kleinen Clan, jeder kann uns ermorden!« Diese Feststellung klingt, als sei es das Normalste auf der Welt, jederzeit umgebracht werden zu können. In diesem Fall waren es Angehörige eines großen Clans, die 2012 Khalids Vater und seinen Bruder ermordeten und der Familie die Farm wegnahmen. Seit 1990, da war er sechs Jahre alt, kennt er nichts anderes als Bürgerkrieg: »Eigentlich war mein ganzes Leben Angst.«

Immerhin konnte er acht Jahre die Schule besuchen. Die hat sein Onkel bezahlt. Als auch der Onkel ermordet wurde, war damit Schluss. »Die Schule hat Spaß gemacht«, sagt Khalid, sie ist neben der Arbeit auf der Farm eine der wenigen schönen Erinnerungen. Wohin seine Schwester geflüchtet ist, weiß er nicht. An die Mutter, die allein in Berbera zurückblieb, muss er ständig denken. Obwohl sie ihn erschießen wollte, nachdem sie vor drei Jahren herausfand, dass er schwul ist. Auch ein Onkel schoss sieben Mal auf ihn, weil er Khalid »als Schande seiner Familie« ansah.

»Aber Gott hat mir geholfen.« Er sagt Gott – nicht Allah.

Mit Homosexualität hat man generell in Afrika ein großes Problem. In 38 Ländern steht sie unter Strafe, in Somalia folgt auf ein Outing in weiten Teilen des Landes die Todesstrafe.

Khalid hat gesehen, wie solche Männer bis zur Brust eingegraben und dann gesteinigt wurden. »Da war klar, ich muss weg aus diesem grausamen Land.«

Seine Flucht führte ihn über Äthiopien und den Sudan nach Libyen, wo Flüchtlinge in Haft genommen werden. Khalid wurde verpetzt, gefangen genommen und ein Jahr lang jede Nacht geschlagen. Immerhin schaffte er die Flucht nach Malta.

»Ich dachte, da wird es besser.« Aber auch dort wartete auf alle Flüchtlinge die Haft. Geoutet hat er sich natürlich nicht, denn auch sein Übersetzer war Somali. Immerhin verfügte ein Arzt seine Entlassung aus dem Gefängnis. Nach fünf Monaten wurde sein Asylantrag abgelehnt, und so versuchte er es in Italien erneut. Dort gab es keinerlei Unterstützung, und so gelangte er im Dezember 2013 nach München, wo er sich »sehr hungrig« bei der Polizei meldete. Die schickte ihn in das Yellow Camp, eine Einrichtung der Inneren Mission in Erding. Von dort kam Khalid nach Eisenhüttenstadt.

Obwohl er immer noch viel weint, hat er in Deutschland wieder etwas Hoffnung, dem ganzen Hass zu entfliehen. »Hier ist man wenigstens ein Mensch. In Italien und Malta hat man gar keine Würde. Hier sind die Leute nett. Neulich habe ich in Berlin jemanden nach dem Weg gefragt, das war kein Problem.« Was allerdings auch an seinem guten Englisch liegt. Seit März 2014 ist er im Übergangswohnheim in Wandlitz und voller Ungeduld. »Das Heim ist o.k., aber es ist so langweilig, nichts zu tun.« Jetzt geht es wenigstens mit dem Deutschunterricht in Bernau los.

Khalid hat in Somalia einige Jahre in einem Restaurant gearbeitet und möchte das auch hier wieder tun. Aber erst nach drei Monaten Aufenthalt in Deutschland darf er das laut Gesetz, vorausgesetzt, kein Deutscher oder EU-Bürger hat Anspruch auf den jeweiligen Arbeitsplatz. Es gäbe da vielleicht einen Job in Berlin, aber auch dafür braucht er eine Ausnahmegenehmigung, denn Asylbewerber dürfen nur in dem Bundesland arbeiten, in dem sie gemeldet sind. Das Wechselbad der Gefühle zwischen Angst und Hoffnung ist zum ständigen Begleiter geworden.

Schatten und Probleme

Wenn man sich sehr für eine Sache engagiert und ständig »mittendrin« ist, läuft man Gefahr, sich die Welt irgendwann nur noch rosarot auszumalen. Bis zu einem gewissen Grad ist es sogar notwendig, Negatives auszublenden, um sich nicht selbst zu blockieren. Trotzdem war mir von Beginn an wichtig, dass zur Willkommenskultur auch der Umgang mit Problemen gehören soll. In den Ausführungen von Brigitte Breuer klang das bereits an, sie hat immer eine klare Linie gefahren, die manches Mal auch den Flüchtlingen nicht unbedingt schmeckte. Aber wir alle sind immer wieder Situationen ausgesetzt, die uns nicht wirklich gefallen. Warum sollte das bei unseren neuen Mitbürgern anders sein? Willkommenskultur bedeutet nicht, Menschen in Watte zu packen und wie Kleinkinder zu behandeln. Willkommenskultur bedeutet, Menschen ernst zu nehmen, sie wie Erwachsene zu behandeln und ihnen dabei zu helfen, sich in ihrem neuen Leben, in ihrem neuen Land zurechtzufinden.

Zwei Geschichten möchte ich hier erzählen, die die Unsicherheit auf beiden Seiten, bei Deutschen und Flüchtlingen, zeigen und dabei im positiven Sinne beweisen, dass es sich lohnt, bei scheinbaren Schwierigkeiten nicht sofort die Flinte ins Korn zu werfen.

Mahmut und der Werkzeugkoffer

Irgendwann im März des Jahres 2013 geschah Folgendes: Der große ehemalige Heizraum des Oberstufenzentrums, jüngst umbenannt in die »Halle der Solidarität«, füllt sich immer mehr mit Möbeln, blauen Plastiksäcken, Umzugskartons und lose abgegebenen Kleidern, Küchengeschirr und Kinderspielzeug. Herr Weber, der sich als Freiwilliger für die Bearbeitung der Spenden gemeldet hat, trägt seinen großen Werkzeugkoffer bei sich, denn die Helferinnen und Helfer der AG »Spendenhalle« müssen dringend neue Regale errichten, um der Spendenflut Herr zu werden. Während er sich an die Arbeit macht, spielt der kleine Mahmut in der Halle. Herr Weber hat ihn schon häufiger gesehen und erfreut sich an der Unbefangenheit des Jungen.

Für die schweren 20 Meter langen Metallregale braucht er einen Dreizehnerschlüssel. Als er in die Kiste greifen will, ist diese verschwunden. Sein erster Gedanke lautet: ›Wo ist mein Werkzeugkoffer?‹ Dann der zweite: ›Und wo ist Mahmut?‹ Herrn Weber beschleicht eine dunkle Ahnung. In großen Schritten eilt er zur Tür und über den Hof des Asylbewerberheims. Im letzten Moment kann er Mahmut am Ärmel festhalten, bevor der mitsamt dem Werkzeugkoffer durch die Glastür ins Haupthaus entschwindet. Herr Weber kann Russisch, und er weiß dass Mahmut ein Flüchtlingskind aus Tschetschenien ist. »но это не! – das geht aber nicht!«, ruft er dem kleinen Jungen zu. Der lässt seine frische Beute los und geht durch die Tür, als sei nichts geschehen.

Dies alles habe ich erst ein Jahr später erfahren. Monatelang hatte ich das Gerücht für wahr gehalten, dass Magomed Miramatov, der charmante neunjährige Sohn einer tschetschenischen Familie, der »Täter« gewesen sei. Jetzt erfahre ich, es war nicht der neunjährige Magomed, sondern der gerade mal vierjährige Mahmut, der zugegriffen hat.

Auch solche Erlebnisse gehören zum Alltag unserer Solidaritätsarbeit. Wir haben es mit Menschen zu tun, die Leid erfahren haben und eine lange, entbehrungsreiche Flucht hinter sich haben. Mit Kindern, deren natürlicher Spielplatz zerbombte Ruinen waren, deren Spiel nicht »Räuber und Gendarm« sondern »Partisan gegen russische Armee« darstellte. Mit Kindern, deren Väter seit Jahren ohne Arbeit waren, deren Alltag oft davon bestimmt wurde, alles, was nicht niet- und nagelfest ist, nach Hause zu bringen, um die Lebensqualität der Familie ein wenig zu heben.

Trotzdem dürfen und müssen wir uns nicht bestehlen lassen. Selbstverständlich müssen wir Stopp sagen! Das ist eine Fähigkeit, die sich manch ein Helfer gar nicht zutraut, doch in Wirklichkeit gehört es wesentlich zur Willkommenskultur dazu, die Menschen im besten Sinne normal zu behandeln. Und einem vierjährigen deutschen Jungen würden wir ja auch sagen, dass er sich den Koffer nicht einfach so nehmen darf.

Später fragte ich Herrn Weber: »Wie ging es Ihnen damals, als Ihnen ihr wertvolles Werkzeug geklaut wurde? Waren Sie verbittert? Hat das Ihrem ehrenamtlichen Einsatz Abbruch getan?« Seine Antwort war klar und eindeutig: »Nein! Natürlich nicht! Was weiß ein vierjähriges Kind aus Tschetschenien schon über Mein und Dein? So was könnte mir vielleicht genauso mit einem deutschen Vorschulkind passieren. Nein, ich habe darüber nicht geredet, es hat mich nicht lange beschäftigt. Es hat mir nur wieder gezeigt, welches Drama diese Menschen, die nicht freiwillig zu uns gekommen sind, und ihre Kinder hinter sich haben.«

Auch diese Haltung gehört zur Willkommenskultur. Grenzen müssen klar sein, egal, um wen es sich handelt, aber es lohnt sich nicht, aus Mücken Elefanten zu machen. Es gilt gleiches Recht für alle, aber die Umstände müssen immer mit bedacht werden.

Ich lernte aus dieser Geschichte zum wiederholten Male verschiedene Dinge: Nicht jedes Gerücht ist wahr. Armut ist weder Makel noch Auszeichnung. Was zählt, ist die Barmherzigkeit.

»Spenden für Fidschis und Neger«

Es ist morgens, gerade mal 7:30 Uhr, ich genieße den ersten Cappuccino des Tages noch im Bett, widme mich der Zeitungslektüre, als das Telefon klingelt. Eine Frau Huber ist am Apparat, ein wenig aufgeregt: »Bin ich bei Ihnen richtig, wenn ich Spenden für die Fidschis und Neger anmelden will?«

Natürlich schlucke ich im ersten Moment, unterdrücke jedoch den Reflex, die mir vollkommen unbekannte Anruferin auf ihre unangemessene Wortwahl hinzuweisen. Denn ich spüre instinktiv: Diese Frau will helfen, weiß aber nicht genau, wie sie es angehen soll, und ist nervös. Vermutlich hat sie solch einen Anruf noch nie getätigt und musste erst all ihren Mut zusammennehmen, um überhaupt zum Hörer zu greifen. Ich bin mir sicher, dass dies der falsche Zeitpunkt ist, über die Begriffe zu sprechen. Sie fragt weiter: »Was brauchen Sie denn? Ich habe Kleidung meiner drei Jungs und Stofftiere, alles frisch gewaschen und zusammengelegt!«

Der Wille, Gutes zu tun, ist unüberhörbar, und ich vereinbare mit Frau Huber einen Abholtermin am Ende der Woche. Ich treffe sie in einem kleinen renovierten Bauernhäuschen. Eine freundliche untersetzte Frau öffnet die Tür. In wenigen Sätzen erfahre ich einiges über ihre Situation: Obwohl sie zwei Ein-Euro-Jobs ausübt, muss sie dennoch einmal im Monat zur Arbeitsagentur, um aufzustocken. Drei Söhne, der jüngste jetzt 18, hat sie alleine großgezogen. »Da bleiben eine ganze Menge Pullis, Hosen und Hemden übrig.« Vier blaue Plastiksäcke voll hat sie gewaschen und gebügelt und nach Größen sortiert. Und obendrauf ein dicker großer kuscheliger Plüschhund. »Wenn's geht«, sagt sie, »ist der für das kleine Negerkind, das am Samstag auf der Titelseite der *Märkischen Oderzeitung* abgebildet war.« Natürlich kann ich ihr das nicht versprechen, sage aber zu, mein Möglichstes zu tun.

Am nächsten Tag ist zufällig das Fernsehteam von »Brandenburg-aktuell« des *RBB* anwesend, als ich die Spenden vor dem Übergangswohnheim austeile. Ebenjener kleine dreijährige Kameruner, der denselben Namen trägt wie ich, nämlich Mathis Jean, bekommt von mir den Plüschhund. Ein Stofftier, das fast größer ist als der ganze kleine Kerl, der es sofort ins Herz schließt.

Als ich abends nach Hause komme, ist die Brandenburger Abendschau bereits über den Sender gelaufen. Auf meinem Anrufbeantworter blinkt es: neue Anrufe. Beim letzten Anruf höre ich die Stimme von Frau Huber. Sie ist fast nicht zu verstehen, weil sie beim Sprechen weint: »Herr Oberhof, Sie haben mir die größte Freude meines Lebens gemacht!«

Ich spüre, diese Frau braucht eine Antwort, und rufe sie direkt zurück. Noch einmal dankt sie mir, woraufhin ich ihr sage: »Liebe Frau Huber, diese Freude habe nicht ich Ihnen gemacht, die haben Sie sich selbst und dem kleinen Mathis gemacht!« Ich höre am Telefon, wie sie darum kämpft, nicht wieder in Tränen auszubrechen, und fühle langsam auch bei mir einen Kloß im Hals.

Wie oft habe ich diese kleine Geschichte erzählt! Sie ist für mich ein wunderbares Beispiel, wie Willkommenskultur auch aussehen kann. Aus dieser kurzen Begegnung wird vollkommen klar: Es geht nicht um die politisch korrekte Anrede, es geht nicht darum, den Nachbarn zu korrigieren, wenn er andere Begriffe gebraucht als ich, es geht um Barmherzigkeit. Es geht darum, alle Chancen zu nutzen, um möglichst vielen Bürgern einen Weg zu ebnen, wie sie die ihnen gemäße Form der Solidarität mit den Flüchtlingen entwickeln können.

Eine Journalistin erzählte mir, dass ihre Redaktion sich geweigert habe, diese Story in einem Artikel wiederzugeben. »Wir schreiben in unserer Zeitung nicht über ›Fidschi‹ und

›Neger‹!« sei die empörte Reaktion gewesen. Was für eine vergebene Chance, den Lesern zu zeigen, wie auch kleine Hilfen große Freude machen können.

Während all der Monate, in denen ich den Runden Tisch koordiniert habe und sehr aktiv mit vielen Hilfeleistenden zu tun hatte, habe ich neue Erfahrungen über den Unterschied zwischen dem »Volksmund« und der veröffentlichten Meinung gemacht. Es drängt sich der Eindruck auf, dass ganz schön viele Parallelwelten bestehen. Da sind nicht nur beispielsweise die türkische und die deutsche Community in Wedding oder Kreuzberg, da ist auch die Community der Journalisten, die der politisch Korrekten, der politisch Informierten und Engagierten und schließlich die Community der »Normalos«. Wer sind wir, hier irgendjemanden auszuschließen, weil er sich vielleicht nicht immer an vermeintlich feststehende Codes hält? Wir haben in den vergangenen Monaten erlebt, wie das böse Wort von der »Lügenpresse« aufkam, die nicht schreibt, was tatsächlich passiert. Das ist keinesfalls gutzuheißen, weil daraus eine aggressive Grundhaltung gegenüber der freien Presse im Land zum Ausdruck kommt. Dinge aus falsch verstandener Korrektheit zu verschweigen trägt indes nicht dazu bei, ein positiveres Bild von der Presse zu zeichnen. Gerade diese Geschichte unter Einbeziehung aller Fakten hätte zeigen können, wie viel Hoffnung es gibt. Wie sehr es sich lohnt dranzubleiben, auch wenn der allererste Eindruck kritisch sein mag. Sie hätte andere Leser ermutigen können, ebenfalls mitzumachen, weil sie keine Angst haben müssen, sich nicht richtig zu verhalten. Wer hilft, verhält sich immer richtig. Das hätte die Botschaft eines Artikels sein können.

Fazit Es kommt nicht auf die Formulierung, sondern es kommt auf das Herz an! Wir wollen die Menschen zusammenbringen, nicht ständig an ihnen herumkorrigieren. Wir wollen sie zur Solidarität ermutigen, aber nicht erziehen.

Medien- und Öffentlichkeitsarbeit für die Willkommenskultur

Hilfe im Verborgenen zu leisten kann manchmal notwendig und angemessen sein. In der Regel aber ist es gut, wenn die Öffentlichkeit davon erfährt, wann immer Gutes getan wird. Nicht, um diejenigen, die Gutes tun, herauszustellen, sondern um andere Menschen zu motivieren, sich anzuschließen. Um ihnen Mut zu machen, in ihrem eigenen Umfeld ebenfalls etwas anzustoßen, herauszutreten aus der Inaktivität. Runter vom Sofa, ran an die Hilfe!

Um diese anderen Menschen zu erreichen, braucht es zum einen Wege, die Öffentlichkeit direkt zu informieren, zum anderen müssen Möglichkeiten gefunden werden, die Medien einzubinden, um Informationen und Geschichten möglichst weit streuen zu können. Auch wir vom Runden Tisch haben uns von Beginn an Gedanken darüber gemacht, wie wir uns nach außen »verkaufen«. Da ich am Anfang eben in die Koordination des Ganzen hineingerutscht war, lag es nahe, dass diese Aufgabe im Wesentlichen von mir übernommen wurde. Und so lernte ich zum Jahreswechsel 2012/2013 eine ganze Menge darüber, wie man Gutes nicht nur tut, sondern auch darüber redet.

Bevor wir jedoch über Medienarbeit und den Kontakt zu Journalisten nachdenken konnten, war erst einmal wichtig, dass wir am Runden Tisch selbst eine Kommunikationskultur etablierten, die ebenfalls den Willkommensbegriff aufnimmt: Jeder ist willkommen teilzunehmen. Jeder ist willkommen, seine Ideen und Fragen ohne Angst vorzutragen. Jeder ist willkommen, im Rahmen der Freiwilligkeit seinen Beitrag zu leisten.

Transparenz und Öffentlichkeitsarbeit – Alle sollen alles sehen

Erst im Alter von 36 Jahren wurde ich das erste Mal Vater, sieben Jahre später waren aus einem gleich drei Söhne geworden. Mit drei kleinen Kindern, das wird jede Mutter, jeder Vater so bestätigen können, schmilzt die frei verfügbare Freizeit gegen null. Abends wegzugehen, ob ins Kino, auf eine politische Diskussionsveranstaltung oder auch nur zu pädagogischen Vorträgen in der Schule, musste ich mir weitgehend abschminken. In dieser Zeit habe ich zu schätzen gelernt, wenn ich in Briefen und später E-Mails nicht nur Ankündigungen neuer Veranstaltungen, sondern auch mehr oder weniger informative Berichte jener Ereignisse lesen konnte, die hinter uns lagen, an denen ich nicht teilnehmen konnte, deren Inhalt mich aber eventuell sehr interessierte.

Diese Erfahrung wollte ich nie vergessen: An einer Diskussion, an einem Arbeitseinsatz, an einem Workshop oder Erfahrungsbericht sind niemals nur die interessiert, die zum Veranstaltungszeitpunkt auch zugegen sind. Es lohnt sich, nach der Veranstaltung immer auch an jene zu denken, die gerne gekommen wären, aber zu diesem Zeitpunkt nicht konnten, weil sie Schichtdienst hatten, weil sie keinen Babysitter bekamen oder bezahlen konnten, weil sie Hochzeitstag hatten und sie ihren Partner zum Abendessen eingeladen haben, weil sie nach einem fürchterlichen Streit mit ihrem Chef keine Kraft mehr aufbrachten, einen Fuß vor die Tür zu setzen, weil sie unmittelbar bevor sie das Haus verlassen wollten, einen heftigen Streit mit ihrer Partnerin hatten, über dem ihnen ihre Lust am Thema der Veranstaltung verging, oder vielleicht ganz trivial nur deshalb, weil die Anfahrt zu lang, der Fahrpreis zu hoch oder die Einladung zu spät gekommen war.

Die ersten beiden Treffen des Runden Tisches in Wandlitz hatten die große Bereitschaft deutlich werden lassen, die es in unserem Ort zu geben schien, sich nicht dem heftigen Protest gegen das Heim zu beugen und den Kopf einzuziehen, sondern auf vielfältige Art und Weise zu beweisen: »Die Neuen sind herzlich willkommen!«

Da wir über die Anrufe von Spendenwilligen in kurzer Zeit sehr viele E-Mail-Adressen erhielten, ergab es sich von selbst, diese Menschen sowohl nach jeder Sitzung über die Ergebnisse des Runden Tisches als auch darüber zu informieren, was sich in der Zwischenzeit an Presseartikeln, Fernsehberichten oder konkreten Aktivitäten der Arbeitsgruppen angesammelt und getan hatte.

Newsletter: Briefe über das Allerneueste

So versuchten wir, nicht nur in den Besprechungen des Runden Tisches zu informieren, sondern auch Außenstehende mit Rundmails, Newslettern und anderen Informationen zu versorgen. Insgesamt 30 Mails wurden in zwölf Monaten versandt – zusammen etwa 100 Seiten. Sämtliche Artikel, ob in der Heimatzeitung oder in überregionalen Zeitungen, wurden an alle weitergeleitet, denn immer weniger Menschen haben Zeitungen abonniert, und wenn überhaupt, dann nur die Heimatzeitung oder eine große Zeitung aus der Millionenstadt. Daher mussten wir davon ausgehen, dass die sehr gute und von Anfang an äußerst positive Presseunterstützung der *Märkischen Oderzeitung* von vielen Aktiven gar nicht wahrgenommen werden konnte, und das wollten wir ändern.

Dasselbe betraf die Fernsehsendungen. Die Beiträge umfassen in der Regel 90 bis maximal 250 Sekunden. Aber viele Menschen sehen überhaupt nicht fern oder nicht die regionale Abendschau und schon gar nicht zum Beispiel das *ZDF* Mittagsmagazin »Drehscheibe«, obwohl es immerhin in ganz Deutschland eine Million Zuschauer verzeichnen kann.

Der ausführlichste Bericht wurde Anfang Juni 2013 vom Fernsehen der *Deutschen Welle* ausgestrahlt. Auf allen Kontinenten hat der Sender Funkkapazitäten, der Bericht wurde in Spanisch, Arabisch, Englisch und Deutsch gesendet. Nur nicht in Deutschland.

Deshalb bemühten wir uns, alle Fernseh- und Rundfunkbeiträge aufzunehmen und auf der Website www.willkommeninwandlitz.wordpress.com zugänglich zu machen. Gleichzeitig wurden sämtliche Protokolle der Sitzungen auf der Website der Gemeinde Wandlitz www.wandlitz.de veröffentlicht.

Die Arbeit, die Akteure und ihre Ergebnisse erhielten so eine maximale Transparenz. Immer wieder erlebten wir, dass Journalisten allein schon deshalb ein großes Interesse an Reportagen über Wandlitz zeigten, weil sie sich ausführlich auf den genannten Internetseiten vorab informieren konnten.

Gesicht zeigen, Farbe bekennen! Courage zeigt sich offen

Die Transparenz war aber noch aus einem anderen Grund wichtig. Durch meinen Diskussionsbeitrag auf der Bürgerversammlung waren mein Name und mein Gesicht von Anfang an mit der Willkommenskultur in Wandlitz verbunden. Wenige Tage später auch meine Telefonnummer. Auf der Internetseite der Gemeinde waren aber auch die Namen und Telefonnummern von anderen Arbeitsgruppenverantwortlichen aufgeführt.

Zwar gab es immer wieder Menschen, die gegenüber Journalisten erklärten, dass sie nicht mit Name und Foto in der Zeitung erscheinen wollten, weil sie Angst vor Pöbeleien oder Gewalttaten von Neonazis hatten. Daneben gab es aber auch eine Reihe von Personen, die mit ihrem Namen, ihrem Gesicht, ja, auch mit ihrer Telefonnummer oder sogar Adresse für die Solidarität mit den Flüchtlingen einstanden.

Wenn – wie andernorts geschehen – von Anbeginn an zum Beispiel Facebookseiten für ein Asylbewerberheim anonym betrieben werden, so symbolisiert das Angst und gibt den

Neonazis eine Macht, die sie nicht haben und die wir ihnen auch nicht geben sollten.

Selbstverständlich wurde auch bei uns jederzeit und ohne Begründung respektiert, wenn jemand den Wunsch nach Diskretion oder Anonymität äußerte. Aber: Je mehr unterschiedliche Menschen unterschiedlicher sozialer Schichten, unterschiedlicher Herkunft, unterschiedlichen Alters und Geschlechts sich auf die Seite der Flüchtlinge stellen, desto normaler wird dies.

Fazit Was alle betrifft, soll alle erreichen! Wer andere zum Mitmachen einladen will, muss mit Informationen einladen. Willkommen heißt: Offenheit. Sitzungen des Runden Tisches sind immer konzentrierte Abende, von denen man froh nach Hause geht.

Das Echo. Wandlitzer Willkommenskultur in den Medien

Die Weigerung einer bestimmten Zeitungsredaktion, die Story über die Spenden für die »Fidschis und Neger« zu bringen, war natürlich nicht die einzige mediale Reaktion auf die Wandlitzer Willkommenskultur. Von Beginn an war das Interesse der Medien riesig, es gab viele ausgewogene Berichte und auch eine sehr positive Berichterstattung, die für uns Aktive eine wichtige Unterstützung darstellte. Ein paar Beispiele will ich an dieser Stelle näher beschreiben.

Wichtig sind diese Beispiele deshalb, weil kein Zweifel daran bestehen kann, dass es uns ohne die Unterstützung vieler engagierter Journalisten nicht gelungen wäre, ein solches Klima des Willkommens und der Empathie sowie einen derartigen Abbau der Ängste herbeizuführen.

Dabei ist es gar nicht so leicht, in einem kleinen Ort am Rande einer Dreieinhalb-Millionen-Metropole ins Bewusstsein der Öffentlichkeit zu gelangen. Wie bereits gesagt, nimmt die Anzahl sowohl der Abonnenten als auch der gelegentlichen Leser gedruckter Tageszeitungen rapide ab. In Wandlitz kommt das Problem hinzu, dass die vielen Zuzügler aus Berlin, wenn sie denn eine Tageszeitung lesen wollen, häufig auch hier draußen jene Zeitung weiterlesen, die sie in Berlin abonniert hatten, also *Berliner Zeitung*, *Tagesspiegel*, *Morgenpost* oder diverse Boulevardblätter.

In Wandlitz erscheinen drei kostenlose Anzeigenblätter, die ihre Attraktivität für die Leser dadurch erhöhen wollen, dass auch sie eine mehr oder weniger ausführliche kommunale Berichterstattung gewährleisten. Dennoch wandert ein Großteil dieser »Reklamepakete« ungelesen in den blauen Papiercontainer.

Bleiben kommunale Blättchen privater Anbieter, wie es in Wandlitz beispielsweise das sogenannte *Heidekraut Journal* darstellt, das allerdings nur alle zwei Monate erscheint, sowie das Amtsblatt der Gemeinde. An vielen Orten wimmelt es im Amtsblatt ausschließlich von Gemeindevertretungsbeschlüssen, Bebauungsplänen und Ähnlichem. In Wandlitz haben wir es besser. Neben den obligatorischen amtlichen Meldungen von Amtsblättern lesen wir redaktionelle Beiträge und Veranstaltungshinweise. Hier war von Anfang an auch Platz für Informationen des Runden Tisches.

Die positive Sichtweise setzt sich durch

Zu Beginn gab es zwei Positionen zum Asylbewerberheim, die sich nach meiner subjektiven Wahrnehmung auch im großen Artikel über die Bürgerversammlung am 5.11.2012 niederschlugen. Während im Text überwiegend die Ängste und Probleme der Versammlungsteilnehmer zu Worte kamen, bildete den grafischen Mittelpunkt ein großes Foto von mir mit dem Bildtext: »Wirbt um Verständnis: Der Basdorfer Mathis Oberhof regt an, dass sich die Wandlitzer bei der Betreuung der Flüchtlinge selbst einbringen.« Hier war klar zu spüren, dass die Journalisten ihre Aufgabe ernst nahmen und versuchten, das gesamte Stimmungsbild zu zeigen. Es wäre auch falsch gewesen, die Sorgen der Menschen unter den Tisch fallen zu lassen, denn sie waren ja nun einmal vorhanden. Gleichzeitig zog ich aus dem Foto und der Bildunterschrift die Erkenntnis, dass sehr wohl wahrgenommen worden war, dass es Menschen gab, die sich mit dem Ansatz »Sorgen und Angst« nicht zufriedengeben wollten und ihre Stimme erhoben hatten.

Ich habe mir in der Folge immer viel Zeit für jeden Journalisten genommen. Ich versuchte, mich in ihn hineinzuversetzen, weil mir vollkommen klar war: Journalisten wollen Storys, nicht nur Fakten. Journalisten wollen Gesichter und Menschen statt nüchterner Sachinformationen. Und Journalisten wollen selbst überzeugt werden, denn sie stehen nicht über den gesellschaftlichen Diskursen. In diesem Sinne lernen sie von der Wandlitzer Willkommenskultur. Auch dieses Zugehen auf die Journalisten ist für mich ein Stück Willkommenskultur, ich misstraue ihnen nicht, wie es heute viele Menschen tun, sondern bin erst einmal offen und guten Willens, alles zu einem gelungenen Beitrag beizusteuern, was in meiner Macht steht.

Was schnell zu merken war: Die meisten Journalisten konnten (und können noch heute) nicht glauben, dass alles so gut läuft, wie es läuft. So war ich zum Beispiel fast einen ganzen Tag lang mit dem dreiköpfigen *ZDF*-Team zusammen, das besagten Beitrag für die »Drehscheibe« filmte. Nach sechs Stunden beeindruckender positiver Beispiele fragte mich zum Abschied der Kameramann: »Und was machen Sie, wenn morgen die NPD einen Molotowcocktail ins Heim schmeißt?«

Da merkte ich, wie tief verankert die Schockmomente von Hoyerswerda, von Rostock-Lichtenhagen, von Mölln vielen Journalisten noch in den Knochen steckten. Ich antwortete: »Natürlich kann ich nicht garantieren, dass morgen kein Wahnsinniger einen Brandsatz hier reinschmeißt. Aber die NPD oder anderer Neonazis wären verrückt, wenn sie ausgerechnet in Wandlitz sich nicht nur mit den Flüchtlingen, sondern mit der Mehrheitsgesellschaft anlegen würden. Außerdem haben wir den ›Ring des Vertrauens‹, das heißt, sobald irgendetwas dem Sicherheitsdienst merkwürdig erscheint, erhalte ich eine Nachricht und schicke eine Rund-SMS an 15 Menschen, die unmittelbar in der Nähe des Heims wohnen und die unverzüglich eintreffen wollen. Nicht, um sich mit Neonazis zu schlagen, sondern um Öffentlichkeit herzustellen.« An seinem skeptischen Gesichtsausdruck konnte ich merken, dass ich den *ZDF*-Kameramann wohl nicht überzeugt hatte.

In der Folgezeit verging kaum eine Woche, ohne dass ein oder zwei Artikel in der *MOZ* erschienen. Allein die Überschriften geben einen Eindruck von der Tendenz dieser Artikel:

07.11.2012	Landrat Ihrke: »Eine moralische Verpflichtung«
16.12.2012	Besuch im neuen Flüchtlingsheim
26.12.2012	Willkommen in 14 Sprachen
08.01.2013	Willkommenaufkleber an den Geschäften
03.01.2013	Ankunft in neuem Domizil
24.01.2013	Jugendliche übersetzen für Flüchtlinge
01.02.2013	Asylbewerberheim zum Vorzeigen
21.03.2013	Plastiktüte als Werkzeugkasten
08.04.2013	Möbel und Elektrogeräte gesucht
13.05.2013	Friseur und Mikado brauchen kaum Worte
17.05.2013	Mit Frohsinn gegen Rassismus
20.05.2013	Wandlitzer stehen zum Flüchtlingsheim
24.07.2013	Mehr Wohnungen für Flüchtlinge
26.07.2013	Unterstützung für Magomed
09.08.2013	Kleiderkammer für bedürftige Wandlitzer
19.08.2013	Sprachunterricht am Kochtopf
20.10.2013	Tschetschenische Familie wieder vereint
01.01.2014	Ankunft in der Normalität
09.01.2014	Neue Struktur am Runden Tisch
19.01.2014	Willkommen in Wandlitz

Durch die Bank positive Titelzeilen, die bereits beim ersten Blick dem Leser signalisieren: Dies ist kein Artikel, der den

Teufel an die Wand malt, sondern einer, der den Blick auf die guten Dinge pflegt und zeigt, wie es gehen kann, wenn sich alle Mühe geben. Man muss sich immer klarmachen: Die Regionalzeitung bildet die Basis der Meinungsbildung einer Kommune, sie beeinflusst immer noch wesentlich das Klima innerhalb der Gemeinde. Deshalb tut jeder, der vor Ort etwas erreichen will, gut daran, einen positiven Kontakt zur örtlichen Redaktion zu pflegen und diese mit Informationen und Material zu unterstützen, so weit es geht. Am besten ist es natürlich, wenn sich im Rahmen der Freiwilligkeit jemand findet, der sich hauptsächlich um die Pressearbeit kümmern mag. Das ist für jede Initiative ein großer Vorteil, weil die Redaktion einen Ansprechpartner hat, mit dem sie arbeiten kann.

Erstmals im Regionalfernsehen

Die vielen Berichte in der *MOZ* haben uns immer sehr geholfen, und wir waren und sind dankbar für diese Unterstützung. Der große Durchbruch zu bundesweiter Relevanz aber kam mit zwei Berichten Mitte Januar 2013 im Regionalfernsehen und Mitte Februar in der überregionalen Berliner Zeitung *Tagesspiegel*.

Am 10. Januar klingelte bei mir das Telefon.

»Hier ist der *RBB – Rundfunk Berlin-Brandenburg* –, Regionalstudio Frankfurt/Oder. Wir haben gehört, bei Ihnen läuft das so gut mit den Flüchtlingen. Wir würden gerne einen Bericht darüber bringen. Können Sie uns helfen?«

Wow! Darauf hatte ich gewartet! Das Fernsehen würde unsere Aktivitäten im ganzen Bundesland und nach Berlin hinein verbreiten!

Sofort erklärte ich mich bereit, alle nur denkbare Unterstützung zu liefern, und erzählte der Redakteurin fast eine halbe Stunde lang von unseren verschiedenen Aktivitäten. Zum Abschluss machte ich noch ein Versprechen: Das Fernsehteam, das den Beitrag produzieren sollte, könnte mit mir zusammen Spenden für das Heim einsammeln.

Zum Glück kenne ich die Leiterin der Kindertagesstätte »Schneckenhaus« im Nachbarort persönlich und erinnerte mich in diesem Moment daran, dass sie mir schon angekündigt hatte, sie habe die Eltern aufgefordert, Spielzeug für die Flüchtlingskinder zu spenden. Es waren viele Spenden zusammengekommen, wie ich erfreut erfuhr. Nun ging es darum, die Erlaubnis des Amtes und der Eltern einzuholen, dass die Übergabe vom Fernsehen gefilmt werden durfte. Auch solche Dinge sind bei der Medienarbeit zu berücksichtigen, manchmal scheitert eine Berichterstattung an solch scheinbaren Marginalien.

An einem kalten Februarmorgen traf das *RBB* mit dem Kamerabus an der Kita ein, ich selbst war mit meinem Wohnmobil dort hingefahren. Das Team drehte eine Menge Material, und wenn man es sich anschaut, sieht man vor allem in einem der Filme, wie freudig sich die Kinder von ihren Spielsachen verabschieden, um sie Ärmeren zukommen zu lassen.

Für das Interview mit mir hatte sich der Redakteur etwas Besonderes ausgedacht. Ich war völlig verblüfft, als er mich fragte, ob das Team ein wenig in meinem Wohnmobil mitfahren könne. Ich stimmte zu, verwies allerdings auf die Unordnung in meinem Auto, da ich erst am Abend zuvor sechs Plastiksäcke mit Kleiderspenden abgeholt hätte.

Natürlich hatte ich mir Aussagen und Formulierungen für das Fernsehinterview zurechtgelegt. Nun aber musste ich ein Wohnmobil samt 100 Kilo Spenden und drei Mitarbeitern des Senders sicher durch die Barnimer Winterlandschaft kutschieren und mich vor allem auf die Straße konzentrieren. Die Antworten auf die Fragen des Reporters hatten daher nichts mehr mit meinen vorbereiteten Formulierungen zu tun, sondern kamen einfach aus dem Bauch. Im Nachhinein denke ich, dass sie wahrscheinlich dadurch viel besser, weil authentischer ausfielen.

Am Abend schauten wir ganz gespannt »*RBB* – Brandenburg aktuell«, und schon die Anmoderation trieb mir die Tränen in die Augen: »Nirgendwo in Deutschland werden Flüchtlinge zurzeit so willkommen geheißen wie in Wandlitz.« Eine geringfügig gekürzte Fassung des Beitrags wurde auch in der »Berliner Abendschau« gezeigt, was für unsere Pressearbeit einen Riesenschritt bedeutete. Denn jetzt wurde unsere Arbeit mit einem Schlag mehreren Hunderttausend Zuschauern mitgeteilt.

Ich weiß, dass am nächsten Morgen in der Heidekrautbahn von Wandlitz nach Berlin über diesen Beitrag gesprochen wurde, Arbeitnehmer aus Wandlitz, die in der Hauptstadt arbeiten, wurden angesprochen, sogar gelobt, sie wurden gefragt, ob sie Genaueres erzählen könnten. Ich war fasziniert von der Tiefenwirkung, die wir plötzlich erzielt hatten. Bis in die italienischsprachige Schweiz drang dieser Bericht: In der Internetzeitung *tio – Das Portal des Tessin* wurde am 21. Januar 2013 unter der Überschrift »Wenn Asylsuchende mit einem Willkommensbanner begrüßt werden« ein Bericht mit diesen Worten eingeleitet:

»In der Schweiz gelten sie als eine Gefahr und ein Kostenfaktor. In einer deutschen Stadt lebt Solidarität, um sie in der besten Weise zu begrüßen. Das Beispiel von Wandlitz.«

Der Artikel endet mit den Worten: »Und während Menschen, die von weit her in die Schweiz kommen, voller Angst und nur als Kosten- und Gefahrenfaktor angesehen werden, bekommen wir von einem kleinen Städtchen in der ehemaligen DDR eine Lektion in Höflichkeit.«

Wieder einmal war ich den Tränen nah. Auch wenn wir weit davon entfernt waren, anderen »Lektionen« erteilen zu wollen, spiegelte der Grundtenor dieses Berichts doch genau das wider, was wir erreichen wollten: Menschen nicht als Gefahr zu sehen, sondern sie willkommen zu heißen und sie als Bereicherung zu empfinden.

Das geflügelte Wort von der »Wandlung der Wandlitzer«

Anfang Februar 2013 war unser sechsjähriger Enkel aus Mannheim bei uns zu Gast, und wir planten einen Ski- und Schlittenurlaub im Thüringer Wald. Das Wohnmobil war bereits für die Abreise fertig gepackt, als der Berliner *Tagesspiegel* anrief: »Herr Oberhof, was Sie alle da in Wandlitz leisten, ist ja ganz toll. Wir würden gerne einen Bericht darüber machen, wann haben Sie Zeit?«

Wir verschoben kurzerhand die Fahrt in den Urlaub um einige Stunden, und ich traf mich mit Sandra Dassler, der Redakteurin. Sie war bestens informiert, hatte bereits alle Artikel der Lokalzeitung gelesen, sich tief in das Flüchtlingsthema eingearbeitet und konnte über die Regelungen des sogenannten Dublin-II-Abkommens besser referieren, als es mir jemals möglich gewesen wäre. Vor allem aber gefiel mir eins: Ihre Sympathie, ihre Empathie, ja auch das Mitleiden an den oft unmenschlichen Bedingungen der Unterbringung von Flüchtlingen in unserem Land konnte und wollte sie überhaupt nicht verbergen. Und noch etwas anderes lernte ich an diesem Vormittag, an dem Enkel und Frau auf gepackten Koffern auf die Abfahrt in der Winterkurort Oberhof warteten: Gute Journalisten wollen nicht einfach nur Fakten, sie suchen nach Geschichten.

Sandra Dassler suchte und fand sie. Sie lernte Magomed kennen, den neunjährigen Tschetschenen, der so gerne endlich im Fußballklub mitspielen wollte. Sie fuhr mit mir an alle Stellen in Wandlitz, an denen Plakate hingen und wo die Spenden abgegeben werden konnten, sie interviewte viele Flüchtlinge und auch die Heimleiterin. Ganz deutlich war zu spüren, wie sehr sie dieser Stoff faszinierte.

Als wir uns verabschiedeten, fragte sie: »Und was sagt Ihre Frau zu Ihrem Engagement? Haben Sie keine Angst vor der NPD?« Ich sagte ihr das Gleiche wie dem Kameramann vom *ZDF*: »Meine Frau ist voll mit dabei! Warum sollten wir gerade jetzt Angst vor Neonazis haben, da immer deutlicher wird: In dieser Ortschaft ist kein Platz für Hass und Ausländerfeindlichkeit.«

Ich hatte ja nun schon einige politische Sightseeingtouren mit Reportern und Journalisten durch unser kleines Wandlitz hinter mir, aber hier, das fühlte ich, war etwas Besonderes im Entstehen.

Vier Tage später: Wir sind immer noch im Urlaub, als mein Handy klingelt. Frau Dassler ist dran und will mit mir den endgültigen Text noch einmal durchgehen. Satz für Satz schauen wir das Ganze an. Ich merke sofort, es sind nur Kleinigkeiten: Hier ein Name falsch geschrieben, dort muss ein Datum korrigiert werden. Der Text an sich ist großartig, und schon der Titel des Stückes jagt mir einen Schauer über den Rücken: »Die Wandlung der Wandlitzer«

Die ersten drei Sätze zeigen, dass es hier nicht bloß um Sachinformationen geht, sondern jemand eine überwältigende Freude über die Wandlitzer Willkommenskultur in eine toll geschriebene Story verwandelt hat:

»Sie waren gegen das Asylbewerberheim. Doch dann begrüßten sie die Flüchtlinge mit Kaffee und Kuchen. Jetzt basteln sie mit den Kindern, unterrichten Deutsch, spenden Möbel. Was ist geschehen?«

Und weiter:

»Mathis Oberhof hatte keine Chance. Weil er sie couragiert nutzte, kann Magomed jetzt Fahrrad fahren. Der Neunjährige muss zwar noch einige Schrauben nachziehen, die Klingel festschrauben und das Schutzblech gerade biegen, aber das kriegt er mit der Hilfe der Leute hier hin …«

Eine ganze Zeitungsseite später endet der Artikel: »Inzwischen trainieren einige Flüchtlingskinder im örtlichen Sportverein mit. Vielleicht ist bald auch Magomed dabei.«

Tagesspiegel-Artikel zu Wandlitz

Pressemäßig war das der Durchbruch. 457-mal wurde der Artikel bei Facebook geteilt, kaum eine Flüchtlingsinitiative, kaum ein Integrationsbeirat, kaum ein Komitee gegen Rassismus, das diesen Mut machenden Artikel nicht auf der eigenen Facebookseite weiterverbreitete. In der Folge meldeten sich auch andere überregionale Zeitungen.

Am 3. April berichtete die *Berliner Zeitung* unter der Überschrift »Integration statt Angst – Nachbarschaftshilfe für Asylbewerber« ebenfalls mit einem ganzseitigen Artikel, und weitere zwei Wochen später folgte die *taz* mit der skurrilsten Überschrift: »Schweinebraten mit Frühlingsrollen«

Konnte man das nicht schon als Hype bezeichnen? Ein wenig mulmig war mir zumute. Und: War das die ganze Wahrheit? Hatten wir wirklich nur Friede, Freude, Eierkuchen?

All die positiven Berichte lösten auch Diskussionen in Wandlitz selbst aus. Und nicht immer wurden die Schlagzeilen gleich so positiv interpretiert, wie ich das im ersten Moment getan hatte. Was sollte das heißen, sagten einige: »Wandel der Wandlitzer«? Waren sie alle Ausländerfeinde gewesen? Und waren sie nun plötzlich alle Leute, wie sie heute gern mit dem Begriff »Gutmenschen« abgewertet werden?

Ich konnte und kann dazu immer nur sagen: Natürlich fehlt manche Differenzierung, natürlich wird manches überspitzt. Aber im Kern stehe ich damals wie heute dazu: Die vielen Stunden, die ich mit jedem einzelnen Journalisten und jedem Reporterteam in Wandlitz unterwegs war, nutzte ich, um ihnen das Neue, das Überraschende, das Positive zu zeigen. Ich bemühte mich, ein möglichst differenziertes Bild zu zeichnen, und ich selbst habe danach auch nicht mehr vom

»Wandel der Wandlitzer« gesprochen, sondern von der »Wandlung in Wandlitz«, und diese ist wirklich unübersehbar. Am schönsten ist es bebildert in Fernsehberichten und Filmen.

»Ich hab euch im Fernsehen gesehen.«

Bei aller Medienkritik, die für manchen heute fast schon zum guten Ton gehört, gilt für viele Menschen nach wie vor das, was schon ihre Eltern sagten: »Was im Fernsehen gesendet wird, das ist wichtig. Und vielleicht ist es auch wahr.« Der erste Fernsehbeitrag in der regionalen Abendschau des *RBB* vom 16. Januar 2013 war, wie oben beschrieben, eine Initialzündung mit weitreichenden Auswirkungen. Im März 2013 hatten wir einen ganzen Tag ein *ZDF*-Team zu Gast. Es ging um den Umzug der vietnamesischen Familie Nguyen in eine Wohnung, um die Fahrradwerkstatt, den Deutschunterricht und die »Halle der Solidarität«. Mit diesem Bericht sind wir erstmals über TV in ganz Deutschland präsent.

Der Brandenburger Regionalsender *RBB* war nun laufend dabei und berichtete über unsere Ereignisse in der Abendschau für Berlin und Brandenburg. So etwa, als am 18. Mai 2013 das »1. Wandlitzer Open-Air-Chorfestival gegen Rassismus« stattfand und auch eine Woche später, als wir zum ersten Bürgerbegegnungsfest in den Hof des Übergangswohnheims einluden.

Unmittelbar nach der schrecklichen Bootskatastrophe von Lampedusa kamen wir noch einmal zur besten Sendezeit am Samstagnachmittag in den »Länderspiegel« des *ZDF*. Diese Sendung hat im Durchschnitt zehn Prozent Einschaltquote, das heißt, jeder zehnte Fernsehzuschauer in Deutschland sah an diesem Tag den Bericht aus Wandlitz. Aus jenem Fernsehbeitrag hat sich für mich der Satz einer tschetschenischen Asylbewerberin unvergesslich ins Herz geschrieben:

»Wir kannten die Deutschen bisher nur aus Kriegsfilmen. Es war fast ein Schock zu erleben, wie sie uns hier helfen. Sie haben mir und meinen Kindern Kleider gegeben und meinen Mann am Herzen operiert. Zu Hause wäre er nicht operiert worden und vielleicht schon tot.«

Im Oktober kam erneut ein Team der Redaktion von »Brandenburg aktuell« des *RBB* nach Wandlitz und filmte Brigitte Breuer mit ihren »Black Boys« während des Deutschunterrichts beim Kochen. Sie konnte dreieinhalb Minuten lang mit ihren Jungs aus dem Tschad, aus Kamerun und aus Kenia schwärmen, vom Kennenlernen erzählen, ihr gemeinsames Kochen zeigen und auch die anschließende Mahlzeit.

Als in der Vorweihnachtszeit erneut in derselben Sendung über Wandlitz berichtet wurde, wurden dem Beitrag taufrische Umfragezahlen vorangestellt. Auf die Frage eines Meinungsforschungsinstitutes »Ist ein Asylbewerberheim in der Nachbarschaft für Sie ein Problem?« antworteten 64 Prozent: »Kein Problem«, während 32 Prozent darin ein Problem sahen.

32 Prozent sind sehr viel, das haben wir in Wandlitz erfahren. Aber das andere Ergebnis dieser Umfrage ging mir seit der Sendung nicht mehr aus dem Kopf. Deutlich mehr als die Hälfte der Bevölkerung, so musste man es doch auch sehen können, hatte eben kein Problem mit einem Heim in der Nachbarschaft. Wir glauben oft, dass die Gegner der Flücht-

lingsheime die Mehrheit darstellen, weil sie laut, mitunter mit Krawall und mit Thesen und Ressentiments auftreten, die uns erschrecken. Wer dabei vergisst, dass es eine Minderheit ist, übersieht die naheliegende Aufgabe, die Mehrheit zum Sprechen zu bringen.

Der Filmbeitrag selbst brachte dann ein Potpourri verschiedener Bilder früherer Fernsehaufnahmen unserer Willkommenskultur und richtete danach den Blick auf die Kleinstadt Gransee im nördlichen Brandenburg, wo wir bei einer Informationsveranstaltung vom Runden Tisch Wandlitz bereits Erfahrungen übermitteln konnten. Es freut mich heute noch zu sehen, wie die dortige Sozialarbeiterin im Interview die Bedenken der Bürger ernst nimmt, diese nicht als »rassistischen Mob« diffamiert, sondern Transparenz und Zusammenführung von Einheimischen und Ausländern als das wichtigste Mittel zum Abbau von Vorurteilen anspricht.

Selbst am Heiligen Abend flimmerten Bilder der weihnachtlichen Wandlitzer Willkommenskultur über Brandenburger Bildschirme. Die katholische Gemeinde hatte zu ihrer interreligiösen Weihnachtsfeier Asylbewerber eingeladen, und um 19:30 Uhr war am Heiligen Abend live ein multikulturelles »We Wish You a Merry Christmas« aus dem Wandlitzer Konrad-Haus zu hören. Kann das Fest der Liebe liebevoller sein?

Zum dritten Mal besuchte das *ZDF* Wandlitz dann Mitte Januar 2014. Beschauliche Bilder der umliegenden Seen und Naturschönheiten sowie der Kleinstadtidylle bildeten den Hintergrund für die nunmehr nach 15 Monaten mögliche Bilanz der Wandlitzer Willkommenskultur mit der Kernbotschaft: »Die Flüchtlinge haben Wandlitz bereichert!«

»... wie Sie die Leute, die zunächst dagegen waren, auf Ihre Seite bekamen ...«

Aber auch andere Fernsehjournalisten sind durch Wandlitz zu Filmprojekten angeregt worden. Ein tolles Beispiel ist etwa Marc Dickgreber, freischaffender Filmjournalist in Berlin. Er kam im Mai 2013 viele Male nach Wandlitz und drehte einen zwölfminütigen Film mit dem Titel »Der Wandel in Wandlitz«, der am 7. Juni 2013 in deutscher, englischer, spanischer und arabischer Sprache vom TV-Programm der Deutschen Welle weltweit ausgestrahlt wurde.

Er erzählte mir, was ihn bewogen hatte, den Film zu machen, und wie sehr ihn die Wandlitzer Ereignisse berührten.

> *Ich wurde von der Chefredaktion der* Deutschen Welle *– ich war gerade in Italien – gefragt, ob ich einen Bericht über Wandlitz machen könnte. Ich fand das sofort sehr spannend, einen Film über so einen Präzedenzfall zu drehen. Der Kontakt mit Ihnen war für mich sehr entscheidend. Sie haben mir sofort professionell Rede und Antwort gestanden, sind mit mir durch Wandlitz gefahren, und ich merkte gleich, dass Sie gut erzählen können und für die Idee des Runden Tisches brennen. Ich fand das sehr reizvoll, ganz »down to earth« über Zivilcourage hier bei uns vor der eigenen Haustür zu berichten.*
>
> *Ich war sehr beeindruckt, wie in Wandlitz jeder, der sich für Politik interessiert oder soziale Verantwortung übernehmen will, eingeladen wurde, sich zu engagieren. Und wie es gelungen ist, die Stimmung zu drehen, wie der Runde Tisch*

© Gemeinde Wandlitz

Marc Dickgreber (mit Kamera) drehte für die *Deutsche Welle* einen Zwölfminutenfilm – hier beim Open-Air-Chorfestival gegen Rassismus.

den Menschen die Angst genommen hat. Ich war überrascht, wie viele Menschen aktiv geworden sind, und vor allem, dass es gelang, auch solche Menschen zum Mitmachen zu bewegen, die am Anfang sehr skeptisch waren. Dass es möglich ist, dass Leute, die zunächst Angst haben, wenn jemand eine andere Hauptfarbe hat, ihre Bedenken ablegen und merken, das sind Menschen wie ich, die sogar zum Teil viel gebildeter sind, Diplome haben, Ärzte sind. Das sind ja keine »Minderbemittelten«, sondern Menschen, die in Situationen gelebt haben, in denen sie in Not waren.

Negativ war natürlich der Aufmarsch der Neonazis. Das hatte ich so in nächster Nähe noch nicht erlebt, und ich habe mich mitten unter die Nazis gestellt und da gedreht. Da gab's ein paar dabei, die sahen nach tristen Menschen aus, die bei den Neonazis Halt im Leben gefunden hatten. Dann gab's aber auch die anderen, die die Reden schwingen, die gefährlicher sind. Das war für mich überraschend, das sind Typen, die aussehen wie der beste Schwiegersohn, die »bella figura« machten, die beim Durchschnittsbürger gut ankommen. Da merkt nicht jeder sofort, was für ein krudes Weltbild die haben. Die sind schlau genug, ihre Gesinnung mit plausibel klingenden Vorschlägen zu verschleiern, und das driftet erst später ab ins Neonazistische. Sie entsprachen auch äußerlich nicht alle dem Klischee vom Nazi-Hooligan, die kamen nicht in Lederstiefeln und drohten keine Gewalt an, sondern blieben ziemlich gesittet. Aber andere sahen auch so aus, als könnten sie jeden Moment auf Befehl losschlagen.

Die Resonanz auf den Film war innerhalb des Kollegenkreises sehr positiv, weil das ein Beispiel ist, das ganz nahe ist. Die haben sich den Film gerne angeguckt. Dann hatte ich noch ein aufschlussreiches Erlebnis. Ich bin in Wimbern, einem kleinen Ort zwischen Soest und Dortmund, zur Welt gekommen. Wegen Landflucht und Geburtenrückgang steht das Krankenhaus dort inzwischen aber leer. Es sollte nun zum Asylbewerberheim umgebaut werden. Ganz viele Bürger leisteten Widerstand und hatten Angst, dass sie beklaut würden, ihre Häuser an Wert verlieren etc., also ganz ähnlich wie in Wandlitz. Meinem Onkel, der dort lebt, hab ich den Film aus Wandlitz geschickt. Ein wenig hat ihn wohl die Wandlitzerin im Film, die ein Flüchtlingskind aus Schlesien ist, nachdenklich gemacht. Sie hat im Interview eine Parallele gezogen zwischen ihrer Flucht damals und den Asylbewerbern heute. Ein Teil meiner Familie mütterlicherseits stammt auch aus Schlesien. Das war ein wichtiger Ankerpunkt zu sagen: Wir sind ja eigentlich auch eine Flüchtlingsfamilie. Ist sehr lange her, aber das sollten wir nicht vergessen.

Beitrag des Fernsehens der *Deutschen Welle*

Der Kinder-Werkstattfilm »WILLKOMMEN«

Ein anderer Filmemacher, der mehr als einmal in Wandlitz drehte, war der Kinderfilmregisseur Bernd Sahling. Für ihn war es ein Heimspiel, er wohnt in Wandlitz, und umso stärker haben ihn die Ereignisse berührt.

Gleich bei der dritten öffentlichen Sitzung des Runden Tisches tauchte Sahling, ein freundlicher Mann mittleren Alters, auf und meldete sich zu Wort. Er wolle zusammen mit Kindern im Ort einen Werkstattfilm drehen mit dem Arbeitstitel »Willkommen«. In den kommenden Wochen war er immer wieder mal bei Sitzungen dabei. Darüber hinaus sahen wir nun in der Folge bei allen öffentlichen Ereignissen zwei bis drei Erwachsene und vier bis fünf Kinder mit professioneller Filmausrüstung. Am Ende wurde dieser Film eines der spannendsten und ästhetisch wohl ansprechendsten Projekte in Wandlitz.

Bernd Sahling ist Jahrgang 1961 und wurde in Naumburg geboren. Seit 1983 hat er eine Menge Filme gemacht, wie zum

Beispiel »Alles wird gut« (1991) oder auch »Ednas Tag« (2009). Er war somit prädestiniert für diese anspruchsvolle Produktion.

In einem kleinen Interview erzählte er mir von seiner Motivation für das Projekt:

Ihr Projekt des Werkstattfilms mit Kindern »Willkommen« ist für mich ein Prototyp unserer Erfolgsstrategie in Wandlitz. Wir haben nicht gefragt: »Was muss getan werden?«, sondern wir haben Menschen gesucht, die eigenverantwortlich irgendetwas tun wollen. Wie haben Sie von den Protesten gegen das geplante Asylbewerberheim erfahren, und wie haben Sie Kontakt mit dem Runden Tisch aufgenommen?
Ich mache seit zehn Jahren Filmwerkstätten mit Kindern, und das macht mir großen Spaß. Und ich war auf der Suche nach einem Thema hier in der Region, in der ich seit 15 Jahren wohne. Ich habe oft Projekte durchgeführt, in denen man zwei Wochen zusammengearbeitet hat und sich danach nie wieder sah. Nun wünschte ich mir ein Projekt, das über eine längere Zeit anhält, bei dem man sich gegenseitig kennenlernt.

Zum anderen wollte ich aber auch, dass wir etwas dokumentieren, was wichtig ist, festgehalten zu werden. Ich hatte von der Bürgerversammlung zum neu geplanten Übergangswohnheim im Herbst 2012 gehört, auch, dass es dabei sehr turbulent zuging. Da entstand mein Gedanke, dass es spannend wäre, mit den Nachbarn, die sich für die Asylbewerber einsetzen, einen Werkstattfilm aus Kindersicht zu drehen.

Dazu hatte ich ein Schlüsselerlebnis: Ich habe einmal eine Filmwerkstatt im Ruhrgebiet gehabt, in einer Schulklasse, da waren acht Nationalitäten in einer Klasse. Danach war ich für ein Kindercasting bei uns in der Nachbarschaft in Schulen unterwegs, und es hat mich überrascht, dass in diesen Klassen so gut wie keine Kinder von Zuwanderern waren. Es ist halt immer noch so, dass sich in unserer Gegend kaum Leute ansiedeln, die aus einem anderen Land kommen.

Ich hatte schon mehrere Langzeitfilme gedreht und auch Filmwerkstätten gemacht, die über ein Jahr gingen. In solch einem Zeitraum passiert einfach viel, und dann können wir schauen, was wir davon verwenden und welche Geschichte sich dabei ganz von selbst erzählt. So hat sich zum Beispiel auch die Geschichte ergeben, bei der die tschetschenische Familie ausgewiesen und somit getrennt wurde, und anschließend das große Glück, dass sie dann zurückkommen durften, sodass wir quasi ein Happy End hatten.

Was verstehen Sie unter Werkstattfilm?
Beim Profifilm interessiert Zuschauer wie Kritiker nur das Endergebnis. Bei einem Werkstattfilm geht es vor allem um den Prozess des Entstehens: Was kriegen Kinder mit an Filmhandwerk und Medienkompetenz, andererseits aber auch: Wie verhalte ich mich in einem Gemeinschaftsprojekt, bei dem alle von allen abhängen? Das ist unglaublich wichtig für Kinder, dass sie so etwas lernen in unserer Gesellschaft, in der sich so viel um das eigene Ich dreht.

Und wie entstand das konkrete Projekt?
Ich habe zunächst Kontakt zum Runden Tisch aufgenommen, dort wurde die Idee begrüßt. Dann habe ich mich um Fördermittel bemüht. Ich habe mich erkundigt, welche Mittel infrage

kommen, und erhielt vom Wirtschaftsministerium die Information, dass ein e.V. Lottomittel beantragen könnte. Als Partner für das Projekt fand ich den Schulverein Basdorf e.V. Und damit war auch klar, dass ich mit Grundschülern aus Basdorf arbeiten würde. Die Gemeinde, die Bürgermeisterin und die Jugendkoordinatoren haben ebenfalls von Anfang an ihre Unterstützung für das Werkstattprojekt zugesagt.

Was ist Ihnen bei Ihrem Kontakt mit dem Runden Tisch aufgefallen?
Besonders ist mir aufgefallen, dass es halt doch Menschen in unserer Gemeinde gibt, die selbst mal die Erfahrung gemacht haben, Fremder zu sein oder die Heimat verlassen zu müssen, auch wenn das schon viele Jahre zurückliegt. Mein Erlebnis, das über einen touristischen Besuch eines anderen Landes hinausgeht, hatte ich 2005, als ich für ein Jahr in Chicago ein Zusatzstudium für Drehbuchschreiben absolviert habe. Ich sprach am Anfang kaum Englisch, es war der kälteste Winter des letzten Jahrhunderts. Da habe ich erlebt, wie es sich anfühlt, wenn man vollständig allein ist in einer fremden Kultur. Und wie unglaublich hilfreich es ist, wenn dann jemand zu einem sagt: »Komm doch einfach mal mit zu uns.«

Und dann habe ich gespürt: Das ist richtig Arbeit, richtig freie Zeit, die da gespendet wird. Das fand ich sehr spannend beim Runden Tisch, ich mag die Leute, die da sind. Auch die Spannungen und Reibereien, die da natürlich entstehen, und mir gefiel, dass sich dadurch Menschen kennenlernen, die sich sonst nicht begegnen. Hier sind ja viele Leute neu hergezogen, aus dem Westen, neben Leuten aus dem Osten, die schon länger hier wohnen. Beim Runden Tisch sind sie sich begegnet und haben sich über die gemeinsame Arbeit gegenseitig kennengelernt.

Was haben Sie erlebt, wenn es darum ging, Wandlitzerinnen und Wandlitzer anzusprechen oder in Ihr Filmprojekt einzubeziehen?

Es gab überhaupt kein Problem, und zwar aus verschiedenen Gründen. Das hängt auch damit zusammen, dass es wenig medienpädagogische Angebote gibt. Am spannendsten aber fand ich, dass genau das eingetreten ist, was ich erhofft hatte, dass die interviewten Erwachsenen den Kindern das Motiv ihres Handelns anders erklärt haben, als sie es mir als Erwachsenem erklärt hätten. Besonders schöne Beispiele sind für mich in dem Film das Interview mit der Deutschlehrerin, Frau Breuer, die »Kochen für Ausländer« organisiert, oder das Interview mit Herrn Weber in der Spendenhalle. Es ist gar nicht so einfach, sich neben der Arbeit auch noch auf die Fragen der jungen Werkstattteilnehmer einzulassen und preiszugeben, was die eigene Motivation für die Arbeit ist. Dabei erzählt sich einiges über das Thema, welche Fragen haben die Kinder, und wie kann man ihnen diese beantworten.

Ich habe dann diesen einen Satz von Herrn Weber hinten auf das Cover der DVD-Hülle geschrieben: »Von zu Hause weggehen ist immer schwer!« Besser kann man's ja nicht auf den Punkt bringen, was da passiert.

Haben Sie nirgendwo Vorurteile, Bedenken, »gebremsten Schaum« oder Widerstände erlebt, so nach dem Motto »Jetzt machen die sogar noch einen Film über diese Ausländer«?
Wir haben ja keinen Film gedreht über die Asylbewerber …

… sondern …?
… einen Film über die Nachbarn, die sich um die Asylbewerber kümmern.

Da bin ich jetzt ganz verblüfft und froh. Denn ich glaube, das gilt insgesamt genauso für die Arbeit des Runden Tisches. Was unsere Arbeit von manchen anderen Flüchtlingsinitiativen oder Integrationsbeiräten unterscheidet, ist, dass wir unseren Schwerpunkt auf die Arbeit mit den Einheimischen gelegt haben, um Angst und Vorurteile abzubauen, indem wir so viele von ihnen wie nur möglich in Kontakt mit den Asylbewerbern brachten. Was haben Ihrer Meinung nach die beteiligten Kinder während der Arbeit an diesem Film gelernt?
In erster Linie, dass man einen langen Atem braucht. So ein Projekt ist nicht in einer Woche gemacht. Es ist gar nicht so einfach für Kinder, ein Gespräch zu führen, während die Kamera läuft. Sowohl die eigenen Fragen im Kopf zu haben, aber auch zu spüren, wo und wie entwickelt sich ein Gespräch. Zuhören zu können, eigene, vorbereitete Fragen wegzulassen und zu schauen, wohin sich die Geschichte entwickelt, was die Protagonisten eigentlich erlebt haben und erzählen wollen. Dazu gehört auch, nachzufragen bei einer Antwort, den Interviewpartner »zu provozieren«, auch mal Dinge zu erzählen, bei denen es wehgetan hat. Situationen halt, in denen wir

nicht mehr weiterwussten oder auch besonders glücklich waren. Sehr spannend war die Diskussion über die Aufnahmen am Abend, nachdem Magomed und seine Geschwister abgeschoben wurden.

Das Treffen beim Runden Tisch war am Abend, und wir mussten es ohne die Kinder drehen: Diese Hilflosigkeit, die Ohnmacht, der Frust am Runden Tisch, das Vorgeführtwerden, das Gedemütigtwerden, das sind genau die Momente, in denen wir sehen, wie kompliziert das alles ist, was hier abgeht. Und dass wir in bestimmten Dingen auch machtlos sind. Ich hab den Kindern die Aufnahmen gezeigt und gefragt: Sollen wir das drinlassen oder herausnehmen?

Die sagten: »Das finden wir wichtig, dass das in den Film kommt, weil man hier mal sieht, dass die Erwachsenen auch ihre Grenzen haben in dem, was sie möchten und was sie können.«

Die Kinder haben auch gelernt, was beim Schnitt passiert, was sich ändert, wenn wir es in der einen oder anderen Reihenfolge erzählen, wenn wir etwas rausnehmen oder drinlassen. Es ist halt die Frage, was wir erzählen wollen und was unsere Sicht auf die Dinge ist. Mit demselben Filmmaterial, das wir gedreht haben, hätte man eine ganz andere Geschichte erzählen können.

Was war Ihre größte persönliche Überraschung oder neue Erfahrung bei dem Projekt?

Ich hätte nie geglaubt, dass die Familie von Magomed wieder nach Deutschland kommen kann. Dass das gelungen ist, ist ein großes Glück für die Familie, aber auch für uns. Es war auch nicht einfach, mit Kindern zu arbeiten, die sowieso schon bei vielen AGs mitmachen. Das sind ja meist auch die jungen Leute, die sich für so ein Projekt der Filmwerkstatt interessieren. Nur dann ist am Montag auch Chor, Dienstag Tanz, Mittwoch Klavierunterricht, Donnerstag das und Freitag das. Für ein zusätzliches Projekt bleibt kaum noch Zeit. Wir haben manches aufs Wochenende verlegt, wobei ich es ganz toll fand, dass die Eltern sagten: O.k., wenn das so spannend ist, dann eben auch mal am Samstag. Da war auch die Grundschule Basdorf sehr kooperativ, wenn Drehtermine zum Beispiel am Vormittag waren.

Woher haben Sie Geld bekommen zur Finanzierung des Films?
Die Gemeinde hat über die Jugendkoordination und das Jugendamt des Landkreises Barnim Eigenmittel in Höhe von etwa 1500 Euro zur Verfügung gestellt, zusammen mit meinen Eigenmitteln – ich habe gesagt, ich stelle kostenlos die Kameratechnik und die Tontechnik zur Verfügung. Der Hauptteil der Werkstatt wurde durch Lottomittel vom Ministerium für Wirtschaft und Europaangelegenheiten des Landes Brandenburg finanziert.

Welches Feedback haben Sie zu dem Film bekommen?
Bei der Premiere im »Goldenen Löwen« im Januar 2014 ist der Film sehr gut aufgenommen worden. Kurz danach sah ich bei mir zu Hause ein Polizeiauto vorfahren und zwei Polizistinnen aussteigen. Die fragten mich auch gleich: »Haben Ihre Nachbarn Ihnen nicht erzählt, dass wir schon zum dritten Mal kommen?«

Und ich antwortete: »Tut mir leid, meine Klingel funktioniert nicht, was habe ich denn verkehrt gemacht?«

»Wir haben auf dem Bürgerbegegnungsfest Ihren Film gesehen, und wir würden den gern unserem Chef schenken!«

Generell haben wir sehr viele positive Reaktionen bekommen! Und wir werden eine Form finden, wie die Gemeinde, die Wandlitzer Schulen und der Runde Tisch mit DVD-Kopien arbeiten können. Dafür wird der Film noch mal nachgearbeitet in Bild und Ton, damit er die bestmögliche Qualität bekommt. Außerdem habe ich den Film eingereicht bei der Rubrik »Provinziale« für die Eberswalde-Filmfestspiele. So etwas ist ja auch ein Zeitdokument. Andere Gemeinden, die ein Übergangswohnheim für Asylbewerber bekommen sollen, wird es sicher interessieren, wie in Wandlitz damit umgegangen wurde und wird.

Fazit Diese Medienarbeit war schwer, zeitintensiv, aber sie hat sich gelohnt. Auch wenn es jedes Mal ein halber Arbeitstag ist, die Presseleute durch den Ort zu führen, Interviews mit Akteuren zu vereinbaren, manchmal auch ein bisschen »Rollenspiele einzustudieren«, um Situationen, die vor oder nach dem Eintreffen der Kameras stattgefunden haben, nachzustellen: Es hat sich gelohnt!

Hunderttausende, ja Millionen von Fernsehzuschauern und Rundfunkhörern sahen und hörten die »gute Nachricht«. Das wirkte zurück nach Wandlitz. Wie oft habe ich erlebt und gehört: »Mein Bruder aus Sachsen hat mich angerufen, er hat mich im Fernsehen gesehen.« oder »In Berlin auf der Arbeit wurde ich angesprochen auf das, was wir in Wandlitz machen.« – das macht die Menschen stolz. Zu Recht!

Pressearbeit ist eines der wichtigsten Arbeitsfelder, wenn man in unserer Mediengesellschaft Stimmen und Stimmungen beeinflussen will. Wie schön, dass uns so viele Journalistinnen und Journalisten dabei geholfen haben.

So können Sie helfen

Wie kann Presse- und Öffentlichkeitsarbeit aussehen?

Flüchtlingsgegner erzeugen mancherorts den falschen Eindruck, die Mehrheitsmeinung zu vertreten, weil sie besonders laut, auffällig und aggressiv auftreten. Um diesem falschen Bild entgegenzuwirken, ist es wichtig, öffentlich Farbe zu bekennen, Gesicht zu zeigen und die Solidarität mit den Flüchtlingen als den Normalfall zu demonstrieren.

Für Bürgerinitiativen und Gruppen, die Flüchtlingen helfen wollen, ist es wichtig, ein positives Echo in den Medien zu finden. Erster Ansprechpartner dabei sind immer die regionalen Zeitungen sowie, falls vorhanden, Radio- und Fernsehsender, aber auch Blogger, die im regionalen Umfeld im Internet Informationen verbreiten.

- Idealerweise findet sich in Ihrer Gruppe jemand, der sich hauptsächlich um die Presse- und Öffentlichkeitsarbeit kümmern mag, vielleicht gibt es sogar jemanden, der selbst beruflich in diesem Umfeld tätig ist und die kleinen Besonderheiten und Ansprüche besonders gut kennt. Journalisten tun sich leichter, wenn sie einen festen, direkten Ansprechpartner haben, der sowohl telefonisch als auch auf elektronischem Wege erreichbar ist.

- Versuchen Sie, einen direkten Kontakt zur Redaktion der örtlichen Medien aufzubauen. Ein fixer Ansprechpartner für Ihre Anliegen weiß bald recht genau, wie Sie ticken, und kann sich darauf einstellen.
- Bereiten Sie Ihre Informationen »mundgerecht« auf. Journalisten haben wenig Zeit und oft auch wenig Platz. Sie freuen sich immer, wenn sie Informationen gezielt sowie kurz und knackig serviert bekommen.
- Liefern Sie Fotos. Von Ihren Aktionen, von besonderen Anlässen wie Spendenübergaben und Ähnlichem. Liefern Sie die Namen der Menschen auf den Bildern schriftlich mit, lassen Sie sich aber vorher von diesen bestätigen, dass es in Ordnung ist, wenn ein Bild veröffentlicht wird, auf dem sie zu sehen sind.
- Nutzen Sie die sozialen Medien. Eine Facebookseite, einen Twitter-Account und weitere Möglichkeiten sozialer Medien sind eine gute Gelegenheit, Öffentlichkeit herzustellen und gezielt Informationen zu verbreiten. Eines ist dabei allerdings wichtig: Stellen Sie sicher, dass es mindestens zwei oder besser drei Menschen gibt, die sich rund um die Uhr um diese Kanäle kümmern. Kommentare müssen zeitnah moderiert, gegebenenfalls gelöscht oder gemeldet werden können, denn auch Menschen, die ihren Hass im Internet loswerden wollen, haben Zugang zu diesen Kanälen.
- Erstellen Sie einen Flyer mit den wichtigsten Informationen rund um Ihre Gruppe und Ihre Arbeit. Dieser ist beispielsweise auch als Grundlagenmaterial für die Arbeit der Journalisten geeignet.
- Für die Öffentlichkeitsarbeit eignen sich neben Flyern auch Aufkleber und Plakate. Aufkleber, die die Flüchtlinge in Ihrer

Stadt willkommen heißen, sind sowohl bei örtlichen Druckereien als auch bei den besonders preisgünstigen Internetdruckereien zu bekommen. In Wandlitz haben wir gute Erfahrungen mit Preisen und Qualität gemacht bei www.flyeralarm.com – Tel. 0931 465 840.

- Wenn auch Sie ein Willkommenstransparent aufhängen möchten, finden Sie hier Vorlagen: http://bit.ly/VorlagenfuerWillkommensTransparente

Gemeinsamkeit erleben

Woher kommt der Hass mancher Menschen auf alles, was anders ist? Die Parolen auf Demonstrationen oder in Leserbriefen, im Internet oder anderswo lassen einen erschüttert zurück über das, was dort an Lügen ausgekippt und offenbar von den Lügnern auch noch für wahr gehalten wird. Über Schwierigkeiten darf und muss gesprochen werden; in den genannten Beiträgen geht es jedoch immer nur darum, Hass zu verbreiten. Ein wichtiger Punkt, warum es zu vielen dieser Meinungsäußerungen kommt, ist sicherlich, dass überhaupt kein Kontakt zwischen der alteingesessenen Bevölkerung und den neuen Bürgern besteht. Es ist menschlich, dass man vor dem Angst hat, was man nicht kennt. Menschlich sollte es allerdings auch sein, sich dem Neuen zu nähern und ihm die Chance zu geben, sich zu präsentieren. Genau das war von Beginn an einer unserer Leitgedanken: Wir bringen die Menschen zusammen, denn wer sich kennt, hasst sich nicht.

Die gemeinsame Fahrradwerkstatt schafft Mobilität und Stolz

»Ich habe im Keller noch zwei Fahrräder, meinen Sie, die werden auch gebraucht?« Diese einfache Frage beim ersten Runden Tisch im Dezember 2012 gab den Startschuss für eine der vielen Wandlitzer »Erfolgsstorys«: unsere Fahrradwerkstatt.

Zwar liegt das Wandlitzer Übergangswohnheim, anders als viele andere ähnliche Einrichtungen, nicht außerhalb jeder Siedlung. Aber es ist doch das letzte Haus von Wandlitz, wenn man den Ort in Richtung Bernau verlassen will. Zum nächsten Bahnhof der Heidekrautbahn sind es 500 Meter, zu den drei Discountmärkten schon etwa ein Kilometer, und will man in den Ortskern, zum Rathaus oder zum Strandbad, müssen zweieinhalb Kilometer überwunden werden. Bernau, wohin man beispielsweise fahren muss, wenn man zur Kreisvolkshochschule möchte, ist acht Kilometer weit entfernt.

Ein Drahtesel kann da schon gute Hilfe leisten, um die Mobilität zu steigern, nicht nur für notwendige alltägliche Touren, sondern er bietet auch die Möglichkeit für Ausflüge zu der Fülle von landschaftlichen Attraktionen, dem Liepnitzsee, dem Wandlitzsee, dem Rahmer See und vielen anderen reizvollen Flecken in der Umgebung.

Das alles hat sich im Laufe der Monate für uns deutlich gezeigt, man lernt in vielerlei Hinsicht ja auch ständig dazu. Dazu kommt: Die Dankbarkeit von Flüchtlingen ist groß, wenn sie mit einem gespendeten und reparierten Fahrrad erstmals wieder persönliches Eigentum haben. Denn wir dürfen nicht vergessen: Ihr ganzes Hab und Gut bei der Ankunft in

Deutschland sind die paar Plastiktaschen, die sie bei sich führen. Wir müssen uns nur einmal daheim umschauen, um uns zu verdeutlichen, wie viele Dinge wir angehäuft haben, die wir unser Eigen nennen. Überlegen Sie einmal, was davon in ein paar Taschen passt, damit Sie es mitnehmen können. Und alles andere ist weg.

Die Fahrradwerkstatt war für uns in Wandlitz auch die erste Erfahrung, wie wichtig es ist, nicht ausschließlich *für* die Neuankömmlinge, sondern *mit* ihnen gemeinsam zu arbeiten. Einen Sattel höher zu stellen, die Ketten zu ölen, die Beleuchtung zu überprüfen, den Gepäckträger wieder festzuschrauben, oder auch – was schon etwas komplizierter und ungewohnter sein kann – einen defekten Schlauch zu flicken, all das sind Tätigkeiten, die sehr leicht erlernbar sind, deren Bewältigung stolz machen kann und die eine emotionale Verbindung zwischen Spende und Spendenempfänger herstellen.

Da ich es mir bei allen telefonischen Anmeldungen von Spenden für das Flüchtlingsheim zur Gewohnheit gemacht hatte, mit dem Anrufer darüber zu reden, ob sie oder er neben der Spende noch weitere Beiträge zu Willkommenskultur leisten wolle oder könne, war der Anfang schnell gemacht: Frau Hegel, die bei der vielen Sortierarbeit in der Spendenhalle half, fragte kurzerhand ihren Mann, ob er uns nicht bei den Rädern unterstützen könne. Kurz darauf war es so weit! Drei junge pakistanische Männer warteten schon voller Vorfreude vor der Spendenhalle. Sie wussten, dass sie mit Hand anlegen sollten, um ihr neues Fahrzeug straßenverkehrstauglich zu machen. Ohne Dolmetscher. Herr Hegel sprach fast kein Wort

Englisch, was die Pakistani durchaus mittelprächtig beherrschen. Aber die Zusammenarbeit klappte.

Ich hatte aus meiner Werkstatt eine Miniausrüstung in Form von Schraubenschlüssel und Schraubenzieher mitgebracht. Von der Spende der Bürgerstiftung konnten wir die ersten zehn Fahrradschlösser finanzieren. Man muss nicht wissen, was »Sattel« auf Urdu heißt, um Flüchtlingen aus Pakistan zu zeigen, wie sie mit dem 15er- oder dem 13er-Schlüssel den Sattel auf die für sie angemessene Höhe stellen können. Allen machte es einen Heidenspaß, und als nach einer halben Stunde die ersten Fahrräder die Halle verließen, sah man strahlende junge Männer in der Hautfarbe des indischen Subkontinents mit ihren neuen fahrbaren Untersätzen stolz über die sonnendurchfluteten Waldwege zum nahe gelegenen Liepnitzsee radeln.

An diesem Tag erlebte ich auch zum ersten Mal etwas, das mich bei näherem Nachdenken traurig machte: Als wir Fotos machten, bat Herr Hegel, dass sein Gesicht unkenntlich gemacht werde. Im ersten Moment stutzte ich, doch seine Begründung war so nachvollziehbar wie bestürzend: »In meinem Haus wohnen Nazis, und ich habe keine Lust, mir nach Veröffentlichung meines Fotos in der Zeitung neue Autoreifen zulegen zu müssen, weil die alten zerstochen sind.«

Am Anfang hörte ich diese Befürchtung noch öfter. Bei den vielen Terminen mit Pressefotografen bat zunächst sicherlich jeder vierte oder fünfte Helfer darum, nicht mit aufs Foto zu kommen. Erst nach und nach drehte sich der Wind. Ein Jahr später wurde diese Bitte nur noch sehr selten geäußert. Das ist ein scheinbar kleiner, aber sehr wichtiger Hinweis darauf, dass wir es tatsächlich geschafft haben, so viel Normalität wie nur irgend möglich einkehren zu lassen. Viele machen sich über das Besondere der Situation kaum noch Gedanken, sondern machen einfach mit, helfen, wo sie können, und stehen mit ihrer Person dafür ein. Das ist auch ein Zeichen an diejenigen, deren Tagesgeschäft das Einschüchtern und Bedrohen von Menschen ist. Ein Zeichen, dass die Zivilgesellschaft zu ihrem Engagement steht und sich nicht vor Schlägern und Rassisten versteckt.

Als am 16. Februar 2013 der Berliner *Tagesspiegel* als erste überregionale Tageszeitung eine ganzseitige Reportage über die Wandlitzer Willkommenskultur druckte und dabei auch ein Foto in den Mittelpunkt stellte, bei dem einer Frau aus Kamerun ein gerade neu hergerichtetes Fahrrad überreicht wurde, kam es zu einem wahren Fahrradansturm. Bis Mitte des Jahres 2013 hatten wir etwa 60 Fahrräder entgegengenommen und verkehrstauglich gemacht.

Dabei erhielten wir bald sogar olympiareife Unterstützung. Jürgen (»Tutti«) Geschke, vielfacher DDR- und Weltmeister im Tandemfahren, der erst vor wenigen Monaten sein Fahrradfachgeschäft in Wandlitz wegen Erreichung des Rentenalters geschlossen hatte, stieg in das Projekt mit ein. Das brachte unserer Fahrradwerkstatt neue mediale Aufmerksamkeit und Professionalität.

Ein wenig schmunzelnd nahm ich in der Folgezeit die ersten Beschwerden über die neuen nach Wandlitz gezogenen Asylbewerber zur Kenntnis: »Die fahren alle auf dem Bürgersteig!« Na, dachte ich mir, solange wir keine größeren Probleme haben, ist ja alles in Ordnung. Die Schwaben haben dazu einen treffenden Kommentar: »Ebbas is oiwai.« (Zu Hochdeutsch: Irgendeine Fliege findet man in jeder Suppe.)

Fazit Mobilität ist Freiheit. Arbeit ist Selbstverwirklichung. Um mit anderen zu »basteln«, muss ich kein Ingenieur sein.

Die Sportvereine: Kicken mit Magomed und Mayrbek

Die Eltern des zwölfjährigen Ramin und der achtjährigen Leila waren die Ersten, die uns ansprachen. Der Vater war Chirurg in einem Teheraner Krankenhaus, seine Frau Bibliothekarin, bevor sie wegen ihres christlichen Glaubens aus dem Iran flüchten mussten. Die Mutter spricht leidlich Englisch, und so kam sie bei einem unserer Besuche im Heim auf uns zu, ob wir nicht eine Möglichkeit hätten, Ramin einen Platz in einem örtlichen Schachclub zu vermitteln. Und Leila würde so gerne wieder wie zu Hause im Handballverein spielen. Wir konnten den Wunsch schnell erfüllen, und Ramin war schon bald einer der Besten in der Schachabteilung des örtlichen Sportvereins.

Schon vorher hatte Frau Donatius vom Runden Tisch auf eigene Faust für die tschetschenischen Jungs im Sportverein angefragt, ob Platz in der Jugendfußballabteilung sei. Dabei ergab sich leider eine Schwierigkeit. Einer der Trainer, so wurde mir berichtet, war damit so gar nicht einverstanden: »Wenn der erste Ausländer hier auftaucht, bin ich weg.« Obwohl man im ersten Moment geneigt ist, wütend zu entgegnen: »Dann hau doch ab!«, entschlossen wir uns, das Problem argumentativ anzugehen, und siehe da: Die Diskussion wirkte, letztendlich setzte sich die mittlerweile in Wandlitz sehr verbreitete Einstellung durch, die auf die einfache Losung hört: »Wir haben von den Ausländern nichts zu befürchten.«

Wenige Wochen später waren Magomed und sein Bruder Mayrbek angesehene Kicker in den Fußballmannschaften ihrer Altersgruppe. Und das Schönste: Der Trainer war geblieben. Er hatte die Jungs kennengelernt, er hatte gesehen, dass sie eine Verstärkung für seine Mannschaft waren, und er hatte sich überzeugen lassen. Damit ist er ein gutes Beispiel für die eingangs geäußerte These, dass es vor allem auch das gegenseitige »Nicht Kennen« ist, das für Vorurteile und Ablehnung sorgt.

Bei einem Übungsspiel an einem Sommerabend beobachtete ein Wandlitzer Rentner die beiden und erkannte die große Begabung der Kicker. Großzügig steckte er einem Begleiter vom Runden Tisch mit den Worten »Kauft den beiden mal vernünftige Fußballschuhe!« 120 Euro in die Hand.

Es gibt in Wandlitz natürlich mehrere Sportvereine. Viele Wochen später landete ich zufällig auf der Homepage desjenigen Vereins, der bisher noch gar keine Flüchtlingskinder aufgenommen hatte. Zufrieden stellte ich fest, dass es auch hier hieß, die Tore für die Integration von Flüchtlingskindern stünden offen.

Und wer zahlt die Beiträge? Mitgliedsbeiträge in Fußball- und anderen Sportvereinen sind nicht nur wichtig, um Geräte,

Sportplätze und Übungsleiterpauschalen zu finanzieren, in ihnen ist auch eine Unfallversicherung für Unfälle während des Trainings eingeschlossen. Nach wenigen Wochen erklärte sich der Kreissportbund bereit, für alle Flüchtlingskinder, die im Kreis Barnim in Sportvereinen aktiv werden wollten, pauschal die Mitgliedsbeiträge zu übernehmen. 1:0 für den Kreissportbund!

Fazit Sport verbindet. Gerade traumatisierte Flüchtlingskinder brauchen Gelegenheiten, sich auszutoben. Integration kommt wie von selbst, wenn gemeinsam Sport getrieben wird!

Feste feiern: Die Bürgerbegegnungsfeste

Fahrradwerkstatt und Sportvereine sind nur zwei Beispiele dafür, wie sich die Begegnung von Flüchtlingen und einheimischer Bevölkerung organisieren und verbessern lässt. Darüber hinaus fanden und finden sich immer wieder andere Möglichkeiten, für den Vorurteilsabbau durch gegenseitiges Kennenlernen zu sorgen. Ganz wichtig bei uns in Wandlitz waren dafür unter anderem die beiden Bürgerbegegnungsfeste, zu denen wir schon recht früh die Idee hatten und Pläne fassten.

Am 25. Mai 2013 sollte das erste Fest dieser Art steigen. Drei Tage vorher ließ ein Telefonanruf meinen Adrenalinspiegel steigen. Frau Kickel-Andrae wies mich auf einen nicht

Trotz strömenden Regens: 200 Besucher beim Fest im Flüchtlingsheim

ganz unwichtigen Umstand hin: »Herr Oberhof, haben Sie schon den Wetterbericht für die nächsten Tage gelesen? Am Samstag soll es mit 66-prozentiger Wahrscheinlichkeit heftige Regenfälle geben.« Ich überlegte rasch. So kurz vor dem großen Fest, das wir nun seit sechs Wochen intensiv vorbereiteten, kam eine Verlegung nicht infrage. Die Musiker waren bestellt, die Plakate geklebt, die Flüchtlinge hatten bereits zusammen mit den einheimischen Helfern Lebensmittel gekauft, um ihre Spezialitäten am diesem Samstag zu präsentieren.

Also: spontane Ideensuche, wie Plan B im Falle des großen Regens aussehen könnte. Der erste Gedanke: Wir müssen versuchen, ein oder mehrere große Zelte zu bekommen! Vier

Stunden später hatte ich den Leiter des Technischen Hilfswerks in unserem Landkreis am Apparat und tastete mich auf seine Frage »Welche Größe brauchen Sie? Sechs mal sechs oder neun mal sechs Meter?« vorsichtig vor: »Wenn es nicht unverschämt ist, zwei Sechs-mal-neun-Zelte!«

Die nun folgende Antwort fand ich einfach nur toll, sie zeigte mir, dass man oft gar nicht so vorsichtig und zurückhaltend zu sein braucht, weil die Menschen schon spüren, wenn Hilfe benötigt wird – und sie dann auch gerne geben: »Herr Oberhof, das ist doch gar keine Frage, das ist so klasse, was Sie da in Wandlitz machen, wir stellen Ihnen zwei Zelte mit sechs mal neun Metern im Hof des Flüchtlingsheims auf. Wann sollen wir kommen?«

Damit möglichst viele Menschen das Fest besuchen würden, auch wenn es Bindfäden regnete, mussten wir die Öffentlichkeitsarbeit noch einmal verstärken. Landrat und Bürgermeisterin stimmten zu, in der Presse einen gemeinsamen Aufruf zu publizieren, das Bürgerbegegnungsfest zu besuchen.

Endlich können die Flüchtlinge uns was zurückgeben

Am 25. Mai ging es dann rund im Wohnheim! Am Vorabend hatte der Kreissportbund bereits viele Sportgeräte, das Fußballtor, die Kinderhüpfburg und das Hockeyfeld aufgebaut. 20 Männer des Technischen Hilfswerks spannten innerhalb von nur 30 Minuten die zwei großen Zelte auf und verbanden sie so miteinander, dass alle geplanten Stände unter den Planen Platz finden konnten.

Über Nacht wurde der überdachte Fahrradstellplatz geräumt, aus den Lagern des ehemaligen Oberstufenzentrums hatten wir Bühnenelemente ausgegraben, die groß genug waren, auch den 35-köpfigen Chor der »Kantorei Wandlitz » zu tragen. Schon bald wurden die ersten Stände besetzt: Die Iraner, die Tschetschenen, die Pakistani und die Kameruner hatten Delikatessen aus ihren Heimatländern gekocht.

Amnesty International war mit vier Frauen aus Berlin angereist, der Integrationsrat Barnim hatte einen Geschenke- und Informationsstand aufgebaut, eine große Ausstellung aller bisher in den Zeitungen erschienenen Artikel erzählte die Geschichte des Runden Tisches von Herbst 2012 bis zum Frühsommer 2013. Meine Frau hatte viele Kuchen gebacken und unsere eigene Espressomaschine am Kaffee- und Kuchenstand der evangelischen Kirche aufgebaut.

Doch die schönste Erkenntnis, die sofort an allen Ständen spürbar war: Die Flüchtlinge freuten sich, endlich auch einmal etwas zurückgeben zu können. Sie packten fleißig mit an, alle Tische und Bänke in den Zelten unterzubringen. Tatsächlich hatte der Wetterbericht recht behalten, es schüttete wie im Tropenwald. Meine Regenjacke war in wenigen Minuten durchweicht, und mein Lederhut, der noch eine Woche zuvor beim Protest gegen eine NPD-Kundgebung mit einem angehefteten Teddybären so wunderbar albern ausgeschaut hatte, diente nun als Regenrinne für gefühlte Hektoliter von Wasser.

Um Punkt 12 Uhr eröffneten wir das Fest. Mir war wichtig, als Allererstes die Flüchtlinge zu begrüßen und erst dann die Einheimischen. Ich war mir sicher, dass das jeder verstehen würde. In meiner kurzen Rede ging ich vom Beginn dieser mittlerweile fast wunderbaren Beziehung zwischen Einheimischen und Neuankömmlingen aus.

Liebe Freundinnen und Freunde aus dem Iran, dem Irak, dem Tschad, aus Somalia, Vietnam, Tschetschenien und aus Pakistan! Liebe Besucher des Bürgerbegegnungsfests!

Als ich im November letzten Jahres einen Diskussionsbeitrag in der – uns alle in heftiger Erinnerung gebliebenen – Protestversammlung im »Goldenen Löwen« begann, hätte ich nie für möglich gehalten, dass wir sechs Monate später auf genauso fröhliche Art, wie wir vor einer Woche die rassistischen Sprüche der NPD zurückgewiesen haben, heute zusammen mit Ihnen ein Bürgerfest feiern, auch wenn das schöne Wetter ausnahmsweise woanders zugange ist.

Ich freue mich wie Oskar, und ich bin stolz wie Oskar. Und deswegen verhalte ich mich auch wie bei den Oscar-Verleihungen, indem ich mich darauf beschränken will, DANKE zu sagen. Aber nicht bei Vater und Mutter, die vor 26 und zwölf Jahren gestorben sind. Oder vielleicht doch auch bei euch beiden, denn: Ihr habt mich gelehrt aufzustehen, wenn Unrecht geschieht. Aber ich möchte mit einer vermeintlichen Provokation anfangen:

Lieber Mustafa, liebe Milene, lieber Wladimir, lieber Muhammed, liebe Afelia, lieber Hussein, liebe Maria und wie ihr alle heißt, die zu uns geflüchtet seid, ich danke euch für euer Kommen. Vielleicht hat der eine oder die andere von euch gehört, dass seit 1990 184 Menschen ausländischer Herkunft in diesem Land Opfer rassistischer Mordanschlä-

ge wurden. Vielleicht habt ihr gelesen, dass eine rassistische Terrorgruppe namens NSU sogar zehn Jahre lang von den Geheimdiensten dieses Landes geduldet, vielleicht sogar teilweise finanziell und logistisch unterstützt wurde. Und trotzdem habt ihr den Mut aufgebracht, in dieses Land zu kommen. Danke, dass Ihr Vertrauen in unser Land, in seine Bevölkerung gesetzt habt. Wir werden dieses Vertrauen nicht enttäuschen.

In der kurzen Zeit, seit euer Kommen angekündigt wurde, hat sich dieser Ort verändert. Ich bin mir ganz sicher, zum Besseren. Hin zur Toleranz, hin zum Nachdenken, zum Mitfühlen, zum Helfen, zu einem großen ehrenamtlichen Projekt, das nicht nur Politiker und Journalisten, sondern auch uns Akteure selbst immer wieder in Staunen versetzt.

Danken möchte ich natürlich den vielen Mitbürgern, die unseren neuen Mitbürgern circa zehn Lkw-Ladungen an Möbeln, Kleidung, Küchengeräten und Kinderspielzeug spendeten. Ich möchte den Menschen danken, und nenne jetzt bewusst keine Namen, die beim Deutschunterricht für Ausländer, die bei der Fahrradwerkstatt, die bei der Strukturierung und Organisation der »Halle der Solidarität« geholfen haben, die mit den Kindern lesen, schreiben, zum Schwimmen gehen, ins Theater oder nur ausgedehnte Spaziergänge machen in unserer wunderschönen Umgebung.

Bedanken möchte ich mich bei jenen, die dolmetschen, die die Flüchtlinge zum Arzt oder zur Ausländerbehörde begleiten, die einfach unter der Woche kommen, um mit den Kindern zu spielen, die Rechtsberatung geben, die sie zum

Gottesdienst abholen oder zum Unterricht zum Bahnhof bringen, und heute besonders auch bei allen, die halfen, das heutige Fest mit vorzubereiten. Ich bedanke mich bei der Kreisverwaltung Barnim, und hier muss ich einen Namen nennen, denn die Sozialdezernentin hat zu jeder Zeit ein offenes Ohr und uns in allen Situatioen unterstützt. Frau Ulonska, hiermit verleihe ich Ihnen einen Ehrentitel: Sie sind eine richtige Wandlitzerin!

Das Personal dieses Übergangswohnheim hat Dank verdient.

Und dann all jene, die ich nicht persönlich kenne: die sich von Anfang an oder im Laufe der Zeit, im Gespräch mit Nachbarn, auf dem Weg zur Arbeit, im Bus oder in der Heidekrautbahn dafür einsetzen, Angst vor Ausländern und Ausländerhass zu überwinden, und auch dafür eintreten, dass für die 50 Menschen, die seit 1. Januar unsere Mitbürger sind, der Artikel 1 unseres Grundgesetzes gilt: Ja, liebe ausländische Neubürger: Auch eure Würde ist unantastbar. Und wir stehen dafür ein.

Liebe Einheimische, lasst mich zuletzt in aller Unzulänglichkeit wenigstens in Englisch ein Wort an unsere Freunde aus Pakistan, dem Irak, dem Iran, dem Tschad, Vietnam, Somalia, Tschetschenien und Kamerun richten:

Dear brothers and sisters, I am really sorry that I cannot speak my words in the language of your native country. But you should realize, that you really honestly and by heart are welcome here in Wandlitz! (Liebe Brüder und Schwestern, es tut mir wirklich leid, dass ich zu euch nicht in der Sprache eures Heimatlandes sprechen kann. Aber ihr sollt wissen, dass ihr wirklich ehrlich und aus tiefstem Herzen hier in Wandlitz willkommen seid!)

Willkommen, Bienvenue, Berchib, KoschAmad, Tschao ming, Dobro paschalowitz.

Alle hörten zu. Viele verstanden mein Englisch, und auch den Willkommensgruß in Französisch, Persisch, Arabisch, Vietnamesisch und Russisch haben sie verstanden. Die Sozialdezernentin Silvia Ulonska, die in Vertretung des Landrats da war, hatte einen Friedensbaum gestiftet. Zusammen mit der Bürgermeisterin pflanzten wir ihn direkt vor die »Halle der Solidarität«.

Eine Klezmer-Band sorgte für gute Stimmung, und vor allem: Trotz Kälte und Regen waren rund 200 Wandlitzer gekommen, um zusammen mit den 60 Flüchtlingen ein emotionsreiches Fest zu feiern. Nur unser Chor, die Kantorei Wandlitz, kam kaum gegen Wind und Regen an. Trotzdem freute ich mich, dass alle 35 »Cantoristi« an diesem Fest teilnahmen.

Der in der ehemaligen DDR bekannte und beliebte Schlagersänger Michael Hansen heizte richtig ein, und der Sirtaki-Tanz von Einheimischen und Flüchtlingen um die großen Wasserpfützen vor der Bühne ging später als Symbol der vielen Begegnungen an diesem ersten Wandlitzer Bürgerbegegnungsfest durch die Zeitungen.

Besonders stolz waren wir, als wir abends in der *RBB*-Sendung »Brandenburg aktuell« einen Filmbericht über unser Fest sahen, bei dem die verlockenden Speisen und ausländischen Freunde im Mittelpunkt standen. Wie recht doch die

MOZ hatte, als sie ihren Bericht mit der Zeile »Das alles ist wunderbar!« überschrieb.

Am 18. Januar 2014 feierten wir unser zweites Bürgerbegegnungsfest. Darüber berichtete Steffi Bey in der *MOZ* und in *Neues Deutschland* so schön, dass ich es hier statt einer eigenen Beschreibung widergeben möchte:

Wandlitzer Willkommenskultur

Auf dem Bürgerbegegnungsfest am Sonnabend wurde eine positive Bilanz gezogen: Flüchtlinge bereichern die Gemeinde. Anfangs hatte es große Ängste gegeben. Wandlitz hat sich gewandelt und eine ganz besondere Willkommenskultur entwickelt. Als vor einem Jahr die ersten Flüchtlinge ins neue Asylbewerberheim einzogen, gab es noch viele Ängste vor den neuen Nachbarn. Inzwischen gehören sie zur Normalität. […]

Der Ort für das Zusammentreffen steht symbolisch für das, was in Wandlitz in den vergangenen Monaten passierte. Denn in dem großen Saal im alten Dorfkern fand vor reichlich einem Jahr eine Veranstaltung statt, die Mathis Oberhof nie vergessen wird.

In aufgeheizter Atmosphäre diskutierten damals erboste und aufgeregte Anwohner über die Fremden, die in ihrem beschaulichen Ort untergebracht werden sollten. »Die Stimmung war von Angst, Hass, aber auch Ungewissheit geprägt, viele befürchteten, ihre Eigenheime würden nun angegriffen und die Grundstückspreise sinken«, erinnert sich Mathis Oberhof, der im Wandlitzer Ortsteil Basdorf lebt. Er gehörte damals zu den Wortführern der Bürgerversammlung und schaffte es, zumindest einige Ängstliche aufzurütteln. Schon einen Tag später meldeten sich bei ihm die ersten engagierten Bürger, die ihre Hilfe anboten.

Wenige Tage danach wurde der Runde Tisch der Toleranz initiiert, in dem sich alte und junge Einwohner, Christen und Politiker zusammenschlossen. »Wir wollten die Flüchtlinge willkommen heißen, sie auf ganz unterschiedlichen Gebieten unterstützen, aber sie auch aktiv zur Mitwirkung animieren«, fasst Oberhof zusammen, der von nun an die Aktivitäten des Runden Tisches koordinierte.

Als er am Sonnabend auf der Bühne im großen Saal des »Goldenen Löwen« steht und das Fest eröffnet, verkündet er stolz: »Unsere Gemeinde ist reicher und bunter durch die neuen Mitbürger geworden, und wir haben alle davon profitiert.« Auch Bürgermeisterin Jana Radant geht in ihrer kurzen Ansprache darauf ein, dass die enge Zusammenarbeit des Runden Tisches mit dem Asylbewerberheim und der Verwaltung wirkte. »Wir sind neugierig auf andere Nachbarn geworden«, sagt sie.

Das Besondere an der Wandlitzer Willkommenskultur, für die sich inzwischen auch andere Kommunen interessieren, besteht darin, dass Ehrenamtliche etwas mit den Flüchtlingen unternehmen. Man geht spazieren, singt oder spielt zusammen. Dieter Gadischke aus Bernau fand Freiwillige, die sich als Dolmetscher zur Verfügung stellten oder die Asylbewerber zum Arzt und zu Behörden begleiteten. Gymnasiasten luden die Fremden in ihre Schule ein, und der Sportverein bot Trainingsstunden an. Außerdem wur-

den Spenden gesammelt, Kleidung, Möbel und Spielzeug aufgetrieben.

Wie sich besonders ältere Wandlitzer kümmerten, wie weitere Projekte entstanden und welche Begegnungen es zwischen Asylbewerbern gab, die unter anderem aus Tschetschenien, dem Tschad, aus Kenia oder Pakistan kamen, zeigt eine Dokumentation. Der in Basdorf lebende Regisseur Bernd Sahling hat den Streifen »Willkommen« gemeinsam mit Basdorfer Grundschülern gedreht. Uraufgeführt wurde der Film beim Bürgerbegegnungsfest.

Die Mädchen und Jungen waren dabei, als Yahy, Mahamat und Mohamed die ersten deutschen Wörter lernten. Nele und Maike aus der fünften Klasse wollten von Brigitte Breuer, einer pensionierten Lehrerin, wissen, warum sie den Fremden hilft. Gedreht wurde ebenso während eines Naziaufmarschs und in der Fahrradwerkstatt. Auch über die Protestaktion, durch die es gelang, eine tschetschenische Familie wieder zusammenzuführen, wird berichtet.

»Mich hat die Offenheit der Asylbewerber überrascht«, sagt die elfjährige Maike. Für Nele ist es am schwierigsten gewesen, sich Fragen zu überlegen, die sie dann den Ehrenamtlichen stellte. Bei der Verständigung mit den Flüchtlingen halfen Dolmetscher. Maikes Mutter hat bemerkt, dass ihre Tochter durch die Arbeit an dem Film »jetzt mit noch offeneren Augen durch die Welt geht. Sie fragt uns sehr viel, beispielsweise über Schriftzüge, die sie unterwegs entdeckt.« Nach der 35-minütigen Premiere gab es am Sonnabend lang anhaltenden Beifall. Die meisten empfanden den Film als sehr authentisch und waren emotional berührt. Bernd

Sahling freute sich über Wirtschaftsminister Ralf Christoffers, der bei der Veranstaltung versprach, sich dafür einzusetzen, dass die Herstellung von DVDs mit diesem Film gefördert wird.

Mathis Oberhof zeigte sich am Ende des Festes glücklich. Mehr als 300 Gäste konnten sich von den Kochkünsten der Flüchtlinge überzeugen und verfolgten ein abwechslungsreiches Kulturprogramm.[2]

Monate später las ich in einer Ausstellung des Studienkollegs zu Berlin im Haus der Akademie der Wissenschaften auf einer der Tafeln ein wunderbares Zitat einer Mitbegründerin des Runden Tisches: »Wer in Wandlitz einen Namen hat, kann es sich nicht leisten, nicht zu eurem Fest zu gehen.«

Fazit Musik, essen, tanzen führt zusammen. Feiern führt zu Freundschaften. Was die Ausländerinnen und Ausländer aus ihren Heimatländern mitbringen, kann unsere Sinne bereichern! Auf dem Bürgerbegegnungsfest begegnen sich nicht nur Einheimische und Flüchtlinge, sondern ein Querschnitt der ganzen Bürgerschaft. Bürgerbegegnungsfeste sind nicht nur lukullische Höhepunkte, sondern zeugen auch von der kulturellen Kompetenz und Vielfalt der Mitbürger.

So organisieren Sie Begegnungen

Die wichtigste Form, Angst und Vorurteile gegenüber Flüchtlingen abzubauen, ist die Begegnung. Die Organisation von Bürgerbegegnungsfesten (möglichst in regelmäßigen Abständen, beispielsweise jährlich) stellt deshalb für viele Willkommensinitiativen den Höhepunkt ihrer Integrationsarbeit dar. Dabei lernen die Besucherinnen und Besucher die Kultur der neuen Mitbürger kennen in Form von lukullischen Spezialitäten aus den Heimatländern oder auch musikalischen Darbietungen sowie vielen Gesprächen.

Darüber hinaus gibt es unzählige Möglichkeiten, Flüchtlinge und Bevölkerung ungezwungen aufeinandertreffen zu lassen. Sportvereine sind eine wichtige Anlaufstelle. Sprechen Sie die Verantwortlichen vor Ort an, welche Möglichkeiten sie sehen, Flüchtlinge – vor allem auch die Jugendlichen – schnell und unkompliziert in die Vereine zu integrieren.

Sport ist die einfachste und mit großer Freude verbundene Möglichkeit, die schreckliche Langeweile im Flüchtlingsheim oder in der Flüchtlingsunterkunft zu vertreiben.

Fast alle Landessportbünde der Bundesrepublik haben Etats zur Integration von Flüchtlingen im Sport. Viele Kreissportbünde übernehmen grundsätzlich für Asylbewerber die Mitgliedsbeiträge für den Sportverein, die ja Voraussetzung für den wichtigen Versicherungsschutz darstellen.

Der Deutsche Fußballbund hat 600.000 Euro zur Verfügung gestellt, um 600 Vereine mit je 1000 Euro für Integrationsprojekte zu unterstützen. Informationen finden Sie hier: http://bit.ly/willkommenimverein

Der Landessportverband Baden-Württemberg hat zusätzlich 60.000 Euro (maximal 500 Euro pro Verein) zur Verfügung gestellt. Dort gibt es auch zusätzlich eine spezielle Versicherung für Flüchtlinge und Asylbewerber während des Vereinssports. Informationen finden Sie hier: www.lsvbw.de

Das Projekt »Integration durch Sport (IDS)« des Deutschen Olympischen Sportbundes läuft bereits seit mehreren Jahren. Informationen sowie eine Infobroschüre in Deutsch, Englisch, Russisch, Arabisch, Polnisch und Türkisch zum Download finden Sie hier: www.integration-durch-sport.de

Im Bereich Fußball mit Flüchtlingen ist einer der Vorreitervereine in Deutschland der SV Babelsberg. Mit »Welcome United« hat er eine Mannschaft vollständig ins Vereinsleben integriert, die mit allen Rechten und Pflichten den bisherigen Vereinsmitgliedern gleichgestellt ist und mit einem hohen Qualitätsanspruch in der Kreisliga spielt.

In Braunschweig bietet der Verein Boxclub 72 »Boxen für Flüchtlinge«.

Als Einzelner können Sie helfen, indem Sie Flüchtlinge zum Beispiel zum Arzt oder zu Ämtern begleiten. In der Malteser Migranten Medizin etwa finden Menschen ohne Krankenversicherung und gültigen Aufenthaltsstatus Hilfe: www.malteser-migranten-medizin.de

Fahrräder sind wichtige erste Mobilitätsunterstützung. Gespendete Fahrräder sind für die Geflüchteten oft der erste Wertgegenstand in ihrer neuen Heimat. Viele brauchen Unterstützung beim Einstellen von Sattel und Licht sowie kleineren Reparaturen, wie Schlauchflicken. Deshalb gibt es an vielen Orten Flüchtlingsfahrradwerkstätten, die immer ehrenamtlich Helfer suchen.

Wenn Sie Flüchtlinge zum Essen kennenlernen und einladen wollen, dann lesen Sie auf dieser Website am Beispiel Hamburg, wie das dort organisiert wird: www.welcome-dinner.de

Die Webseite www.ueberdentellerrandkochen.de enthält eine Vielzahl von Ideen, Kochrezepten und ein Kochbuch (und darüber hinaus Ideen zum Gärtnern, zum Upcycling und zu gemeinsamen Kunstprojekten)

Die Handwerkskammer Lübeck hat Rezepte zum Kochen mit Flüchtlingen zusammengetragen, zu bestellen bei: hnaepflein@hwk-luebeck.de

In vielen Städten gibt es Einrichtungen, in denen sich Freiwillige mit Flüchtlingen zum Musikmachen, Quatschen und Kennenlernen treffen können. Meist laufen sie unter Namen wie »Café Asyl«, »Asyl Café« oder »Café Exil«.

Viele Menschen laden Flüchtlinge ins Kino (Originalsprache mit Untertiteln – OmU!), ins Konzert oder Theater ein. Was Theaterensembles für Flüchtlinge anbieten können und schon angeboten haben, hat die Redaktion von *nachtkritik.de* hier zusammengestellt: http://bit.ly/TheaterForRefugees

Die meisten Flüchtlingskinder waren noch nie in ihrem Leben in einem Zoo. Viele Zoos bieten inzwischen für diese Besucher kostenlosen Eintritt an. Es braucht also nichts weiter als Begleiter samt Fahrmöglichkeit, um den Kindern einen unvergesslichen Tag zu bereiten.

Am besten ist es für die Flüchtlinge, wenn einheimische Einzelpersonen oder Familien die Patenschaft für sie übernehmen. So genannte »Integrationslotsen« werden vielerorts gesucht. Informieren Sie sich im Internet für Ihren Ort.

Wen heißen wir willkommen?
Asha, zwangsverheiratet mit 17

Mitten in Zepernick in der Nähe der Kirche steht ein Gedenkstein. »Die Würde des Menschen ist unantastbar« steht darauf. Noch kann Asha das nicht lesen. Aber die 27-jährige Frau in dem bunten Gewand lernt zum ersten Mal in ihrem Leben Lesen und Schreiben – lateinische Schrift und deutsche Sprache. Stolz und mit einem kleinen Lächeln wiederholt sie die letzte Lektion. Es ist das einzige Lächeln während unseres Gesprächs.

Ruhig und sachlich berichtet sie aus ihrem bisherigen Leben und von der Flucht aus Somalia. Diese Sachlichkeit macht sprachlos, vor allem, wenn man sich klarmacht, dass es solche Frauenschicksale in Afrika tausendfach gibt.

Asha wurde lebenslang mit Demütigungen konfrontiert. Ihr Clan ist eine von allen anderen Clans verachtete Minderheit, dessen Mitglieder, egal ob Mann oder Frau, nicht zur Schule gehen dürfen. Mischehen sind verboten. Niemand kauft ihre landwirtschaftlichen Erzeugnisse. Ashas Vater ist Frisör und übt damit einen der wenigen erlaubten Berufe aus.

In den Wirren des Bürgerkrieges wurde ihre Familie getrennt. Asha hatte das Glück, von einer anderen Familie aufgenommen zu werden. Die konnte allerdings nichts dagegen tun, dass sie von der Familie, für die sie arbeitete, entführt und zwangsverheiratet wurde. Da war sie 16, der Mann etwa 45 Jahre alt, krank und brutal. Ihre Pflegefamilie wurde von ihm ebenso mit dem Tode bedroht wie sie selbst, sollte sie sich in irgendeiner Weise widersetzen. Sie bekam vier Kinder von ihm, zwei Jungen im Alter von acht und fünf Jahren, ein jetzt siebenjähriges und ein vierjähriges Mädchen. Nie durfte sie das Haus verlassen: »Alle Türen wurden abgeschlossen, wenn die Familie mal wegging.«

Asha guckt uns groß an, als wir ihr sagen, wie mutig sie ist. In einer Nacht im März 2011 vergaß ihr Mann abzuschließen, sie band sich die Kleinste auf den Rücken und flüchtete mit allen vier Kindern zu ihrer Pflegefamilie, die sie in ein Haus außerhalb der Stadt brachte. Der war es auch gelungen, Ashas richtige Mutter und Großmutter wiederzufinden, die die Kinder mit nach Merka nahmen. Sie gaben der jungen Frau Geld für die Flucht. Die führte sie über den Sudan nach Libyen. Erst beim dritten Versuch im Februar 2012 gelang die Flucht mit dem Boot nach Italien, die beiden Male zuvor war sie geschnappt worden. »Ich wollte nur weit weg von zu Hause, egal in welches Land!« sagt Asha. Sie stellte ihren Asylantrag und kam für einige Monate in einem Auffanglager unter. Aber dann ging es ihr wie allen Flüchtlingen in Italien: Sie wurde auf die Straße gesetzt. Sie bettelte sich bis Gießen durch und kam über Eisenhüttenstadt nach Wandlitz und Zepernick.

»Ich wünschte, ich hätte wenigstens Fotos von meinen Kindern.« Die sind ihre größte Sorge, denn seit drei Monaten hat sie keine Informationen mehr. Die Nachbarsfamilie ihrer Mutter, bei der sie wöchentlich anruft, sagte, alle lebten nicht länger in dem Haus. Seitdem kann sie nicht mehr schlafen und will sich lieber nicht vorstellen, was mit ihrer Mutter und Großmutter passiert sein könnte und ob ihr Mann die Kinder in sein Haus geholt hat. Die Aussicht, ihre Kinder in ein friedliches Leben zu holen, scheint in weiter Ferne zu liegen angesichts des deutschen Ablehnungsbescheids ihres Asylantrags.

Eine »Halle der Solidarität«

Schon in der Dezembersitzung 2012 beim Runden Tisch hatte die Pinnwandabfrage »Was können wir sofort tun?« gezeigt, dass ein wesentlicher Bereich unserer Arbeit die Spendensammlung sein würde, denn die Menschen, die da kommen sollten, brauchten fast alles. Aus Furcht vor politischer Verfolgung, vor Diskriminierung, vor Hunger und Umweltkatastrophen haben sie sich auf die Flucht begeben müssen in ein Gebiet, das ihnen sicher erschien. Sie haben in ihrer Heimat nicht nur ihre Verwandten und Freunde, sondern vor allem auch ihr ganzes Hab und Gut zurücklassen müssen. Die Regionalzeitung veröffentlichte unseren Aufruf schnell, die Gemeinde setzte ihn auf ihre Website. Gesucht wurden vor allem:

- Kleidung für Kinder und Erwachsene
- Geschirr und Küchengeräte
- Kinderspielzeug
- Küchenschränke, Küchen, Haushaltsgeräte und Möbel, da so schnell wie möglich Wohnungen für die Flüchtlinge gefunden werden sollten.

Welch ein Geschenk des Himmels war es für uns, dass im ehemaligen Oberstufenzentrum zu DDR-Zeiten ein großes Heizhaus gebaut worden war, dessen größter Raum mit etwa 200 Quadratmetern nun leer stand und lediglich mit Bauschutt gefüllt war. Wir konnten damals noch gar nicht ahnen, welch gewaltige Auswirkungen die unbürokratische Entscheidung der Sozialdezernentin nach sich zog, innerhalb einer Woche den Bauschutt entfernen, den Boden glatt betonieren und die Wände neu streichen zu lassen.

Der Spendenaufruf fand in einem für uns sehr überraschenden Ausmaß Widerhall in der Bevölkerung. Als die Sendung »Brandenburg aktuell« des *RBB* am 16. Januar 2013 in einem eigenen Beitrag die Abholung von Spenden aus einem Kindergarten im Nachbardorf Zühlsdorf ausstrahlte, wirkte das noch einmal verstärkend für die Spendentätigkeit.

Aber wohin mit all den blauen Plastiksäcken? In kurzer Zeit wurde deutlich, dass hier ein höchst arbeitsintensives Projekt der Organisation und Logistik auf uns wartete. Das Telefon bei mir zu Hause stand nicht mehr still vor lauter Anfragen von Spendenwilligen. Zu buchstäblich jeder Tages- und Nachtzeit riefen Menschen an und fragten, wie und wo sie ihre Spenden loswerden könnten. So sehr ich unter dem Umfunktionieren unseres Wohnzimmers in ein Callcenter im Dauerbetrieb stöhnte, so sehr freute ich mich über die vielen Gespräche mit Menschen, die helfen wollten.

Gleichzeitig hatten Diakon Peter Dudyka von der katholischen Gemeinde und Bernd Kösters von der Montessorischule ihre Kleinbusse und Kfz-Anhänger angeboten, um sperrige Spenden abzuholen.

Ich versuchte derweil, die Gespräche möglichst gut zu nutzen. Mir ging es immer darum, nicht nur die Beschaffenheit der Spende und den Weg zu besprechen, auf dem diese ins Wohnheim gelangte, sondern mit den Menschen auch darüber zu reden, ob sie bereit und in der Lage wären, darüber hinaus Hilfe zu leisten, und ob sie daran Interesse hätten, regelmäßig per E-Mail über die Aktivitäten unserer Arbeit informiert zu werden.

So wuchs in kurzer Zeit ein E-Mail-Verteiler mit über 100 Adressen, über den in den kommenden Monaten durchschnittlich einmal alle 14 Tage die neuesten Erfolgsmeldungen und Informationen über die Arbeit des Runden Tisches mitgeteilt wurden.

»Sagen Se mal, wo ich helfen kann!«

Als ein Jahr später in Panketal ein ähnlicher Runder Tisch entstand, berichtete man von dort belustigt über den von Bürgern so oft wiederholten Satz: »Sagen Se mal, wo ich helfen kann!« Dabei ist das höchstens auf den ersten Blick lustig, tatsächlich ist es genau die Frage, auf die wir in Wandlitz bei jedem Gespräch gehofft haben. Wie habe ich mich zu Beginn unserer Arbeit über eine solche Frage gefreut! Aber es war auch nicht leicht, mit jeder Anruferin, jedem Anrufer zu klären, was möglich ist und was für sie oder ihn angemessen ist. Der Informationsbedarf war enorm, und immer mussten nähere Erläuterungen gegeben werden, um den Menschen die Angst zu nehmen, sie seien gar nicht in der Lage zu helfen oder würden vielleicht Dinge falsch machen. Für die häufigsten Bedenken hatte ich schon eine Art »FAQ« im Kopf, das ich abspulte:

Sorge: Ich weiß nicht, ob ich beim Sprachunterricht helfen kann ...
Antwort: Wir alle haben keinerlei professionelle Ausbildung dazu außer unserem guten Willen.

Sorge: Ich würde den Flüchtlingen gerne helfen, die gespendeten Fahrräder zu reparieren, bin aber technisch unbegabt ...
Antwort: Wir suchen keine Ingenieure und Techniker, sondern Männer oder Frauen, die den Sattel hoch und tief einstellen können, die Beleuchtung prüfen und vielleicht das Schlauchflicken erklären können.

Sorge: Ich würde gerne bei der Sortierung der Spenden helfen, weiß aber nicht genau, wann ich Zeit habe.
Antwort: Wir haben keine festen Arbeitszeiten, wir richten uns vollständig danach, wann und wie lange Sie Zeit haben.

Sorge: Ich wäre ja bereit, eine Patenschaft für eine Flüchtlingsfamilie zu übernehmen, sie zum Arzt zu begleiten, bei Sprachschwierigkeiten zu helfen, aber werde ich mich überhaupt mit ihnen verständigen können?
Antwort: Wir erwarten nicht, dass Sie Iranisch können, sondern dass Sie einen iranischen Dolmetscher in der Arztpraxis per Handy anrufen, damit dieser vom Arzt erfährt, wo das Problem liegt: Ist es die Bauchspeicheldrüse, der Blinddarm oder der Kehlkopf, um den es geht?

Sorge: Ich hätte ja Lust, bei der Vorbereitung des Bürgerbegegnungsfestes zu helfen, beim Programm, bei der Werbung, bei der Unterstützung der Flüchtlinge bei der Herstellung von Spezialitäten aus ihren Herkunftsländern, aber ich bin unsicher, ob ich das überhaupt kann.
Antwort: Alles ist komplett freiwillig, jeder kann was, helfen Sie einfach da, wo Sie sich wohl dabei fühlen.

Keines dieser Gespräche war kürzer als 15 Minuten, manches erfuhr ich über persönliche Schicksale, manchmal spürte ich, wie auch die Einsamkeit in deutschen Wohnzimmern die Seelen zerfressen kann, und (fast) immer gewann ich neue Unterstützer für unsere Willkommenskultur.

Halle der Solidarität

Der Heizungssaal des ehemaligen Oberstufenzentrums war mittlerweile frei geräumt worden, und wie es häufig so ist, hatte sich der Volksmund auch bereits einen Namen dafür gesucht. Immer wieder hörte ich diesen Begriff, und so übernahmen wir ihn schließlich für den allgemeinen Gebrauch. Der Heizungssaal wurde zur »Halle der Solidarität«.

Ich ackerte und ackerte, telefonierte stundenlang, koordinierte hier, half dort, hatte das Gefühl, in all den Jahren Berufstätigkeit selten so viel Belastung ausgesetzt gewesen zu sein. Ich musste erkennen, dass diese intensive Hilfsarbeit meine eigenen Kräfte bis an die Grenzen strapazierte. Das ist übrigens eine Erkenntnis, vor der sich Flüchtlingshelfer nicht scheuen dürfen. Auch von vielen, die im Herbst 2015 beispielsweise an den Bahnhöfen in München oder anderswo geholfen haben, hört man solche Erschöpfungssymptome. Ich kann nur sagen: Steht dazu! Niemandem ist geholfen, wenn die Helfer selbst zusammenklappen und ausfallen. Jeder hat auch noch ein Privatleben und Menschen, für die er oder sie wichtig ist. Das darf niemand vergessen.

Wie froh war ich deshalb Anfang März, dass anlässlich einer Begehung des Heizungssaals, der inzwischen offiziell in »Halle der Solidarität« umbenannt worden war, Frau Foissel sich bereit erklärte, mir die Logistik der Spendenannahme, deren Unterbringung in der Halle sowie die Ausgabe an die Heimbewohner abzunehmen.

In der Zwischenzeit hatten wir von der evangelischen Kirche 20 laufende Meter eines zwei Meter hohen Metallregals bekommen und aufgestellt, Hunderte von Plastiksäcken waren geleert und geordnet worden. Und dennoch stieß das Lager an seine Grenzen, vor allem deshalb, weil immer mehr Möbel gespendet wurden, die enorm viel Platz brauchten. Als wir beim Runden Tisch im Februar 2013 an die dort teilnehmende Bürgermeisterin die Bitte richteten, ob es irgendwelche Räume in Gemeindeeigentum gäbe, wo wir die Möbel sortieren könnten, kam eine Woche später eine Information von großer Symbolkraft:

Ein Polizeischießstand wird Spendenhalle

Im Ortsteil Basdorf steht die ehemalige Polizeischule der DDR-Volkspolizei, die nach der Wende noch eine Weile von der Bundespolizei genutzt wurde, seit mehreren Jahren leer.

Nur ein einziges Gebäude war nach der Wiedervereinigung neu errichtet worden: der Schießstand.

Dort lernten Polizisten das, was sie als letztes Mittel, wenn alle anderen polizeilichen Maßnahmen versagen, anwenden müssen: die Anwendung der Schusswaffe. Wenn sie zu den wenigen Beamten gehörten, die im Rahmen des bundesdeutschen Kontingents bei der europäischen Grenzagentur FRONTEX eingesetzt waren, dann konnte es sein, dass diese in Basdorf erworbenen Schießkenntnisse zur Abwehr der Einwanderung afrikanischer Flüchtlinge nach Europa eingesetzt werden mussten.

Ausgerechnet diese Halle, der stillgelegte Schießstand, wurde uns nun von der Gemeinde Wandlitz als 200 Quadratmeter großer zusätzlicher Raum zur Lagerung der gespendeten Möbel zur Verfügung gestellt. Welch eine Ironie der Geschichte!

»Und was ist mit Spenden-Spam«?

Was es auch gab und bei jeder Spendenaktion immer geben wird: abgetragene Herrenunterhosen, unvollständige Puzzles oder Spendensäcke, die ganz offensichtlich mit Müllsäcken, die beim Abtransport danebengestanden hatten, verwechselt wurden. Silvia Ocker prägte dafür bei unserem Gespräch den harten Begriff: »Spendenfaschismus«. Über den Begriff ließe sich trefflich streiten. Was bleibt, ist die Erkenntnis, dass auch der Aufruf, mit offenem Herzen zu spenden, mitunter missbraucht wird zur Müllentsorgung oder als einfache und unbedachte Entleerung des vollgestopften Kellers oder Speichers. Ich bewundere Silvia Ocker, die trotz dieses krassen Ausdrucks, den sie für die Unachtsamkeit mancher Spender fand, weitergemacht hat. Sie hat, ohne groß darüber zu reden, solche Dinge einfach entsorgt, hat weggeworfen, was keinem Menschen mehr zuzumuten war. Das ist Mehrarbeit, es sind aber kaum Mehrkosten.

Das ist letztlich genau die richtige Einstellung, weil man sich sonst im Ärger über die gedankenlosen »Spender« aufreibt. Lieber diese fünf Prozent Abfall hinnehmen, aber dafür 95 Prozent Barmherzigkeit, Empathie, Solidarität und Verbindung zu den Menschen von fremden Kontinenten realisieren. Manches muss man tun, ohne darüber zu reden, an diesen Satz muss ich denken, wenn es darum geht, »Spam einfach zu löschen«. Denn das war der Begriff, den ich schließlich für dieses Phänomen am treffendsten fand: Wir hatten es mit Spenden-Spam zu tun. Wie geht man nun mit Spam um?

Bei E-Mails genügt ein Knopfdruck. Bei kaputtem oder unzumutbarem Spielzeug und bei Kleidung ist es ein wenig aufwendiger, bei kaputten Computern oder Röhrenfernsehern schon ziemlich ärgerlich.

Aber auch bei der Barmherzigkeit gilt letztlich: »Wo gehobelt wird, da fallen Späne!« Und wir bekamen so viel mehr sinnvolle und tollen Sachen gespendet, dass der Ärger über den Spam immer nur kurze Zeit andauerte.

Spenden-Ausgabe. Feingefühl und keine Arroganz!

Was passiert eigentlich mit den vielen Lkw-Ladungen von Spenden? Den Kleidern, dem Spielzeug, den Möbeln, den Elektrogeräten und dem vielen Geschirr? Ja, man muss es ehrlich sagen, das Entgegennehmen und Sortieren der Spenden ist letztlich einfacher, als eine Ausgabe von Spenden einigermaßen gerecht, also auch gleichberechtigt und für alle Beteiligten zufriedenstellend zu organisieren. Letzteres ist jedoch unerlässlich, um mit der Verteilung der Spenden nicht neue Konflikte auszulösen. Man denke nur an die Bilder aus dem Fernsehen, die wir alle kennen: Wenn nach Naturkatastrophen oder Hungersnöten Lebensmittelspenden von UN-Hilfswerken ausgegeben werden, sind die Lastwagen von Bedürftigen umringt. Jeder möchte der Erste sein, und oft ist nicht genug für alle da.

Die Flüchtlinge, die in Wandlitz eintrafen und bis heute eintreffen, kommen aus den unterschiedlichsten Ländern, Kulturen, auch Besitzverhältnissen und haben demgemäß die unterschiedlichsten Bedürfnisse an gespendeten Sachen.

Als Erstes stellten wir fest, dass viele Kleiderspenden von Menschen aus dem Rentenalter stammten, während die Flüchtlinge, die bei uns eintrafen, in der Regel zwischen 20 und maximal 45 Jahre alt waren. Rentnerkleider wurden deshalb schnell die unbeliebten »Ladenhüter«, die nur unsere Regale verstopften. Wir hatten die schicksten Damen-Jeans oder -Shorts bei den Spenden. Trotzdem fanden diese keine Abnahme bei den muslimischen Frauen, die die Mehrheit der weiblichen Bewohnerinnen darstellten. Kinderbücher in deutscher Sprache waren naturgemäß weniger gefragt als Bilderbücher, die auf Sprache verzichteten.

Nach der ersten Zeit hatten wir es geschafft, alles so einzurichten, dass jede Woche an einem Tag für vier Stunden ehrenamtliche Helfer die Ausgabe an die Flüchtlinge organisierten.

© Margot Oberhof

Die »Halle der Solidarität« war in wenigen Wochen bis unter die Decke gefüllt.

Wichtig dabei: Feingefühl und Demut statt Arroganz. Immer muss allen klar sein: Die Spenden gehören nicht den Ehrenamtlern, sondern den Flüchtlingen. Aber die Ehrenamtler sind verantwortlich für eine gerechte und sachgerechte Ausgabe!

Wir hatten uns auf ein Verfahren geeinigt, um größtmögliche Gerechtigkeit und Transparenz zu erlangen: Für jeden Flüchtling, solange er im Wohnheim wohnt, wurde eine Karteikarte angelegt, auf der alle an ihn ausgegebenen Spenden erfasst wurden. Denn selbstverständlich ist für Flüchtlinge, die gerade mal 350 Euro Bargeld im Monat haben, die Versuchung groß, Spenden aus der Spendenhalle entgegenzunehmen und anderswo wieder zu Bargeld zu machen. Neid und eifersüchtige Streitereien unter den Flüchtlingen konnten deshalb genauso wenig ausbleiben wie Konflikte zwischen den Spendennehmern und jenen Ehrenamtlern, die für die Spendenausgabe verantwortlich waren. Es ist wichtig, dass man sich diese Tatsachen klarmacht und nicht mit der rosaroten Brille an eine so große Aufgabe herangeht. Viel Streit, viele Vorurteile entstehen erst dadurch, dass nicht über mögliche Probleme gesprochen wird. Aus Angst, das könnte politisch nicht korrekt sein. Diese Haltung ist falsch, schließlich geht es im Ergebnis um ein möglichst harmonisches Zusammenleben zwischen den neuen Bürgern und den Alteingesessenen. Das jedoch funktioniert nur, wenn sich alle an bestimmte Regeln halten und diese auch eingefordert werden.

Für uns in Wandlitz war es wegen der erkennbaren Schwierigkeiten bei der Aufrechterhaltung dieser riesigen logistischen Aufgabe dann die richtige Lösung, dass nach fast eineinhalb Jahren zwei gemeinnützige Organisationen, die mit Annahme und Ausgabe von Spenden langjährige Erfahrung hatten, die Verteilung der Spenden übernahmen: das Bernauer Sozialkaufhaus des Freidenkerverbandes und die »Brockensammlung« der evangelischen Lobetaler Anstalten.

Bis heute ist es jedoch bei einem geblieben: Flüchtlinge, die aus dem Übergangswohnheim aus- und in eine eigene Wohnung einziehen, bekommen immer die Möglichkeit, sich aus den gespendeten Sachen eine Grundausstattung für ihr neues Zuhause auszusuchen.

Bilanz ziehen

Nein, wir haben nicht von Anfang an inventarisiert und bilanziert. Aber als ich im Frühjahr 2014 selbst noch einmal Spenden von Nachbarn (zwei Flachbildschirme und einen Hi-Fi-Turm) in die »Halle der Solidarität« brachte, erfuhr ich beeindruckende Zahlen: Seitdem im Januar 2014 bei der »Tafel« in Bernau und in Klosterfelde Flyer die dortigen bedürftigen Besucher auf die »Halle der Solidarität« hinwiesen, hatten sich in nur vier Monaten etwa 200 einheimische Bedürftige ebenfalls für den täglichen Bedarf ausstatten können.

Regelmäßig wird auch ein Obdachlosenasyl in der Nachbargemeinde Groß-Schönebeck mit Paketen versorgt, Schlafsäcke gehen hinaus an Wohnungslose, die hier auf dem Lande auf Campingplätzen zu übernachten versuchen. Und auch dies gehört zur Bilanz: Über 25 Flüchtlingswohnungen wurden in 16 Monaten aus den Spenden der Bevölkerung des Barnim ausgestattet. Mit solchen Zahlen lassen sich im Übrigen auch die sinnlosen Diskussionen beenden, die behaupten, die Willkommenskultur für Flüchtlinge würde deutsche Gruppen wie einheimische Obdachlose benachteiligen. Unser Ansatz der Willkommenskultur, ich kann das gar nicht oft genug sagen, gilt für alle Menschen. Und so wird auch jeder Obdachlose willkommen geheißen und darf selbstverständlich von Spenden profitieren. Letztlich sollte die große Flüchtlingskrise, die wir derzeit erleben, ein Anlass für uns sein, über Menschlichkeit und unseren Begriff von »willkommen sein« nachzudenken.

Fazit Eine Spende ist viel mehr als gar nichts, sie schafft eine Verbindung zwischen dem Spender und dem Flüchtlingsheim, sie schafft Kontakt zur Bürgerinitiative, sie schafft die Möglichkeit, Brücken zu bauen entsprechend den individuellen Fähigkeiten, Wünschen und Möglichkeiten.

So können Sie helfen

Organisation von Spenden

Sachspenden sind die allgemeinste und einfachste Form der Solidarität mit den Geflüchteten. Bringen die Spender diese direkt im Flüchtlingsheim vorbei, ergibt sich daraus oft ein erster Eindruck, vielleicht sogar ein Kontakt, der Impuls für weitere Begegnungen sein kann. Das ist von nicht zu unterschätzender Bedeutung für die Überwindung der typischen Hemmschwelle, vor allem für Menschen, die noch nie Flüchtlinge persönlich getroffen haben.

Andererseits ist die Entgegennahme, Sortierung und Ausgabe ungefilterter Sachspenden ein sehr großer Zeit- und Personalaufwand, der die Kräfte vieler Willkommensinitiativen übersteigt, ganz abgesehen davon, dass auch sehr große Räume gebraucht werden, die sich ganz schnell bis unter die Decke mit Spenden füllen. Deshalb hat es sich bewährt, von Anfang an gezielte Anforderungen an die gewünschten Spenden zu veröffentlichen.

Allgemein kann gesagt werden, dass für ankommende oder durchreisende Flüchtlinge hygienische Verbrauchsartikel wie Kinderwindeln, Damenbinden oder Einwegrasierer und für längerfristig untergebrachte Geflüchtete vor allem Fahrräder und Haushaltsgeräte gebraucht werden. Entsprechend der Struktur der Flüchtlinge sind in vielen Spendenlagern Schuhe und Kleidung für Männer unter 30 Mangelware. Bei Frauenkleidern muss bedacht werden, dass ein Großteil der geflüchteten Frauen muslimische

Kleidervorschriften in unterschiedlicher Intensität beachtet und andererseits natürlich junge Frauen nicht die vielfach in Hülle und Fülle gespendeten Kleider älterer (meist gerade verstorbener) Damen tragen wollen.

Eine der wichtigsten Internetplattformen zur Koordinierung der Spendensammlung ist die Plattform www.helphelp2.com. Die zugehörige App informiert, wo welche Spende gebraucht wird. Alle Spendensammlungen und Hilfsorganisationen können bundesweit ihren Bedarf eintragen, sodass jeder Spendenwillige sofort erkennen kann, ob und wo für seine Spende Bedarf existiert. Diese Website könnte endlich auch das Problem lösen, dass es viel mehr Spendenbereitschaft gibt, als es dem jeweiligen ganz unterschiedlichen und begrenzten Bedarf vor Ort entspricht. Jeder Spender kann sich überzeugen: Meine Spende kommt wirklich dorthin, wo sie gebraucht wird!

Wer Kleider spenden möchte, aber in seiner Nähe kein Flüchtlingsheim kennt oder aufsuchen will, kann sich bei der Kleiderstiftung einen Karton senden lassen und seine Spenden portofrei dorthinschicken. Der Erlös kommt anerkannten und kontrollierten Spendenorganisationen zugute: http://www.kleiderstiftung.de

Geld spenden bzw. Spendenakquise

Das bundesweite einheitliche Spendenkonto der größten deutschen Hilfsorganisationen unter dem Motto »Aktion Deutschland Hilft« lautet:

IBAN: DE62 3702 0500 000 1020 30

Spendenstichwort: Hilfe für Flüchtlinge

Wer den Standpunkt vertritt, dass seine Steuern besser den Flüchtlingen zu Hilfe kommen sollten, statt zum Beispiel zur Errichtung von Transitzonen oder zur Finanzierung von Abschiebungen eingesetzt zu werden, der kann überlegen, ob er seine Geld-, Sach- und Zeitspenden nicht von der Steuer absetzen will, um die eingesparte Steuer dann selbst bestimmten Projekten der Flüchtlingshilfe zukommen zu lassen.

Wohnraum spenden

Angesichts von mehr und mehr Zeltstädten, überfüllten Turnhallen, Lagerhäusern oder ehemaligen Baumärkten und anderen Notfallunterkünften ist die private Aufnahme von Flüchtlingen ein immer wichtigeres Erfordernis der Humanität.

Die Initiative »Flüchtlinge willkommen« bietet eine Internetplattform an, bei der Angebote für freie Zimmer sowohl in WGs als auch in Privatwohnungen veröffentlicht werden können: www.fluechtlinge-willkommen.de

Die Landesregierung Thüringen hat als erstes Bundesland auf ihrer Internetseite eine Meldung von Liegenschaften zur Unterbringung von Flüchtlingen eingerichtet. Hier kann von den Eigentümern unbürokratisch und schnell gemeldet werden, wo welche Immobilie wie viel Flüchtlinge unterbringen kann. Informationen unter www.thueringen.de, Stichwort »Der Menschenwürde verpflichtet«

Wen heißen wir willkommen? Omar – Singen als Rettung

Immer mehr Wasser dringt in das für 70 Personen viel zu kleine Boot. Die Menschen, unter ihnen Omar mit seiner Cousine und einigen Freunden, versuchen voller Panik, es auszuschöpfen, aber sie müssen einsehen, dass es ihnen nicht gelingen wird. Kurz bevor die Angst überhandnimmt, fängt Omar an zu singen. Ihm fällt plötzlich ein, dass das seine Schicksalsgenossen von ihrer Verzweiflung ablenken könnte. Und es klappt, sie beruhigen sich etwas. Natürlich hat nicht sein Gesang die Menschen gerettet, sondern ein italienisches Schiff. Aber das Singen hat allen geholfen. Bis heute wünscht sich der 26-Jährige eigentlich nichts weiter, als zu singen und Klavier zu spielen. Am liebsten in einer Band, einige Songs hat er auf YouTube stehen. Dabei war der Anlass für seine Flucht – so unvorstellbar das ist – ebengerade seine Liebe zur Musik.

Seine Heimatstadt ist Janaale in der Nähe von Merka, der Hauptstadt des Distrikts Shabellaha Hoose im Süden Somalias. Er schwärmt von der großen Brücke über den Fluss Shabeelle. Es ist eine fruchtbare Gegend, die Menschen hier leben in erster Linie vom Gemüseanbau. Aber er hat es schwer in seiner Familie, in der Schule und seinem Clan, denn er ist unehelich. »Egal welcher Clan, alle lehnen solche Menschen ab, obwohl der neue Mann meiner Mutter mich adoptiert hat«, berichtet er. Bis 2005 ging er auf eine kleine private Schule, doch durch die vielen Gefechte war der Weg dorthin oft unpassierbar. Bis zu seiner Flucht lebte er zu Hause, so wie seine jetzt 16-jährige Schwester. Er erzählt, was viele Afrikaner berichten: »Als Single kannst du in der muslimischen somalischen Gesellschaft nicht leben, das ist nicht vorgesehen.«

Aber ein paar Freunde hat er, mit denen er schon als sehr junger Mann Musik macht. Dabei leben sie auf in der restriktiven regierungslosen Gesellschaft, in der Musik und jede Art von Spaß durch die Al-Shabaab-Milizen, die die Stadt übernommen haben, verboten sind. Bei einer Hochzeit haben sie heimlich gespielt, doch die Miliz hat es mitbekommen. Sie kam mit Waffen und hat sie vertrieben. Auf Omar haben sie geschossen. Noch nachts flüchtet er in das Haus eines Freundes und zwei Tage später aus der Stadt.

Das war im Dezember 2009. Mit der Hilfe eines Nachbarn führte ihn seine Odyssee innerhalb eines Jahres über Karthum, die Hauptstadt des Sudan, nach Addis Abeba, der Hauptstadt Äthiopiens, und weiter nach Tripolis. Dort wurden er und seine Freunde oft geschlagen. »Die Libyer mögen keine Schwarzen«, meint er lakonisch. Aber sie schafften es bis in ein Camp des UN-Flüchtlingshilfswerks nach Tunesien. Dann rief ihn seine Mutter an, er solle eine Cousine aus Mogadischu, die inzwischen auch in Tripolis gelandet sei, nach Tunesien holen. Natürlich tat er das. Als beide zurückkamen, war die Grenze dicht.

Also suchten sie sich ein Boot nach Lampedusa, für beide zusammen kostete es 400 Dollar, die er sich zuvor durch Jobs verdient hatte. Nach nur einer Nacht im Camp wurden er und ein paar Freunde per Schiff nach Mailand geschickt, aber dort wollte man sie nicht haben, und so fuhren sie weiter nach Kopenhagen, wo er sieben Monate in einem Heim verbrachte. Ein älterer Freund bekam das Aufenthaltsrecht, ihn wollten sie nach Italien zurückschicken. So landete er im März 2013 erst in Hamburg, dann in Eisenhüttenstadt und Eberswalde, und nun ist er hier. Abgesehen von der Rückführungsdrohung im Hintergrund »und dass es im Heim mit dem Internet schwierig ist, ist alles o.k. Vor allem die Leute sind nett.« Wie viele seiner Leidensgenossen meint er: »Ich weiß nicht, was ich hoffen darf – manchmal bin ich ganz schön durcheinander!« Beruflich würde er am liebsten »was mit IT machen, da hab ich schon mal vier Monate eine Ausbildung gemacht. Aber ich würde auch alles andere arbeiten. Musik mache ich dann nebenbei.« Die Bilder, mit denen er seine von Piano und Gitarre begleiteten Songs im Internet hinterlegt hat, spiegeln seine Sehnsucht nach einer heilen Welt: Blumen, Sonnenuntergang, ein Liebespaar, Tiere in der Weite Afrikas.

»Auch wenn es Probleme gibt, wir können helfen – jeder kann was tun.« Das waren meine letzten Sätze bei der Bürgerversammlung gewesen. Aber was? Und wie? Und in welchem Geist? Das frage ich mich jedes Mal, wenn ich von solchen Schicksalen erfahre. Und doch schaffen wir es oft genug, tatsächlich zu helfen. Nur nicht entmutigen lassen!

Schulen als Kommunikationszentren

Wer, wie ich, drei Jungs bis zum Abitur begleitet hat, weiß, dass nirgendwo mehr Kontakte entstehen als in dieser Lebensphase. Bekanntschaften und Freundschaften beginnen beim Bringen und Abholen der Kinder, beim Elternabend oder dem Sommer-, Herbst- oder Weihnachtsbasar oder bei anderen Schulveranstaltungen. Schüler und ihre Eltern engagieren sich, und Schulen sind echte Kommunikationszentren. Deshalb freuten wir uns, mit welcher Schnelligkeit sich sowohl das Gymnasium als auch die Grundschule ganz vorne einreihten, um die Flüchtlinge willkommen zu heißen.

Noch bevor diese eintrafen, hatten das der Kreisverwaltung unterstehende Gymnasium und auch die der Gemeinde unterstehende Grundschule Räume für die Durchführung von Sprachkursen zur Verfügung gestellt. Von Anfang an hing das große Willkommenstransparent hoch oben am Gitterzaun des Sportplatzes der Grundschule.

Als Mitte Januar das erste Mal unser Spendenmobil das Spendenfüllhorn für die Flüchtlingskinder öffnete, waren vom Gymnasium der Direktor, die Französischlehrerin und ihre besten Schülerinnen aus dem Leistungskurs anwesend. Den Augenblick werde ich nie vergessen, als Regina und Jacqueline, zwei junge Mädchen aus dem Französischkurs des Wandlitzer Gymnasiums, aus dem Zimmer der Asylbewerberin aus Kamerun kamen: Bleich schauten sie aus, Tränen standen ihnen im Gesicht.

So etwas hatten sie wahrscheinlich nicht erwartet, als sie sich zusammen mit ihrer Französischlehrerin darauf vorbereiteten, Interviews mit den neu in Wandlitz eingetroffenen Flüchtlingen zu machen. Die Fragen, die sie erarbeitet hatten, lauteten zum Beispiel:

- Wo kommt ihr her?
- Wie seid ihr hierhergekommen?
- Und was ist der Grund, aus dem ihr Eure Heimat verlassen habt?

Auf die letzte Frage antwortete die Afrikanerin Ingo Badije wahrheitsgemäß und ungeschminkt, und daraus erklärte sich wohl auch das Entsetzen der beiden Schülerinnen: »Jedes Mal wenn mein Mann, ein ehemaliger Beamter der französischen Kolonialverwaltung, eine Party feierte, hat er mich mit Rauschgift abgefüllt und seinen Gästen zur Verfügung gestellt.«

Sie sei dann mit ihren drei Kindern auf dem Schlauchboot über das Mittelmeer nach Gibraltar und schließlich nach Deutschland gekommen, erzählte sie weiter. Wer die Väter ihrer Kinder sind, konnte sie den Gymnasiastinnen nicht erzählen. Sie berichtete davon, wie auf der Überfahrt der Motor des Schlauchbootes kaputtging und drei Insassen ums Leben kamen, bevor die spanische Küstenwache sie aus dem Mittelmeer rettete. Solche Geschichten sind nicht schön zu hören, doch zeigen sie sehr gut, warum die Empathie mit den Geflüchteten immer im Vordergrund stehen muss und warum ein technokratischer, ablehnender Umgang mit Flucht und Vertreibung nicht zielführend ist.

Für die Direktoren der beiden Schulen stand nie die Angst im Vordergrund, dass Flüchtlingskinder, die kein Wort Deutsch oder vielleicht nicht einmal lesen und schreiben können, ihren pädagogischen Alltag durcheinanderbringen könnten. Für sie war wichtig, mit den Schülern gemeinsam die Integration voranzubringen.

Schülerinnen der Oberstufe des Wandlitzer Gymnasiums kamen mehrmals die Woche ins Heim, um mit Kindern zu spielen. Die Schülerzeitung veröffentlichte Interviews mit Flüchtlingen. Und noch bevor die »Halle der Solidarität« voll war, organisierten die Gymnasiasten in Eigenverantwortung jeden Dienstag und Donnerstag vor Unterrichtsbeginn die Annahme von Spenden in der Schule, sortierten sie selbsttätig und brachten sie dann gemeinsam zum Wohnheim.

Bei beiden Bürgerbegegnungsfesten im Mai 2013 und Anfang 2014 hatten sie Informationsstände eingerichtet, Anfang Januar 2014 fand sogar in der Aula des Gymnasiums ein Benefizkonzert zugunsten der Flüchtlinge statt – veranstaltet von Schülern der Schule.

Als am 18. Mai 2013 die Nazis vor das Asylbewerberheim wollten, rief der Direktor des Gymnasiums dazu auf, gemeinsam gegen Nazis zu demonstrieren, oder, wie er später sagt: »Zum gemeinsamen Singen gegen Hass!« Die Schüler sammelten sich in der Schule und kamen als großer Block zum »1. Open-Air-Chorfestival gegen Rassismus« an.

Welche Tiefenwirkung es hat, wenn in einem kleinen Städtchen die Schülerschaft relativ uneingeschränkt an ein solidarisches Projekt herangeführt wird, merkte ich, wenn immer öfter Anrufer bei der »Spendenhotline« das Gespräch mit den Worten begannen: »Meine Tochter/mein Sohn gehen aufs Gymnasium und beteiligen sich an Solidaritätsaktionen für das Asylbewerberheim. Nun möchte ich anfragen, ob auch ich etwas dazu beitragen kann.«

Zunächst fragten sich manche, ob es nicht einfacher wäre, den ehrenamtlichen Sprachunterricht direkt im Heim zu organisieren, anstatt die 1000 Meter zum Gymnasium und zur Grundschule zu laufen. Aber bald merkten viele, wie wichtig es für die Normalisierung des Zusammenlebens ist, dass Flüchtlingskinder dort sind, wo einheimische Kinder sich treffen, dass Lernwillige dort lernen, wo andere Lernende sind.

Ende September 2013 wurde ich in eine 5. Klasse der örtlichen Montessorischule eingeladen. Mich beeindruckte der Wissensstand der Schüler, mehr noch aber ihre Empathie und Bereitschaft zur konkreten Solidarität. Ihre Lehrerin verfasste später mit ihnen gemeinsam einen Brief an Bundeskanzlerin Merkel, in dem sie in der ihrer Altersgruppe entsprechenden Sprache forderten, dass solche Abkommen wie Dublin-II abgeschafft würden, da sie dazu führen, dass Flüchtlinge, die nach Deutschland kommen, in die sogenannten »Erstaufnahmeländer« abgeschoben werden. Für diese Arbeit wurde die

Schülergruppe mit einem Preis von 1500 Euro ausgezeichnet. Das Preisgeld spendete sie für Ausflüge mit Heimbewohnern nach Berlin, in den Spreewald und nach Mecklenburg-Vorpommern.

Als Ende Januar 2014 die Projektwochen stattfanden, referierten drei Schülerinnen in englischer Sprache: »We take part on the Bundesfremdsprachenwettbewerb.« Sie entschieden sich, für ihren Wettbewerbsbeitrag in englischer Sprache kein Thema aus »fernen Ländern« zu suchen, sondern sich der Fremden in Wandlitz anzunehmen. Sie machten Straßeninterviews zum Thema Asylsuchende und drehten ein langes Video mit mir zu vielen Facetten der Willkommensarbeit, das später von ihnen in englische Sprache übersetzt wurde.

Fazit In Ortschaften am Rande von Millionenstädten, wo permanent die Tendenz besteht, dass sie zu Schlafstädten werden, in denen die Berufstätigen am Wochenende ihr Haus mit Garten im Grünen genießen, aber ansonsten Beruf, Kultur, Freizeit in der Großstadt stattfinden, sind Schulen einer der wenigen Orte, wo sich Einheimische und Zugezogene, bei uns in Brandenburg auch »Ossis und Wessis«, schnell zusammenfinden.

Wenn hier der Funke überspringt, hat er die Chance, sich weit in die Mitte der Gesellschaft auszubreiten. Dazu bedarf es couragierter Lehrer, die ihre Schüler von Politik und politischen Konflikten nicht fernhalten, sondern politische Bildung und Erziehung anhand solcher Konflikte entfalten. In Wandlitz sind sie zuhauf vorhanden.

»Vielleicht müssen wir den Leuten sogar dankbar sein ...«

Um etwas mehr über die Arbeit und den Ansatz der Schulen zu erfahren, habe ich einen Termin mit dem damaligen Direktor des Gymnasiums, Hartmut Arndt, vereinbart. Auf dem Weg ins Direktorat komme ich an Informationssäulen vorbei, auf denen die Arbeitsgemeinschaften und sonstigen schulischen Veranstaltungen angekündigt werden. Auf einem Plakat lese ich, dass die Gruppe »Willkommen in Wandlitz« sich am Donnerstag um 14 Uhr trifft. Ich empfinde große Freude.

Hartmut Arndt empfängt mich freundlich und entspannt. Dass hier die Fäden von 600 Gymnasiasten und 60 Lehrkräften zusammenlaufen, ist im Hinblick auf Stress und Hektik nicht zu spüren.

Können Sie sich erinnern, wann Sie das erste Mal vom geplanten Asylbewerberheim gehört haben und wie die ersten Überlegungen über das Engagement des Gymnasiums entstanden sind?
Das erste Mal habe ich über Facebook von dem geplanten Asylbewerberheim erfahren. Ein ehemaliger Schüler aus der Zeit, als diese Schule noch »Polytechnische Oberschule« hieß, postete die üblichen Vorurteile und Befürchtungen im Zusammenhang mit einem in Wandlitz geplanten Asylbewerberheim. Erst jetzt wurden mir die ausländerfeindlichen Tendenzen dieses Facebookkontaktes deutlich, den ich dann auch bald löschte. Ich rief daraufhin bei unserer Sozialdezernentin im Kreis, Frau Ulonska, in Eberswalde an, die uns alsbald in der Schule besuchte und uns noch vor der Bürgerversamm-

lung über die bevorstehende Einrichtung des Heimes informierte. Wir überlegten gemeinsam, welche positive Rolle die Schule bei der Integration spielen könnte. So entstand dann die Idee, mithilfe von Schülern aus den Sprachleistungskursen die Lebensgeschichten von Geflüchteten zu erfragen. Und die Schüler selbst sagten: »Wir müssen doch der Bevölkerung erklären, warum die hier sind und was sie erlebt haben.« Die Überlegung war, wenn man das öffentlich macht, dann bekommt man auch viel schneller ein offenes Ohr für solche Sachen.

Haben Sie bei den Aktionen, der Spendensammlung, dem Benefizkonzert, den Interviews für die Schülerzeitung niemals Widerstand, Ablehnung und Abwertung von Flüchtlingen aus der Schülerschaft erfahren?
Mir ist zumindest nichts davon zu Ohren gekommen. Es gibt gar keinen Zweifel, dass wir auch Schüler haben, die von zu Hause eine andere Einstellung mitbekommen. Aber ich kann sagen, dass die mehrheitliche Stimmung in unserer Schülerschaft so deutlich ausgeprägt ist, dass Schüler mit ausländerfeindlichen Haltungen sich vermutlich gar nicht getraut haben, das offen einzubringen. Und ich glaube, wir müssen den Leuten, die im »Goldenen Löwen« damals diesen Aufruhr erzeugt haben, vielleicht sogar ein bisschen dankbar sein. Die haben die Aufmerksamkeit ja erst einmal richtig erzeugt. Die wollten zwar was anderes, aber was sie mit ihrem Protest erreicht haben, ist ja, dass sich sehr viele Wandlitzer in Solidarität mit den Flüchtlingen engagiert haben. Und wenn man dann noch gute Argumente dafür hat und das auch von jun-

gen Leuten kommt, die sagen: »Schaut mal, was die Flüchtlinge erlebt haben, das haben wir besprochen, das ist so eine traurige Geschichte von der jungen Frau, die mit ihren drei Kindern aus Afrika über das Mittelmeer geflohen ist…«, hilft das der Sache sehr. Da haben manche Schüler geweint!

Ich kann mich auch sehr gut daran erinnern, dass Sie mit vielen Schülern am Pfingstsamstag zum Bahnhof Wandlitzsee kamen, um gemeinschaftlich bunt und fröhlich gegen Hass und Ausländerfeindlichkeit zu singen. Haben Sie nie Angst davor gehabt, dem Vorwurf ausgesetzt zu werden, Sie würden Ihre Schüler politisch instrumentalisieren?
Nein, habe ich nicht! Überhaupt nicht! Denn wozu haben wir denn aufgerufen? Zu einem bunten Singen vor dem Bahnhof! Ich bin auch sehr froh, wie viele Schüler dem Aufruf gefolgt sind, es waren sehr viele Jugendliche unserer Schule da. Unsere Schüler sind schon sehr politisch! Und vor allem, wenn man merkt, dass Menschen Hilfe brauchen, hat man bei uns hier im Gymnasium offene Türen. Es ist ja nicht das einzige Projekt, das wir unterstützen. Wir machen viel, viel mehr: Wir unterstützen ein Projekt von und mit Kindern in Brasilien, wir haben schon für Rumänien gesammelt, für ein Kinderheim in der Ukraine. Schüler unserer Schule sind sogar mit einem Lkw nach Kiew gefahren und haben die Spenden selbst dorthingebracht. Natürlich hatte ich da teilweise Angst, ob da was passiert. Aber es ist alles gut gegangen.

Was glauben Sie, was die Solidaritätsarbeit mit den Flüchtlingen für Nachwirkungen bei Ihren Schülern hinterlassen hat?

Eines kann man auf jeden Fall sagen: Als wir im Rahmen unserer Projektwoche im Januar 2014 die verschiedenen Solidaritätsprojekte in anderen Ländern behandelten, wurde durch den Kontakt mit den Flüchtlingen vor Ort so manchem Schüler klar, wie ganz anders, viel gefährdeter die Lebenssituation der Menschen in solchen Ländern ist. Und sie sind sich dessen ein bisschen klarer geworden: »Da will ich auch helfen!«

Eine letzte Frage an Sie, nicht als Schulleiter sondern als politischer Bürger von Wandlitz: Was glauben Sie, hat die Solidarität mit den Flüchtlingen in Wandlitz verändert?
Es fällt mir schwer, das zu sagen, denn ich kenne keine Erhebung des Zustands vorher. Was ich sagen kann, ist, dass wir öfter über die Flüchtlings- und Asylproblematik reden. Ich bin des Öfteren auch auf der Straße angesprochen worden, habe sogar Anrufe aus Berlin bekommen: »Wir haben gelesen, dass Sie sich für die Flüchtlinge engagieren, können Sie uns sagen, wo wir Spenden abgeben können?« Für mich persönlich hat sich eigentlich nichts verändert, außer der Erkenntnis, dass es viel mehr Leute gibt, die so denken wie ich.

Die Hetzer kommen

Wenn Sie bis hierher gelesen haben, werden Sie sich vielleicht gefragt haben, ob Wandlitz in einem Paralleluniversum liegt. Wo waren die Hetzer, die Feinde, die Rechtsextremen, die am liebsten jedes Flüchtlingsheim in Schutt und Asche legen würden? Gab es die hier nicht mehr?

Nun, es gab sie. Und es gibt sie sicherlich auch immer noch. Doch haben wir in Wandlitz mit unserer Willkommenskultur ein Klima geschaffen, in dem diese Brauntöne kaum noch zur Geltung kommen. Das zu schaffen war allerdings nicht mit dem Erfolg der Versammlung erledigt. Zwischenzeitlich ging es hoch her, und es gehört zur Geschichte der Wandlitzer Willkommenskultur, die ich hier erzählen möchte, diese bangen Tage nicht auszusparen.

Nur zufällig war ich damals auf die Facebookseite »Gegen das Asylantenheim in Wandlitz« gestoßen. Natürlich anonym, natürlich mit einer Pinnwand voller Ressentiments und unbewiesener Behauptungen. Ich begann, auf verschiedene Postings zu antworten, teilte in den Kommentaren Presseartikel und Links zu den Fernsehberichten. Die Reaktion war typisch, der anonyme Administrator der Seite antwortete mit dem Vorwurf: »Ist eben die gleichgeschaltete Systempresse, die negative Meldungen über die Flüchtlinge unterdrückt.« Es war allerdings leicht zu kontern, denn gerade am Wochenende vorher, am 15. Dezember 2012, hatte die *Märkische Oderzeitung* auf Seite 1 mit der Schlagzeile »Schlägerei in Eisenhüttenstadt« aufgemacht. Nur einer von vielen Belegen dafür, dass unsere Regionalzeitung durchaus auch über Probleme mit Flüchtlingen berichtet.

Nachdem die anonymen Ausländerfeinde ihre »Argumente« nur immer wiederholten, hielten sie es nach gerade mal sechs Wochen für sinnvoll, die Seite abzuschalten. Ich freute mich darüber, aber es kam so überraschend, dass ich nicht mal daran gedacht hatte, einen »Screenshot« zu machen, der den missglückten kurzlebigen Hetzversuch gegen das Wandlitzer Wohnheim dokumentieren würde.

Wie verhält sich die NPD?

In Wandlitz gibt es keine eigene Organisationsgliederung der NPD, die sich gefühlt seit Jahrzehnten im Verbotsverfahren befindet, ohne dass etwas Zählbares dabei herauskommt. Organisiert ist sie allerdings sehr wohl im nahe gelegenen Bernau, wo sie zusätzlich auch von sogenannten »Nationalen Kameradschaften«, also harten rechtsradikalen Gruppen unterstützt wird.

Erst geraume Zeit nach der Bürgerversammlung am 5. November 2012 erfuhr ich, dass nur wenige Meter hinter mir fünf oder sechs dieser Neonazis aus Bernau gestanden hatten. Hinter mir stand auch die spätere Kreisvorsitzende des NPD-Kreisverbandes Barnim-Uckermark, Aileen Rokohl.

Regelmäßig kommentierte Aileen Rokohl die Ereignisse in Wandlitz. Noch nach der Bürgerversammlung im November 2012 hatte sie offensichtlich Morgenluft gewittert und hoffte wohl, aus der Unwissenheit und Angst der Bürger Kapital für ihre Partei schlagen zu können. Dann allerdings hatte ich das Gefühl, dass man die Strategie änderte. Man versuchte nun, sich lustig zu machen über die »Gutmenschen in Wandlitz«, und setzte sich insbesondere mit der Frage auseinander, ob Flüchtlinge die Zivilgesellschaft bereichern. Wenig überraschend glauben NPD und Neonazis nicht, dass das so sein könnte. Nach der Bürgerversammlung im »Goldenen Löwen« schrieb Aileen Rokohl auf der Website des NPD-Kreisverbandes: »Die Bernauer NPD war mit einigen freien Kräften vor Ort, um sich die Erklärung von Herrn Ihrke anzuhören …«

Unter der Überschrift »Wandlitz unter Druck« kritisierte die NPD die Verleihung des Demokratiepreises der Bürgerstiftung Barnim-Uckermark an die Gemeinde Wandlitz (31. Dezember 2012). Als im Frühjahr immer häufiger in der Presse positive Artikel über die Wandlitzer Willkommenskultur erschienen, kommentierte die NPD-Website am 21. März 2013: »Heile Welt in Wandlitz? … Nun wird es für die nationale Opposition in den nächsten Wochen und Monaten weiter darauf ankommen, den Gutmenschen die Maske ihrer falschen Humanität herunterzureißen, der schweigenden Mehrheit eine Stimme zu verleihen und vor Ort eine tragfähige Gegenöffentlichkeit zu etablieren.«

Auch der eindrucksvolle »Ring des Vertrauens« um das Asylbewerberheim am Pfingstsamstag 2013 wird auf der NPD-Website am 20. Mai 2013 kommentiert: »Doch die vom linken Frührentner Mathis Oberhof angepriesene Bereicherung durch die Flüchtlinge stößt nicht im gesamten Ort Wandlitz auf Akzeptanz. Aber diese Tatsache wurde durch alberne Straßentänzer und Friedenslieder zu ignorieren versucht …«

Wir als Aktive des Runden Tisches sollten uns keine Illusionen machen: Der harte Kern von NPDlern, Ausländerfeinden und Neonazis hat sich vermutlich in Wandlitz nicht verändert. Bei der Bundestagswahl 2009 erhielt die NPD in Wandlitz 263 Stimmen, fünf Jahre später mit 293 sogar noch 30 Stimmen mehr. Dieser Zuwachs war allerdings ausschließlich einer höheren Wahlbeteiligung geschuldet, der prozentuale Anteil blieb bei 2,6 Prozent. Diesen harten Kern werden wir auch mit noch so viel Willkommenskultur, Argumenten und Freundlichkeit nicht erreichen. Darum ging es uns aber auch nie. Uns war wichtig, ein Bündnis zwischen den Rechten und der verängstigten Mitte der Wandlitzer Bevölkerung zu verhindern. Die Neonazis sollten ihr menschenfeindliches Gedankengut nicht wirken lassen und auf dem Rücken der Flüchtlinge ihre Ideologie verbreiten können. Dass dies gelungen ist, zeigt auf wunderbare Weise die Reaktion auf die geplante Provokation der NPD am Pfingstsamstag 2013 am Bahnhof Wandlitzsee und vor dem Wohnheim, die ich hier dokumentieren möchte, um Mut zu machen. Hier waren alle gefragt. Angst oder Schockstarre mussten überwunden werden, denn jetzt ging alles sehr schnell!

Die Wanderdemo der NPD

Donnerstag vor Pfingsten, klingelte um acht Uhr morgens das Telefon: »Herr Oberhof, die NPD hat ganz kurzfristig für Samstag eine sogenannte Wanderdemo angemeldet. Zuerst vor dem Bahnhof Wandlitzsee und dann vor dem Übergangswohnheim. Wir suchen nach Lösungen, mit denen wir diese Kundgebungen verhindern können. Haben Sie eine Idee?«

In meinem Kopf rumorte es, die Gedanken überschlugen sich: Verdammt noch mal! Warum jetzt? In diesem frühen Stadium! Immer wieder hatte ich betont, wir seien keine politische Initiative, sondern handelten vorpolitisch und appellierten an die Barmherzigkeit und Solidarität. Und jetzt, innerhalb von wenigen Stunden, stand vor uns die Aufgabe, zu einem Protest zu mobilisieren. Unser hehrer Grundsatz »Nicht *gegen* das *Böse*, sondern *für das Gute!*« ließ sich in dieser Situation nicht durchhalten. Die NPD wollte wohl ausprobieren, wer in Wandlitz am längeren Hebel sitzt: diejenigen, die Angst vor dem Fremden verbreiten, oder diejenigen (wie sie auf ihrer NPD-Homepage des Kreisverbandes Barnim-Uckermark seit Wochen höhnten) »Gutmenschen«, die Solidarität mit den Flüchtlingen praktizieren.

Klar war sofort: Es gibt keine Tricks und keine Alternative! Solange die NPD eine zugelassene Partei ist, können wir formal nicht verhindern, dass ihr das Grundrecht auf Versammlungsfreiheit selbst für solch eine provokatorische Absicht wie ausländerfeindliche Reden unmittelbar vor dem Übergangswohnheim genehmigt werden muss.

24 Stunden später saßen wir im evangelischen Gemeindehaus in Wandlitz, wütend, ein wenig ratlos und sehr sorgen-

voll. Am Runden Tisch: die Pfarrerin, die Rechtsanwältin, die Mitarbeiterinnen der Gemeindeverwaltung, zwei Künstlerinnen, ein mir bisher unbekannter männlicher Mitbürger, der nicht will, dass Wandlitz als ein Treffpunkt von Neonazis in die Schlagzeilen kommt, meine Frau Margot und ich.

Wir versuchten als Erstes zu klären: Welche juristischen und formalen Möglichkeiten haben wir? Ergebnis: Verhindern können wir die Veranstaltung nicht. Was also ist die Alternative, und vor allem: welche Alternative passt zu unseren Grundsätzen, auf Gegenaggression zu verzichten? Die Aufgabe lautete also: Wie schaffen wir es, im positiven und konstruktiven Geist der Wandlitzer Willkommenskultur einen »Kontrapunkt« zu setzen? Nachdem der erste Schock überwunden war, lief die Diskussion, und die ersten Ideen lagen bald auf dem Tisch. Zwei davon, die uns gut gefielen: Die Wandlitzer Chöre können sich zu einem »Open-Air Chorfestival gegen Rassismus« vor dem Bahnhof Wandlitzsee zusammenschließen! Der Kreissportbund und die örtlichen Sportvereine können ein multikulturelles Fußballturnier vor dem Übergangswohnheim organisieren!

Die bange Frage: Würde das alles klappen? Die Polizei »mitspielen«? All das ist unklar, und wie sehr wir alle unter Anspannung standen, zeigte sich, als es mitten in der Besprechung voller Angst und Tränen aus mir herausbrach: »Das Wichtigste ist, dass wir die Flüchtlinge schützen!«

Nachdem ich mich gefangen hatte, schlug ich mit der jahrzehntelangen Routine im Umgang mit Veranstaltungstechnik die Orte vor, an denen rechten Hetzparolen mit elektronischer Verstärkung der fröhliche Protest entgegengebracht werden sollte.

Meine Frau Margot allerdings hatte zunächst ganz andere Gedanken. Sie erinnerte sich sorgenvoll an eine Aktion gegen die NPD, an der wir drei Jahre zuvor am Kriegerdenkmal im Nachbarort Mühlenbeck beteiligt gewesen waren. Damals hatte sich die Mehrheit der Parteien in der Gemeindevertretung darauf geeinigt, »die Neonazis totzuschweigen«, die Linkspartei, der ich damals noch angehörte, war zerstritten und brachte auch keinen alternativen Antrag zustande. Letztlich sahen sich meine Frau und ich zusammen mit einem jugendlichen Nachbarsjungen, der sich unbedingt engagieren wollte, alleine vor die Frage gestellt, wie wir dem sogenannten »Ehrengedenken« der Neonazis am Jahrestag der Befreiung, dem 8. Mai, etwas entgegensetzen könnten. Margot entschied sich mit weiblicher Kreativität, Verrücktheit und positiver Energie dafür, sich als Clown zu schminken.

Doch als wir drei so ganz allein in Richtung der zehn NPD-Aktivisten liefen, überkam mich ein kalter Wutanfall, ohne dass ich etwas dagegen hätte tun können. Mit sich überschlagender Stimme schrie ich so laut, wie es meine Stimmbänder nur hergaben: »Nazis raus! Nazis raus!« Margot und Ben, der Nachbarsjunge, erschraken in diesem Moment furchtbar, auch die Polizisten, die die streitenden Parteien auseinanderhalten sollen, schauten entgeistert, und es dauerte nur wenige Sekunden, bis auch ich selbst über meine eigene Unfähigkeit, die Wut und die Aggression im Zaum zu halten, erschrak.

Aus dieser Erinnerung heraus bestand Margot bei dieser Besprechung darauf: keine Verstärkeranlagen, kein Kampf der Dezibel, keine aggressive Lautstärke, sondern ausschließlich Buntheit, Seifenblasen, Trillerpfeifen und fröhliches Singen. Die Mehrheit bei dieser Besprechung – fast alles Frauen – unterstützten Margot darin: keine Lautsprecher, keine Technik!

Ich beugte mich der Mehrheit, innerlich wohl wissend, dass sie natürlich recht hatten. Allerdings einigten wir uns auch darauf, dass ein Text hermüsse, mit dem wir viele Menschen mobilisieren könnten. Drei Stunden später ging ein solcher Text zunächst an den Verteiler der Unterstützer des Runden Tisches. Denselben Text erhielt ich in den Abendstunden vor dem Pfingstsamstag noch fünfmal als Weiterleitung oder als Weiterleitung der Weiterleitung zurück, weil an diesem Abend offensichtlich viele Verteiler, die auf den Festplatten der verschiedenen Wandlitzer Privatcomputer gespeichert waren, mobilisiert wurden, um diese Nachricht weiterzugeben. Auch ein Zeichen, wie etabliert die Willkommenskultur bereits zu diesem Zeitpunkt war.

Wir schrieben:

Wandlitz bleibt bunt wie der Regenbogen. Samstag um 10:30 auf zum Bahnhof und um 12:00 zum Übergangswohnheim! Liebe Mitbürgerinnen und Mitbürger! Chers concitoyens! Queridos conciudadanos! Dear fellow citizens! Уважаемые сограждане! گی! __همراهان رام *Wandlitz ist stolz auf seine Willkommenskultur. In Wandlitz leben Menschen aus 80 Nationalitäten friedlich zusammen. In unserer schönen Natur kann »jeder nach seiner Façon selig« werden, ob Nichtglaubender, Christ oder Jude, Moslem oder Buddhist, egal welcher sexuellen Orientierung oder weltanschaulichen Haltung. Wenn am Samstag eine kleine Gruppe unverbesserlicher NPDler, Rassisten und Neonazis versucht, uns etwas anderes überzustülpen (die NPD hat von 11–12 Uhr vor dem Bahnhof und von 12:15–13 Uhr vor dem Übergangswohnheim eine Wandermahnwache angemeldet!), dann widersprechen wir mit Frohsinn, Singen und Sport. Anstelle von Ausländerfeindlichkeit stellen wir das fröhliche Chorsingen der Chöre KANTOREI WANDLITZ, JUBILATE und des Schulchors des Wandlitzer Gymnasiums. Zusammen mit allen anderen erheben wir einen vielstimmigen Gesang für ein vielfältiges, buntes und freundliches Wandlitz, für Solidarität und Menschenwürde. Kommt um 10:30 zum Bahnhof Wandlitzsee.*

Seid bunt gekleidet, bringt Musikinstrumente mit, schminkt euch farbig, holt die Luftballons, Konfetti, Luftschlangen, die wunderbaren Seifenblasen aus der Schublade. Wir lassen uns das bereichernde Zusammenleben unterschiedlicher Kulturen nicht verderben! Wir wollen am Samstag in fröhlicher Gewaltlosigkeit mit Fantasie und guter Laune zeigen: Wandlitz heißt alle und alles willkommen, nur nicht Hass und Rassismus.

Wir stellen uns vor unsere Mitbürger aus anderen Ländern, die oft genug in Ihrer Heimat mit Hass und Gewalt konfrontiert waren. Das wird es in Wandlitz nicht geben, das versprechen wir euch!

Wir Bürgerinnen und Bürger von Wandlitz sind selbst unter uns vielfältig und unterschiedlich, das macht unsere Gemeinschaft reich und lebenswert. Und wir stehen zu unserer Verschiedenheit, geben uns die Hand und bilden um das Übergangswohnheim einen Ring des Vertrauens.

V.i.S.d.P.: Mathis Oberhof, Runder Tisch der Toleranz Wandlitz

Und feiert mit uns gemeinsam am Sa., dem 25. Mai., 12–16 Uhr das Bürgerfest im Übergangswohnheim mit vielen Überraschungen!

Als ich am Pfingstsamstag um zehn Uhr morgens mit meinem Wohnmobil auf dem Parkplatz vor dem Bahnhof Wandlitzsee eintraf, lag dieser zunächst ruhig und menschenleer vor mir, als wäre es ein ganz normaler Samstagmorgen. Die spiegelglatte Oberfläche des gegenüberliegenden Wandlitzsees präsentierte sich als Postkartenidyll, nichts ließ ahnen, dass hier ziemlich heftige Dinge passieren würden.

Schon bald waren wir mehr, als ich zu hoffen gewagt hatte. Der Direktor des Gymnasiums hatte sich vorher in seiner Schule mit den Schülern getroffen, gemeinsam waren sie hergekommen, dazu natürlich die Bürgermeisterin, ein Landtagsabgeordneter, einige Gemeindevertreter. Vor allem aber so viele Bürger mit lauter fröhlichen kreativen Einfällen: rote, grüne, gelbe Rosen, verrückte Hüte mit Wiesenblumen darauf, Schirme in Regenbogenfarben, verkleidet als türkischer Sultan oder Afrikaner, ein Festival der Seifenblasen. Bunt, fröhlich, aber auch entschieden in der Sache gegen Rassismus!

Ohne dass es einer Absprache bedurft hätte, dirigierte unsere Chorleiterin von der Kantorei Wandlitz einen »Spontan-Chor« von Menschen, die sich zum Teil nie vorher gesehen hatten, geschweige denn, dass sie gemeinsam gesungen hätten und die Texte kannten. Nachts um 3 Uhr war ich aufgewacht und hatte noch schnell ein paar Liedtexte aus dem

Internet zusammengetragen. Vor Beginn der Aktion hatte Frau Donatius 200 Kopien gemacht, sodass nun jeder, der wollte, von diesem Flyer die Texte ablesen und inbrünstig mitsingen konnte. Singen zum Schutz unserer neuen Mitbürger und als Antwort auf die hetzerischen Reden der bald eintreffenden zwölf Neonazi-Aktivisten auf einem NPD-Lkw.

Wir hatten uns leichte und einfache Volkslieder ausgesucht. Der Ohrwurm war zweifelsohne »We Shall Overcome«. Wie oft haben wir es an diesem Tag gesungen? 20-, 50-, 100-mal? Und die letzte Zeile war uns ein gesungener Anspruch, ein paar Wörter von Zukunftsvisionen: »Wandlitz wie ein Regenbogen!« Ein weiteres Spiritual durfte nicht fehlen: »We shall Not Be Moved« mit der dazugedichteten letzten Strophe mit den Worten: »Unsere Stadt ist bunt, nicht braun!« Und damit Wandlitz wirklich verkündete, dass es bunt sein mag, sangen wir immer und immer wieder:»Bunt, bunt, bunt sind alle meine Kleider!«

Um elf Uhr traf der große NPD-Lkw mit der Aufschrift »Asylmissbrauch stoppen!« am Bahnhof ein. Der reservierte Platz war allerdings bereits durch Pkws besetzt. Offenbar keine Protestaktion, sondern unachtsame Samstagseinkäufer, die die Absperrungen durch Hinweisschilder übersehen hatten. So blieb den Neonazis nichts anderes übrig, als auf der Fahrbahn stehen zu bleiben, ihre Laderampe zu senken und vom eilig aufgestellten Rednerpult ihre Hetzparolen zu verbreiten. Die zufällig oder bewusst vorübergehenden Bürger nahmen allerdings akustisch etwas ganz anderes wahr: einen laut singenden Chor, dazu ein Konzert vielstimmiger Trillerpfeifen und die Percussion-Musik, erzeugt von Kochtöpfen und

Kochlöffeln. Schon bald sahen die Gestalten auf dem Lkw nur noch frustriert aus. Ihnen wurde vor Augen geführt, dass sie zumindest hier am Ort isoliert und in der verschwindenden Minderzahl waren.

Als sich abzeichnete, dass die NPD am Bahnhof keinen Stich machen würde, packte ich meine Sachen und fuhr zum Wohnheim, dem noch viel entscheidenderen Standort der Demonstration. In kurzen Ansprachen begrüßten es der Landrat, die Bürgermeisterin, die Pfarrerin und die Sozialdezernentin, dass hier inzwischen 200 bis 300 Bürger friedlich, fröhlich und kreativ versammelt waren, um einen menschlichen Schutzwall um das Wohnheim herum zu bilden.

So warteten wir auf den Lkw und die nächste Aktion der NPD. Doch bevor diese überhaupt in die Nähe des Heims gelangen konnte, passierte etwas, das zeigt, wie angespannt bei aller Buntheit und Fröhlichkeit die Situation doch war.

In der Besprechung am Vorabend des Pfingstsamstags hatte bei der Erörterung verschiedener Optionen unserer Reaktion auf die NPD-Aktion Frau Donatius gefragt: »Kann man nicht einfach die Bernauer Chaussee mit einem PKW blockieren, sodass die Nazis nicht vors Heim kommen können?«

Ich sah, wie eine Hälfte der Teilnehmer schmunzelte, während die andere Hälfte Frau Donatius erschrocken ansah. Um die Situation zu entspannen, antwortete ich: »Ich glaube, das ist eine Idee, die man nicht in so großem Kreis erörtern kann, sondern die jemand einfach spontan machen oder lassen muss.« Damit war das Thema offiziell erst mal vom Tisch, doch in meinem Kopf rumorte die Idee. Einerseits: Wir hatten absolute Gewaltlosigkeit beschlossen! Andererseits: Kein Auto

300 bunt gekleidete Wandlitzer bilden eine Menschenkette um das Heim.

würde sich so sehr zur Blockade der Durchfahrt eignen wie unser 23 Jahre altes Wohnmobil, da es mit dem Mopedanhänger eine Gesamtlänge von immerhin 6,50 Meter aufzuweisen hatte. Über solche Formen des zivilen Ungehorsams, wie die Durchführung von Blockaden gegen neonazistische Provokationen, hatten wir in diesem Kreis noch nie diskutiert. Nun, so kurz vor dem Eintreffen der NPD, war auch gar keine Möglichkeit mehr dazu. Würde so eine Aktion die Atmosphäre anheizen? Wie würde sich die Polizei verhalten? Irgendwann verwarf ich die Idee und wollte mich nicht länger mit ihr beschäftigen.

Am nächsten Morgen entschied ich mich allerdings, die schweren Lautsprecherboxen, die wir brauchten, nicht mit dem kleinen Pkw, sondern mit dem Wohnmobil zu transportieren. Als ich die Boxen schließlich mittags vor dem Heim auslud, forderten die dort schon anwesenden Polizeibeamten mich umgehend auf, das Fahrzeug zu entfernen, was ich auch tat.

Es war tatsächlich ein massives Aufgebot an Polizeikräften vor Ort. Da die meisten demonstrationserfahrenen Polizisten in Eberswalde-Finowfurt im Einsatz waren, wo am selben Tag große Demonstrationen gegen ein Neonazi-Rockkonzert stattfanden, hatten wir es hier in Wandlitz mit Beamten einer Antiterroreinheit zu tun. Mit dicken schusssicheren Westen, ganz in Schwarz und martialisch taten sie ihren traurigen Job, über den sich manch ein Beamter anschließend im persönlichen Gespräch genervt zeigte: »Wir wären lieber auch auf Ihrer Seite, als heute diesen Dienst zu tun!«

Nichtsdestotrotz: Die Stimmung war prächtig, wir sangen und tanzten. Und plötzlich hatte ich das Gefühl, dass ein Querstellen des Wohnmobils stimmig in unsere Aktion passte. Genau in dem Augenblick, als wir die Kolonne mehrerer Polizei-Einsatzfahrzeuge vor und hinter dem NPD-Lkw herankommen sahen, setzte ich mich in mein Wohnmobil, das ich gegenüber dem Heim geparkt hatte, und begann, das Fahrzeug zu wenden. Als es exakt 90 Grad zum Fahrbahnverlauf stand und damit die ganze Breite der Bernauer Chaussee versperrte, drehte ich den Schlüssel rum, stieg aus, schloss das Auto ab und wollte mich zum Heim zurückbegeben. Allerdings hatte ich die Rechnung ohne die Beamten der Antiterroreinheit gemacht: Sie, die es in ihrem regulären Polizeialltag nicht gewohnt waren, bei Demonstrationen deeskalierend zu wirken, sondern Amokläufer oder Terroristen zu jagen, reagierten auf mich eben wie auf einen Amokläufer oder Terroristen. Ich konnte gar nicht so schnell schauen, wie ich von zwei Beamten fest in den Polizeigriff genommen und zur noch warmen Motorhaube meines Wohnmobils geführt wurde. Dort musste ich mich, wie ich es bisher nur aus amerikanischen Krimis kannte, breitbeinig und mit erhobenen Händen an die Kühlerhaube gelehnt einer Leibesvisitation unterziehen lassen. Hinterher erzählte mir Margot schmunzelnd, wie ich in dieser Situation fröhlich, aber aufgeregt immer wieder rief: »Keine Gewalt!«

Die Beamten holten aus meinen Taschen mein Portemonnaie und mein Handy heraus, der Autoschlüssel dagegen war verschwunden, offenbar war er mir bei der »Festnahme« aus der Tasche gefallen. Aus den Filmaufnahmen beteiligter Presseteams konnte man später sehen, wie in Sekundenschnelle ein Beamter auf das Dach des Wohnmobils gestiegen war und ein weiterer Kollege das rückwärtige Küchenfenster des Wohnmobils geöffnet und mit einem Greifarm von innen die verschlossene Tür zur Wohnkabine des Mobils geöffnet und offenbar nach gefährlichen Objekten gesucht hatte. Den Beamten erklärte ich, dass mein Fahrzeug nicht angesprungen sei, und auf die Frage des Einsatzleiters, ob ich denn Mitglied im ADAC sei, antwortete ich wahrheitsgemäß: »Nein, aber im ACE. Ich rufe gleich an, damit die ein Abschleppfahrzeug herschicken.«

Um die Verwirrung komplett zu machen, hatten die zehn jungen Antifa-Aktivisten mit ihren Rastalocken und schwarzen Kapuzenpullis, die aus Bernau zur Unterstützung nach Wandlitz gekommen waren, die wenigen Sekunden der Verwirrung genutzt, um sich sitzend vor den NPD-Lkw zu platzieren. Aber genauso schnell wie bei mir waren auch jene in den Polizeigriff genommen und ihre Kurzzeitblockade beendet worden. Ich registrierte diesen Vorgang aus den Augenwinkeln, und spätestens jetzt war mir glasklar, dass mit dieser Art von hochemotionalisierten Polizeibeamten eine Eskalation drohte, die ich doch immer hatte vermeiden wollen.

Inzwischen hatten sich viele Demonstranten um uns gruppiert und protestierten lauthals gegen meine »Festnahme«. In dieser von Adrenalin angereicherten Situation schickte mir der Himmel einen Engel, meine Frau Margot. Sie stellte sich ganz nah und ganz ruhig vor mir auf und sagte: »Mathis, schau, dass du den Schlüssel bekommst, und fahr jetzt das Fahrzeug weg!«

Das war die Botschaft, die ich in der Verwirrung über den heftigen Polizeieinsatz jetzt bitter nötig gehabt hatte. Ich wendete suchend den Blick, und schon kam eine Demonstrantin auf mich zu und übergab mir den Autoschlüssel, den sie offenbar im Verlauf meiner Festnahme gefunden und an sich genommen hatte. Meine Personalien waren bereits längst festgestellt worden, und die wütenden, eher schreienden als sprechenden Polizeibeamten drohten mir die sofortige Verhaftung an, wenn ich erneut mit meinem Fahrzeug die Straße versperren würde.

Vier Monate später erhielt ich einen Strafbefehl der Staatsanwaltschaft Frankfurt/Oder wegen Verstoßes gegen das Versammlungsgesetz: 40 Tagessätze à 30 Euro, also 1200 Euro Geldstrafe.

Als ich darüber die Presse informierte und die Regionalzeitung in einem großen Artikel berichtete, erreichten mich viele wütende Reaktionen, aber auch viel Solidarität. Ich fand mich in einer merkwürdigen Situation wieder: Wenn Anrufer oder Gesprächspartner auf Richter und Staatsanwälte schimpften, die sich vermeintlich zum Büttel der NPD machen würden, musste ich sie aus innerer Überzeugung stoppen: Solange die NPD nicht verboten ist, sind Polizei, Staatsanwaltschaft und Gerichte verpflichtet, deren Grundrechte als vom Grundgesetz privilegierte Partei genauso zu schützen wie die jeder anderen zugelassenen Partei. Ich freute mich über die Solidarität und die Zusagen, mir bei der Begleichung einer etwaigen Geldstrafe zu helfen, aber gleichzeitig löste es auch Nachdenklichkeit in mir aus, welche – wie ich fand – zum Teil überzogene Reaktion auf die Justiz der Strafbefehl auslöste. Das hatte ich nicht gewollt.

Umso erfreuter war ich, dass nach meinem Einspruch gegen den Bußgeldbescheid und einem intensiven Schriftwechsel zwischen mir und dem zuständigen Gericht, Gesprächen zwischen meinem Bruder, der meine Rechtsvertretung übernommen hatte, und dem Richter das Verfahren eingestellt wurde. Allerdings nur gegen die Auflage einer Geldspende in Höhe von 1000 Euro an eine karitative Organisation. Der Clou dabei: Die zu begünstigende Organisation sollte PRO ASYL sein. Innerhalb von zwei Monaten war der Betrag gespendet und konnte nun die Arbeit dieser bundesweit anerkanntesten Initiative für die Rechte der Asylbewerber stärken.

Dennoch hätte die spontane Aktion beinahe ins Auge gehen können. Zwar bleibe ich dabei, dass Blockaden ein legitimes Mittel zivilen Ungehorsams sein können, wie es das Bundesverfassungsgericht nach den Blockaden des amerikanischen Depots von Pershing-II-Raketen in Mutlangen im Jahre 1983 höchstrichterlich feststellte. Solche Blockaden dürfen jedoch nie Einzelaktionen sein, sondern müssen kollektiv beschlossen werden und vor allem verbunden mit Deeskalationstrainings, die sicherstellen, dass während des gesamten Verlaufs eine absolute Gewaltfreiheit gewahrt bleibt.

Nachdem sich die Situation rund um mein Wohnmobil endlich beruhigt hatte, durfte der NPD-Lkw vorfahren, und es trat ein Zustand ein, der manchen noch immer völlig unbegreiflich erscheint: Nur 30 Meter vom Eingang des Flüchtlingsheims entfernt versuchten Neonazis, ihre Hetze gegen die dort Wohnenden loszuwerden. Aber unsere Strategie ging auf. Bei jedem versuchten Wort der Neonazis sangen wir lauter und engagierter, und so gaben sie schließlich bereits eine Viertelstunde vor Ablauf der Kundgebung auf, luden ihr Rednerpult wieder ein, schlossen ihre Luke und zogen frustriert von dannen. Es ist ja sonst nicht so ein Lied nach meinem Geschmack, aber jetzt, da der NPD-Lkw um die Ecke bog, stimmten wir alle gemeinsam aus vollem Herzen den Klassiker an: »So ein Tag, so wunderschön wie heute!«

Da wir nicht einschätzen konnten, welchen Verlauf die NPD-Aktion am Pfingstsamstag nehmen könnte, hatten wir uns entschlossen, die Kinder aus dem Asylbewerberheim zu einem fröhlichen Zusammensein im evangelischen Gemeindehaus einzuladen. Frau Dörfler und Frau Döring hatten sich bereit erklärt, sowohl den Transport per Pkw als auch den Ablauf des Nachmittags zu organisieren.

Der Schreck war groß, als ein Vater tschetschenischer Kinder beim Eintreffen im Gemeindesaal erklärte, er werde nicht zulassen, dass seine Kinder unter dem Zeichen des »Kruzifixes« als Symbol des gekreuzigten Jesus Christus spielen.

Was tun? Die Lösung war pragmatisch: Die anwesenden Vertreter der Gemeinde sahen kein Problem darin, für die Zeit des Aufenthaltes der muslimischen Kinder das Kruzifix abzuhängen. Später sorgte das für viele Diskussionen: Ist es Solidarität, wenn die eine Religionsgemeinschaft auf Aufforderung der anderen ihre religiösen Symbole versteckt? Es lag an der Kürze der Zeit, an den nach wie vor großen Sprachbarrieren gegenüber den tschetschenischen Asylbewerbern sowie an der aktuellen Gefahrensituation, dass wir die Frage religiöser Symbole nicht vorher und für alle Beteiligten befriedigend klären konnten. Wenn ein Christ nicht in einer Moschee, wenn ein Muslim nicht in einer Synagoge oder ein Jude nicht in einer christlichen Kirche verweilen will, so ist es unter normalen Umständen sein legitimes Recht, dies zu vermeiden. Aber genauso wenig, wie von den einheimischen Christen ein Verzicht auf ihre religiösen Empfindungen, Gefühle und Symbole verlangt werden kann, dürfen wir dies von jenen verlangen, die ja – was wir nie vergessen wollen – nicht freiwillig ihre Heimat verlassen haben.

Noch mal NPD. Noch mal singen. Salsa!

Der Erfolg am Pfingstsamstag beflügelte unsere Aktionen und machte uns stolz. Allerdings ließ die NPD nicht locker. Rund ein Jahr später meldete sie einen Infostand vor dem Bahnhof Wandlitz an, der sich inmitten der Bernauer Chaussee befindet, in der das Wohnheim steht. Er sollte an einem Werktag stattfinden! Mittags um 12 Uhr!

Wir hatten noch weniger Zeit zur Vorbereitung als ein Jahr zuvor! In fieberhafter Eile veröffentlichten wir den Aufruf der Bürgermeisterin und des Runden Tisches, trafen uns vorher zur Ablaufbesprechung, organisierten eine Lautsprecheranlage mit großen Boxen. Ich stellte so viel Salsa-Musik wie möglich zusammen.

Das Problem jedoch: Wo sollten wir Strom für die Lautsprecher herbekommen? Ich entschied mich, bei den Hausbesitzern rund um den Bahnhof Klinken putzen zu gehen. Ein bisschen mulmig war mir schon. Was, wenn ich plötzlich vor einem NPD-Anhänger stehe?, überlegte ich. Was, wenn mir eine Zusage nur vorgetäuscht wird und wir am nächsten Tag ohne Strom dastehen? Als ich am ersten Grundstück klingelte, saßen dort zwei Frauen auf der Terrasse. Ich sagte mit Herzklopfen mein Sprüchlein auf: »Morgen kommt die NPD hierher und will eine ausländerfeindliche Kundgebung durchführen. Wir wollen dagegen mit Salsa-Musik ansingen und -tanzen. Und wollten fragen, ob wir von Ihnen Strom bekommen.« Ich fühlte mich nicht wohl in meiner Haut als »Strom-Bettler«, doch dann konnte ich mich entspannen. Die ältere der beiden Frauen rief laut: »Hans, komm mal her!« Und Hans zeigte sich von der hilfsbereiten Seite: »Was? Die Nazis kommen morgen? Natürlich kriegen Sie Strom. Wir sind zwar in der Zeit nicht zu Hause, aber ich hänge Ihnen eine Kabeltrommel an den Gartenzaun!«

Wow, Treffer, gleich beim ersten Versuch! Ich hatte es gehofft! Man muss nur Vertrauen haben! Denn letztlich ist es tatsächlich so: Die Mehrheit der Menschen ist gegen Ausländerfeindlichkeit und auch bereit, etwas zu tun, wenn es freiwillig und überschaubar bleibt.

Am nächsten Mittag fuhr ich mit dem Wohnmobil zum kleinen Bahnhof Wandlitz. Ich suchte mir den optisch günstigsten Punkt aus, überlegte aber auch vorbeugend, wie wir reagieren könnten, wenn die NPDler womöglich vom Bahnhof aus zum Asylbewerberheim ziehen wollten.

Aus unserem Garten hatten wir eine Regentonne mitgebracht, die mit knalligem Blau angestrichen war. Margot hatte sie mit Blumen und Kreppbändern verziert, und ich hatte morgens noch zwei filzummantelte Trommelstöcke gebastelt, damit der Rhythmus nicht gar zu hart ertönte. Wie viele Menschen würden kommen? Der Platz füllte sich recht schnell, bald waren es schon 80 Menschen, die farbig gekleidet waren oder aber so kamen, wie sie sich gerade von der Arbeit frei machen konnten. Sie alle tanzten mit uns Salsa und sangen aus Leibeskräften unsere Lieder mit.

Und die NPD? Fast konnte man den Eindruck gewinnen, sie hätten schon vorher aufgegeben. Denn anders als im Jahr zuvor waren sie nicht mit ihrem Lkw mit ausländerfeindlichen Parolen angereist, wie man ihn später in der ganzen Bundesrepublik kennen würde, sondern mit einem vergammelten VW-Bus, bei dem eine Firmenwerbung nur schlampig übermalt war. Ganze drei Funktionäre stiegen aus dem Auto aus und versuchten, uns mit einer Verstärkeranlage zu berieseln. Der ganze Auftritt verkam zu einer bizarren Szenerie: keine sonstigen Zuhörer, keine Anwohner der Bernauer Chaussee, keine Ausländer, schon gar keine Anhänger der NPD.

Dafür aber wir: 80 bunte Vertreter der Wandlitzer Zivilgesellschaft, die sangen, tanzten, ihre Percussion-Instrumente

© Gemeinde Wandlitz

Polonaise gegen Rassismus

zum Klingen brachten. Zehn Meter davon entfernt drei einsame, hasserfüllte Männer unter 30, deren plumpe Sprüche und Hetze von niemandem außer ihnen selbst gehört wurden.

Dass die drei Aktivisten der NPD, nachdem sie schon eine halbe Stunde zu spät gekommen waren, nun auch noch eine halbe Stunde vor Ablauf ihrer angemeldeten Kundgebungszeit ihre Koffer wieder packten – wen wunderte es? Zurück blieb eine zufriedene Ansammlung von Menschen: die Bürgermeisterin, die Sozialdezernentin, der katholische Diakon, Vertreter unterschiedlicher Parteien und Initiativen, der ein oder andere ein bisschen heiser, aber alle froh, dass so stimmungsvoll, so unaggressiv den Parolen von Neonazis ein zweites Mal in Wandlitz der Garaus gemacht wurde.

Auch der dritte Versuch einer NPD-Provokation kurz vor den Kommunalwahlen am 23. Mai 2014 vor dem Wandlitzer

Rathaus geriet zur peinlichen Farce. Erneut waren um die 70 Bürgerinnen und Bürger aus Wandlitz zusammengekommen, dieses Mal zu einer Polonaise gegen Hass und Rassismus.

Fazit Hass gegen Hass zu setzen ist paradox. Das stößt viele Menschen ab, die bereit wären, sich gegen Nazis und Ausländerfeindlichkeit zu engagieren. Buntheit, Fröhlichkeit, Kreativität gegen Einfalt, Ausgrenzung und Dumpfheit zu setzen lädt auch bisher abseits stehende Menschen zum Mitmachen ein und ist für sich genommen schon eine Demonstration *für* etwas, nämlich ebenjene Vielfalt als Bereicherung anstelle einer aggressionsgeladenen »*Gegen*-etwas-Haltung«.

»Wir wurden nicht informiert« – Sprechen hilft

Eigentlich gehört dieser Abschnitt gar nicht in das Kapitel über die Feinde des Heims. Doch weil der Ausgangspunkt für das hier geschilderte Gespräch in der Annahme lag, es mit ausländerfeindlichen Gegnern zu tun zu haben, soll es den Abschluss dieses Kapitels bilden. Denn hierin lässt sich zeigen, dass es sich immer lohnt, mehr miteinander zu reden. Abgesehen von ein paar Unverbesserlichen sind die meisten Menschen gesprächsbereit und durchaus auch in der Lage zu einem vernünftigen Austausch der Argumente.

In diesem Sinne führte ich ein Interview mit der Sprecherin der Initiative »Für menschenwürdige Unterbringung! Gegen Kasernierung!«, Andrea Schneider. Diese Initiative richtete sich gegen die Einrichtung eines Flüchtlingsheims im ehemaligen Oberstufenzentrum, und trotzdem war sie eben nicht gegen die Aufnahme von Asylbewerbern.

Dieses Gespräch ist enorm wichtig, weil es über Missverständnisse, Vorurteile und falsche Fronten von uns Einheimischen in Wandlitz erzählt. Auch ich selbst musste mich überwinden, folgte jedoch schließlich dem Vorschlag von Bürgermeisterin Dr. Radant, mich mit der ehemaligen Sprecherin der Bürgerinitiative zu treffen. Heute bin ich froh darüber und habe Frau Radant für diese Idee zu danken.

Ein Termin zur Prüfung der Gemeinsamkeiten hatte schon im Frühjahr 2013 stattgefunden, war aber wegen des aggressiven Auftretens einiger Aktiver der Bürgerinitiative buchstäblich »geplatzt«. Nun ein Jahr später, die Bürgerinitiative hat sich längst aufgelöst, ist die Hoffnung groß, endlich in Ruhe darüber reden zu können, was damals schiefgelaufen ist und wo wir vielleicht aneinander vorbeigeredet hatten.

Es ist ein warmer Tag im Sommer 2014, als ich das gepflegte Grundstück der Heilerziehungspflegerin Andrea Schneider betrete. Es sind nur ungefähr 100 Meter Luftlinie zum Heim. Hier am Ortsrand von Wandlitz, wenige Fahrradminuten vom Liepnitzsee entfernt, hat sich so manche Berliner Familie einen Platz zum ruhigen, grünen, naturnahen Wohnen gesucht.

Frau Schneider hat beruflich mit Behinderten zu tun, aber sie kümmert sich auch in der Freizeit in der Wandlitzer Arbeitsgemeinschaft »Leben ohne Barrieren« um die Menschen mit Handicaps. Sie war Sprecherin der Bürgerinitiative, die sich spontan bildete, als die ersten Informationen über ein Wandlitzer Asylbewerberheim in der Bernauer Chaussee an die Öffentlichkeit drangen. Jetzt, eineinhalb Jahre, später möchte ich von ihr wissen, wie sie die aufregenden Wochen im Herbst 2012 erlebt hat.

Für mich beginnt das Thema »Asylbewerberheim Wandlitz« erst wenige Tage vor dem 5. November 2012. Wie haben Sie vom geplanten Asylbewerberheim erfahren, und was waren Ihre ersten Schritte?
Wir alle hier in der Nachbarschaft – und vielleicht ist das auch ein Teil des Problems – haben erst am 24. Oktober aus der Regionalzeitung erfahren, dass in der Bernauer Chaussee ein Asylbewerberheim geplant ist. Wenn gesagt wurde, dass die direkten Anwohner informiert worden seien, stimmt das nur insoweit, als dass ausschließlich die unmittelbaren Nachbarn des Objekts, also zum Beispiel das Hotel gegenüber, der Gemeindevertreter Neudeck und noch zwei angrenzende Grundstücksinhaber schriftlich informiert worden waren. Das war zu wenig. Die Menschen hier in der Umgebung haben gemerkt: »Hallo, da baut ihr etwas, aber wir werden nicht informiert!« Dadurch sind viele Ängste entstanden. Durch die mangelnde offizielle Information waren wir auf das angewiesen, was uns Menschen erzählten, die selbst einmal im ehemaligen Oberstufenzentrum gewohnt haben: dass es nur ein Internat während der Werktage war und die Schüler am Wochenende nach Hause fuhren, dass es zu wenig Duschen gab, dass dort angeblich Schimmel sei und die Fenster undicht seien und vieles mehr. Das war auch gerade die Zeit, als sich aus Bayern zu Fuß einige Asylbewerber aufgemacht hatten, um gegen die schlechten Zustände in den Asylbewerberunter-

künften zu protestieren. Wir wussten, die haben die Residenzpflicht. Wir wussten von dem anderen Flüchtlingsheim in unserem Kreis in Althüttendorf, dass es sich dort um einen privaten Betreiber handelt. Man sah, den Menschen dort geht es nicht gut, die haben zu wenig Betreuung, die dürfen nicht arbeiten, die sitzen den ganzen Tag rum. Wir wollten einfach, dass es hier nicht so wird. Das war unser Anliegen. Und nicht: »Wir wollen keine Asylbewerber in Wandlitz!« Ich habe den Text der Unterschriftenliste noch einmal angeschaut, da stand: »Für menschenwürdige Unterbringung! Gegen Kasernierung!« Zunächst hatten wir das Restaurant im Waldhotel reserviert, wir mussten dann aber nach oben in den 115 Quadratmeter großen Raum umziehen. Es waren viel mehr, als wir erwartet hatten – die Leute saßen, manche musste stehen –, das Hotel hat dann noch zusätzlich Stühle reingestellt.

In so einer Situation kommt ja alles zusammen. In die konkrete Unzufriedenheit mischt sich zusätzlich das Gefühl: Die da oben machen sowieso, was sie wollen …

Genau das war die Situation: »Wir werden nicht informiert!« Ich war dann ziemlich froh, dass Menschen, die ich aus der Arbeitsgruppe »Leben ohne Barrieren« kannte, mit dabei waren und mir halfen, die Versammlung zu leiten. Der erste Satz, den ich nach der Begrüßung sagte, lautete: »Alle Menschen, die glauben, hier geht es in eine rechte Richtung, sollen den Saal verlassen!« Natürlich sind auch welche geblieben, die wollten wissen, was da passiert, die wollten lenken. Erst später wurden wir von Spezialisten der Polizei angesprochen, dass auch eine führende Funktionärin der NPD bei uns mitmacht. Wir haben ihr dann gesagt: Wir möchten nicht, dass sie noch mal zu uns kommt. Das Ergebnis der Versammlung war aus meiner Sicht, die Forderung, dass der Landrat nach Wandlitz kommt. Das schreibe ich mir nach wie vor auf unsere Fahnen. Der Landrat muss uns informieren, wie und wann was passiert.

Frau Schneider übergibt mir den Brief, den die Bürgerinitiative am 31. Oktober 2012 an den Landrat Bodo Ihrke geschickt hatte. Darin heißt es unter anderem:

> *»... Wir sind enttäuscht, wie und in welcher Abfolge die BürgerInnen der Gemeinde Wandlitz von dem geplanten Vorhaben in Kenntnis gesetzt wurden ... Eine Vielzahl von Integrationsprojekten haben in der Vergangenheit den Beweis erbracht, dass sie nur zusammen mit der Bevölkerung erfolgreich realisiert werden können. Aus den Fehlern anderer sollten wir gemeinsam lernen.*
>
> *Im Vergleich zu anderen europäischen Staaten (... mit einer Einbürgerungsrate zwischen 45 und 59 Prozent) krankt die deutsche Integrationspolitik. Die Einbürgerungsrate Deutschlands liegt bei 5 Prozent. Wir leiden nicht an einem Zuviel an Zuzug, sondern an einem Zuwenig an Einbürgerung und Integration ...*
>
> *Daher schließen wir uns der oben dargestellten Forderung der Flüchtlingsbeiräte an und werden die Einrichtung eines weiteren Asylbewerberheims nicht unterstützen.«*

In dem Brief werden dann eine Fülle von Einzelfragen zur Qualität der Räume, zum Integrationskonzept, zum Betreiber des Flüchtlingsheims und zum Sicherheitskonzept zur Verhinderung oder Abwehr von zu erwartenden rechtsradikalen, fremdenfeindlichen Straftaten formuliert.

Es wird auf die Gefahr des Verlustes von 25 Arbeitsplätzen aus dem gegenüber dem Oberstufenzentrum gelegenen Waldhotel hingewiesen und im vorletzten Absatz formuliert:

> *»Sie können sich sicher sein, dass die Bürgerinnen und Bürger unter solchen Voraussetzungen auch alle erdenkliche Unterstützung geben werden, um eine tatsächliche Integration der Flüchtlinge im Landkreis Barnim und speziell in der Gemeinde Wandlitz zu ermöglichen.«*

Als ich diesen Brief lese, bin ich baff. Er ist in einem sehr sachlichen Stil gehalten, im Zeichen einer klaren Akzeptanz von Flüchtlingen und dem Angebot einer konstruktiven Unterstützung für Integration. Viel sachlicher, als es im Vergleich dazu die Stimmung und die Diskussionsbeiträge auf der Protestversammlung am 5. November 2012 waren. Im Anschluss sprechen wir beide noch einmal über diese Versammlung, die schneidende Stimmung, die aufgeputscht wurde durch ein anonymes Flugblatt mit zehn Fragen (offensichtlich aus dem Kreis der NPD), auf dem Ausländer mit Kriminellen gleichgesetzt wurden. Ich erzähle Frau Schneider, dass ich inzwischen durch Fotos aus dem Internet weiß, dass die NPD-Kreisvorsitzende Aileen Rokohl ebenso wie »Kameraden« der Bernauer Kameradschaft an der Bürgerversammlung im »Goldenen Löwen« teilgenommen haben. Sie hakt sofort ein: »Dass waren die, die Sie nicht haben ausreden lassen, das waren nicht wir!«

Ich antworte ihr, dass ich zu keinem Zeitpunkt und gegenüber niemandem behauptet habe, die ausländerfeindlichen Zwischenrufe seien von der Bürgerinitiative gekommen. Da sie überwiegend in meinem Rücken stattfanden, konnte ich das auch gar nicht sehen.

Ich komme dann auf ein Interview zu sprechen, das das Ostbrandenburgische Digitalfernsehen am Tag der offenen Tür im noch leer stehenden Flüchtlingsheim mit Andrea Schneider führte. Sie wurde befragt, was sie zum Zustand des Heimes sage, und als sie sich anerkennend über Standard, Ausstattung und Raumaufteilung äußerte, wusste der Zuschauer nicht genau, ob sie nun eine Vertreterin einer Flüchtlingsinitiative war oder eben jener Bürgerinitiative, von der vermutet wurde, dass sie das Asylbewerberheim verhindern wollte. Andrea Schneider sagt: »Es wurde ja was gemacht. Es war hell, es war freundlich, es gab genügend Duschen, genügend Sanitäreinrichtungen, es waren die Küchen da, Waschräume, Bügelraum. Alles sehr schön!«

Hätte es zu einem früheren Zeitpunkt die Möglichkeit zu einer Annäherung des Runden Tisches und der »Bürgerinitiative für menschenwürdiges Asyl« gegeben?
Wir hatten das Gefühl, dass wir überhaupt keine Möglichkeit haben, in den Runden Tisch reinzukommen.

Hat Ihnen das irgendjemand gesagt?
Das war so ein Gefühl. Da ist der Oberhof mit seinen Leuten, die machen jetzt alles, und wir sind außen vor und werden in die rechte Ecke gestellt. Wir haben dann auch jemanden von

uns zum Februartreffen des Runden Tisches geschickt, ich wollte unbedingt auf die SMS-Liste des »Rings des Vertrauens«.

Tut mir leid, aber das ist mir nicht übermittelt worden ...
Ich hatte auch mehrere Gespräche mit den Offiziellen im Übergangswohnheim. Eine Freundin von mir hat eine Bekannte in Berlin, die dort in einer Willkommensklasse unterrichtet. Die wäre bereit gewesen, nach Wandlitz zu kommen und von ihren Erfahrungen zu berichten. Aber auf dieses Angebot habe ich leider nie eine Resonanz gehört.

Ich kann mich gut erinnern, dass mir irgendjemand von diesem Angebot erzählte und ich nun immer darauf wartete, dass es konkretisiert würde. Damals brauchten wir so etwas dringend und haben jeden Strohhalm von Angeboten wahrgenommen. So entstehen Missverständnisse!

Zum Schluss frage ich Frau Schneider, was jetzt nach anderthalb Jahren ihr Eindruck von der alltäglichen Realität des Asylbewerberheims in ihrer unmittelbaren Nachbarschaft sei.

Sie antwortet: »Ich sage Ihnen ein Beispiel: Wir hatten im Januar hier einen Einbruch. Sofort kam von einigen der Verdacht: Das waren Flüchtlinge aus dem Asylbewerberheim. Ich hätte nie im Leben daran gedacht, dass es so sein könnte.«

Ist der Einbruch aufgeklärt worden?
Ja, es war kein Bewohner aus dem Flüchtlingsheim, sondern eine Person, die ihren festen Wohnsitz in einem Mitgliedsland der Europäischen Union hat. Mir war von Anfang an klar,

dass die Menschen, die hier ins Flüchtlingsheim kommen, nicht um die Häuser ziehen und einbrechen, da würden sie ja ihr ganzes Asylbewerberverfahren aufs Spiel setzen! Ich finde, es ist ganz große Normalität geworden. Man sieht und hört sie nicht, wenn sie vorbeikommen, grüßen sie freundlich. Und dann vielleicht noch diese kleine Geschichte: Meine Tochter, die in Wien studiert, besuchte mich neulich und rief mich aus der Heidekrautbahn an, ob ich sie vom Bahnhof abholen könne. Da fragte sie mich: »Mama, würdest du auch einen Asylbewerber mitnehmen?« Und ich antwortete: »Na klar, ist was passiert?« – »Nein«, antwortete sie, »aber er sitzt mir hier gegenüber im Zug.« Als ich sie dann vom Bahnhof abholte, fragte ich: »Wo ist denn der Asylbewerber?« Und sie: »Der ist schon losgelaufen.« Sehen Sie: Das ist doch klar, der braucht auch keine Angst zu haben.

Fazit 20 Monate nach einer Bürgerversammlung voller Ängste aber auch Ausländerfeindlichkeit und Hass sitzen das erste Mal ein Befürworter der solidarischen Flüchtlingsaufnahme und eine Vertreterin der Richtung, die nicht gegen Asyl, aber für mehr Aufmerksamkeit für Ängste der Bürger eintritt, an *einem* Tisch. Und wir sind sehr viel näher zusammen, als wir beide vorher dachten. Häufig fordern wir von der Landesregierung mehr Sprachmittler für die Verständigung zwischen fremd- und deutschsprachigen Menschen. Doch gleichzeitig tun wir uns doch so schwer, einander zu verstehen, selbst wenn wir dieselbe Sprache sprechen.

Magomeds Abschiebung und Rückkehr

Die Demonstrationen der NPD waren nicht die einzigen Schreckensmomente, in denen wir die etablierte Willkommenskultur als bedroht ansehen mussten. Eine Geschichte möchte ich exemplarisch schildern. Einmal, weil sie nach einem schrecklichen Anfang ein wunderbares Ende genommen hat. Zum anderen, weil sie zeigt, dass nie alles positiv ist, dass jeder, der Flüchtlingen helfen möchte, immer auch damit rechnen muss, dass es anders kommt, als man hofft. Und dass man trotzdem nie aufgeben darf.

Glücklicherweise waren die Bewohner des Heims in Wandlitz bisher von Fällen der Abschiebung weitestgehend verschont geblieben. Von einer der wenigen, die es gab, muss hier die Rede sein, weil sie mich und alle anderen besonders geschockt hat. Aus diesem Schock entstand jedoch dann die Mobilisierung ganz vieler Kräfte, die halfen, konstruktiv und hoffnungsvoll zu bleiben.

Keine Frage: Das war der schlimmste Moment all der Monate, als ich am Montagnachmittag, dem 15. Juli 2013, um kurz vor 14 Uhr folgende E-Mail öffnete:

Hallo in die Runde, ich bin Tabea und mein Freund Kai und ich sind mit den tschetschenischen Kindern befreundet. Heute Morgen um 5 Uhr wurde die gesamte Familie nach Polen abgeschoben. Das heißt alle außer der Mutter.

Zainab liegt noch im Krankenhaus in Bernau, sie hatte letzte Woche dort eine OP. Jetzt sind der Vater Zelman und seine Kinder Magomed, Linda, Mayrbek und Magabi auf dem Weg nach Polen ins Heim, der Flieger ging schon, die Mutter ist noch hier. Linda hat fürchterlich geweint. Alle wollten nicht ohne die Mutter ausreisen. War den Behörden aber offensichtlich egal. Ich wollte, dass ihr das wisst.

Es gibt viele Bilder mit der glücklich tanzenden Linda, und fast alle Zeitungen schrieben über Magomed. Die Aktion heute um 5 Uhr früh (!) fand statt, ohne dass jemand Fotos gemacht oder etwas darüber geschrieben hat.
Traurig!
Tabea und Kai

Hilflosigkeit! Ratlosigkeit! Ohnmacht! Und, ja, auch: Tränen vor dem Bildschirm. Die Gedanken rasten durch meinen Kopf: also doch alles Vortäuschung falscher Tatsachen? Siegte doch die Gewalt vor der Solidarität? War es falsch, auf die Kooperation mit den staatlichen Behörden zu setzen? Was kann man nur tun?

Noch kannte ich keine genauen Fakten. Noch hatte ich nicht nachgelesen in dem europäischen Abkommen mit dem harmlosen Namen »Dublin-II«. So muss sich Sisyphos gefühlt haben, als er den riesengroßen Stein schon fast auf dem Berg hatte und dieser wieder herrunterrollte. Ich ahnte, dass es um zwei ganz verschiedene Fragen gehen würde:

- Die Abschiebung (meist als »Rückführung« verbrämt) basiert auf dem Dublin-II-Abkommen, das eine drastische Einschränkung des deutschen Asylrechts darstellt. Es besagt, dass Asylbewerber nur im sogenannten »Erstaufnahmeland« Asyl beantragen dürfen. Wer also zum Beispiel aus Tschetschenien flüchtet und kein Geld für einen Flug nach Berlin hat, hat so auch nie eine Chance, in Deutschland politisches Asyl zu beantragen. Unsere Familie Miramatov kam deshalb über Polen nach Deutschland.
- Wurde dieses sowieso zu kritisierende Dublin-II-Abkommen von der Ausländerpolizei im Barnim zu streng ausgelegt? Ausdrücklich heißt es dort, dass Rückführungen vermieden werden sollen, wenn sie mit Familientrennungen verbunden sind.

In meiner Hilflosigkeit entwarf ich zunächst einen Brief an alle Bundes- und Landtagsabgeordneten des Wandlitzer Wahlkreises mit folgendem Wortlaut:

Bitte helfen Sie uns, weitere Abschiebungen zu verhindern! Magomed, Linda und ihre Familie fehlen uns jetzt in Wandlitz!

Sehr geehrte Abgeordnete!
Gestern Morgen um 5 Uhr wurde eine tschetschenische Familie aus dem Übergangswohnheim Wandlitz gegen ihren Willen nach Polen abgeschoben. Magomed, Linda, ihre Geschwister und Eltern hatten auch durch die Aktivitäten unseres Runden Tisches vielfältige Verbindungen zu Einheimischen geknüpft. Nun wurden sie nach dem Dublin-II-Abkommen nach Polen abgeschoben, um dort ihr Asylverfahren durchzuführen und den Ausgang abzuwarten. Obwohl das Bundesamt für Migration ausdrücklich fordert, dass bei Abschiebungen keine Familientrennung herbeigeführt werden darf, ist im Gegensatz dazu der Vater mit den vier Kindern nach Polen verfrachtet worden, während die Mutter noch im Krankenhaus liegt. An der Rechtsmäßigkeit dieser Aktion bestehen deshalb erhebliche Zweifel.

Die Familie kam nach Wandlitz, da sie in Polen von russenfeindlichen Ausschreitungen bedroht wurde und sie die Entführung der Tochter Linda befürchtet. Nach tschetschenischem Recht ist sie nun im heiratsfähigen Alter, und die Familie hat Angst, dass sie als Braut in ihrer ehemaligen Heimat verkauft werden soll.

Mit unserer beeindruckenden Aktion am Pfingstsamstag »Singen gegen Rassismus« konnten wir die Familie vor rassistischen Parolen schützen, vor der Abschiebung nicht.

Wir brauchen Ihre Hilfe!

Ich bitte Sie: Setzen Sie sich dafür ein, dass das Dublin-II-Abkommen geändert bzw. ausgesetzt wird. Höchste deutsche Gerichte haben entschieden, dass wegen des Fehlens rechtsstaatlicher Grundlagen Asylbewerber z.B. nicht mehr nach Griechenland abgeschoben werden dürfen.

Fordern Sie mit uns, dass die sogenannten Rückführungen auch nicht mehr nach Polen stattfinden, wo nach den Verwerfungen des Zweiten Weltkriegs und aus anderen Gründen eine besonders hohe Aggressivität gegen BürgerInnen der ehemaligen Sowjetunion herrscht.

Willkommenskultur heißt nicht nur das Zusammenstehen aller Demokraten und aufrechten Menschen guten Willens gegen Rassismus und Ausländerfeindlichkeit, sondern auch, das deutsche Asylrecht wiederherzustellen, wie es aus guten historischen Gründen nach dem Zweiten Weltkrieg deutsches Verfassungsrecht wurde, Deutschland als das reichste Land der EU muss eher Vorbild sein bei der Rettung von Flüchtlingen als bei der Rettung von Banken!

Mit freundlichen Grüßen
Mathis Oberhof, Wandlitz

Schon beim Schreiben hatte ich das Gefühl, gegen eine Betonwand anzurennen. Am nächsten Morgen allerdings las ich diese E-Mail der Initiatorin des Runden Tisches, Pfarrerin Janet Berchner:

Liebe Tabea, lieber Kai, liebe Leute in der Runde,
ich bin total sprachlos über diese nächtliche Aktion. Ich bin wütend, weil ich die Geschichte kenne, die sich mit dieser Familie verbindet, ich fühle mich hilflos, weil ich nichts tun

konnte, und ich weiß, dass jetzt jeder Protest zu spät kommt. ... Im Moment kann ich nichts weiter schreiben, weil ich erst mal damit klarkommen muss. Wenn Sie Ideen haben, dann lassen Sie es mich bitte wissen. Dann können wir uns am Runden Tisch treffen und besprechen, was wir tun. Ich teile Ihre Betroffenheit von ganzem Herzen.
Herzliche Grüße
Pfarrerin Janet Berchner

So merkwürdig es klingt: Es tat gut, auch von anderen zu hören, wie ohnmächtig und hilflos sie sich fühlten. Da erinnerte ich mich, dass ich in den vergangenen Monaten mehrere völlig überraschende Erfolge von Onlinepetitionen erlebt hatte, am eindrucksvollsten der Erfolg der Petition an den Deutschen Bundestag zur Einführung des »bedingungslosen Grundeinkommens«, ausgelöst von der Greifswalder Tagesmutter Susanne Wiest, für die in kurzer Zeit knapp 53.000 Unterschriften gesammelt wurden und durch die der Server des Deutschen Bundestags zeitweilig zusammenbrach. Keine Ahnung, dachte ich damals, wie so was geht!

Heute weiß ich: Es geht ganz einfach! Ich wählte eine der verschiedenen angebotenen kostenlosen Plattformen für Onlinepetitionen, auf denen alle Werkzeuge und Hilfsmittel angeboten werden, die man für die erfolgreiche Mobilisierung braucht. Wenige Stunden später ging die Petition ans Netz. Sie hieß »Magomed, seine Geschwister und sein Vater müssen zurück nach Wandlitz«.

Im Text wurde der Vorfall beschrieben, und die Petition endete mit den Worten:

Wir fordern, dass der eventuell bei der Abschiebung dem Bundesamt unbekannte Krankenhausaufenthalt der Mutter zum Anlass genommen wird, die Familie wieder zusammenzuführen. Das hohe Gut der Familienzusammenführung darf für deutsche Behörden nicht mit dem Jahr 1989 der Vergangenheit angehören!

Schnell war eine Handreichung angefertigt: »Wie kann ich eine Petition weiterverbreiten an E-Mail-Kontakte oder Facebookfreunde?« Das alles ist nicht schwer und auch für Laien einfach umzusetzen. Innerhalb einer Woche kamen bereits 574 Unterschriften zusammen. Über eine Aktivistin des Runden Tisches wurde auch Adrienne Göhler angesprochen, ehemalige Präsidentin der Hochschule für Künste in Berlin und spätere Bildungssenatorin in der Hauptstadt, über Facebook erreichte ich Genpo Döring, den Vizepräsidenten der Weltorganisation der Buddhisten.

Dies hier war ein politischer Konflikt! Es ging um eine Petition, es ging ums Dublin-II-Abkommen, es ging um Ämter und Behörden. Da war nicht viel Platz für Gefühle. Trotzdem war mir wichtig, unseren Gefühlen den Raum zu geben, der ihnen zustand. Mit dem folgenden Brief an Magomed setzte ich dieses Vorhaben um.

Lieber Magomed,
auf einmal warst Du weg. Um 5 Uhr morgens am Montag wurdest Du, Dein Vater und Deine drei Geschwister von drei Polizeiautos abgeholt und zum Flughafen Tegel gebracht. Von dort in das Land, aus dem ihr vor knapp einem halben

Jahr hierherkamt, weil der Aufenthalt dort für euch immer gefährlicher wurde. Magomed, wir vermissen Dich! In den 6 Monaten bist Du uns ans Herz gewachsen. Klar, bei dem, was Du in Deinen jungen Lebensjahren an Grausamkeiten in Deiner Heimat Tschetschenien erlebt hast, warst Du, als Du in Wandlitz ankamst, ganz schön hibbelig. Aber Du hast schnell Freunde gefunden, hast mich zunächst mit Deinem Englisch und dann auch mit Deinen Deutschkenntnissen überrascht. Du hast gern und schnell gelernt. Schon im Februar schrieb eine Journalistin des Tagesspiegel*: »Magomed weiß zwar nicht genau, wo dieses Wandlitz liegt, aber er hat die Augen seiner Mutter strahlen sehen, als sie nach dem Umzug ins frisch renovierte Wohnheim die sauberen Zimmer, Küchen und Toiletten betrat. Und er hat entdeckt, dass hier auch Kinder Fußball spielen.« Ja, Du bist ein toller Fußballer. Die Trainer und Freunde im 1. FC Wandlitz haben das auch bald erkannt, als sie Dir Trainingsmöglichkeiten gaben. Ein unbekannter Wandlitzer sah Dich auf dem Fußballplatz dribbeln und drückte Bernd vom Runden Tisch 60 Euro in die Hand, damit er Dir vernünftige Fußballschuhe kauft.*

Wir haben mit Dir Schwimmen gelernt. Wenn Du zum Schuljahresanfang in Wandlitz eingeschult würdest, solltest Du genauso wie die meisten einheimischen Kinder schwimmen können. Du warst so weit. Beim Bürgerbegegnungsfest hast Du mit uns getanzt und gelacht. Du warst mit Elvira und anderen beim Baden. Du wurdest immer ruhiger. Wir alle haben Dich in unser Herz geschlossen. Und nun bist Du weg. Wir wissen nicht, wo Du bist, wir wissen nicht, wie es Dir geht. Wir konnten uns nicht einmal verabschieden.

Warum nur, Magomed, wirst Du fragen, kannst Du nicht in Wandlitz bleiben? Ich kann es Dir nicht erklären, lieber Magomed. Ich bin wütend und traurig. Aber ich gebe die Hoffnung nicht auf, dass wir uns wiedersehen.

Die Menschen, die dafür verantwortlich sind, dass Du nach Polen zurückmusstest, nennen ein Gesetz, das Dublin-II heißt. Aber dort heißt es doch gleich im Satz 6 ausdrücklich: »Die Einheit der Familie sollte gewahrt werden.« Trotzdem hat man Dich und Deine Geschwister von Deiner Mutter getrennt. Deine Schwester hat laut geweint, Deine Mutter weint seit Montagmorgen.

Nein, Magomed, Deine Abschiebung nach Polen ist – wie wir Erwachsenen sagen – weder Recht noch rechtens noch gerecht. Ich kann Dir nichts versprechen, weil ich kein Zauberer bin. Aber Du sollst wissen: Wir haben Dich gern, wir denken an Dich, und wir versuchen alles, damit Du wieder zurückkommen kannst nach Wandlitz.

Denn es gilt nach wie vor, auch wenn es zurzeit nicht möglich ist: ***Magomed, Du bist weiter willkommen in Wandlitz!***

Ganz liebe Grüße

Die russischstämmige Schwiegermutter eines Aktivisten des Runden Tisches übersetzte den Brief ins Russische, und als wir schließlich doch erfuhren, wo Magomed, seine Geschwister und sein Vater in Polen nach der Abschiebung untergebracht worden waren, erhielten sie diesen Brief, von dem ich damals niemals hätte ahnen können, dass seine optimistische Hoffnung drei Monate später in Erfüllung gehen würde.

Eine Redakteurin der Zeitung *Die Kirche* hakte beim Bundesamt für Migration nach und erfuhr ein wichtiges Detail: Das Amt wusste anscheinend nicht, dass die Mutter der Familie zum Zeitpunkt der Rückführung im Krankenhaus war. Ein Skandal! Das ermutigte uns dazu, die Anstrengungen zu verstärken. Einige wenige Abgeordnete antworteten auf meinen Brief:

- Der FDP-Abgeordnete Gregor Beyer ließ erklären, er habe die Anfrage an die Landtagsfraktion weitergeleitet.
- Der CDU-Abgeordnete Jens Koeppen verteidigte in einem ausführlichen Schreiben Dublin-II und vermied jede konkrete Aussage zum vorliegenden Fall.
- Die Landtagsabgeordneten Sabine Niels (Bündnis 90/ Die Grünen) und Michael Luthard (Linke) haben die Petition unterzeichnet.
- Die (damalige) parlamentarische Geschäftsführerin der Bundestagsfraktion der Linken und Vorsitzende der Rosa-Luxemburg-Stiftung, Dagmar Enkelmann, vereinbarte kurzfristig ein Treffen im Übergangswohnheim, das am 25. Juli 2013 stattfand. Sie versprach, sich beim Bundesamt für Migration für die Rückführung einzusetzen, und dankte dem Runden Tisch für seine Aktivitäten.

Als der Staatssekretär im brandenburgischen Sozialministerium, Wolfgang Schröder, das Heim besuchte, wurden ihm die ersten 700 Unterschriften überreicht. Ohne konkrete Aussage versprach auch er, sich darum zu kümmern. Gehört haben wir seither nie wieder etwas von ihm.

Dann machte uns ein Bericht aus dem bayerischen Windsbach neue Hoffnung. Ein Redakteur der Wochenzeitung *DIE*

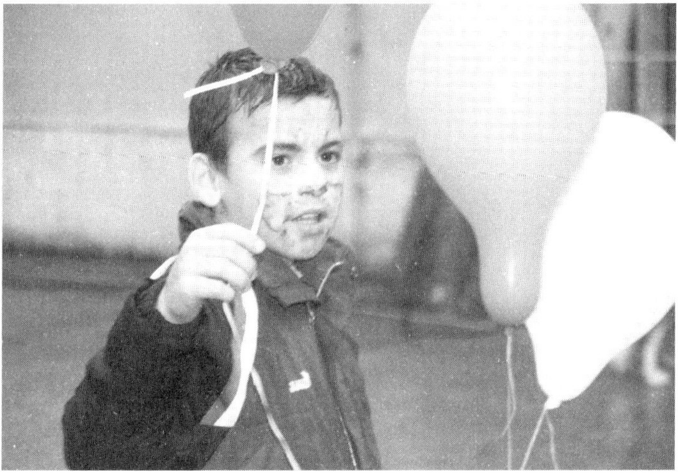

© Gemeinde Wandlitz

Magomed wurde schnell zum Liebling vieler Willkommenshelfer. Am 15. Juli 2013 morgens um 5 Uhr wurde er nach Polen abgeschoben.

ZEIT recherchierte, dass eine nach Polen »zurückgeführte« Familie dort in einem gefängnisähnlichen Lager festgehalten wurde. Dieser Bericht und der Protest bayerischer Bischöfe führten dazu, dass das Bundesamt für Migration das Asylverfahren von Polen an die Bundesrepublik Deutschland übernahm.

Jetzt wussten wir: Genau das war es, was wir erreichen mussten. Kein leichtes Ziel, denn mit einem solchen Beschluss verbunden sind Gelder, die bis zum Abschluss eines Asylbewerberverfahrens vom deutschen Staat (statt sonst vom polnischen Staat) aufgewendet werden müssen.

Mitte August antwortete der Präsident des Bundesamts für Migration in einem dreiseitigen Brief auf die Intervention von

Dagmar Enkelmann. Ausführlich legte er dar, dass nach seiner Sicht alle Schritte rechtsstaatlichen Prinzipien entsprächen. Das machte uns nicht unbedingt hoffnungsvoller.

In dieser Zeit fuhr die Redakteurin des Berliner *Tagesspiegel*, Sandra Dassler, in das 500 Kilometer von Berlin entfernte polnische Flüchtlingslager Gupa, rund eine Autostunde südlich von Gdansk, um Magomed, seine Geschwister und seinen Vater zu besuchen.

Der Vater erschien ihr, als im traditionellen muslimischen Milieu erzogener Mensch, bei der Betreuung seiner vier Kinder überfordert. Der Bericht im *Tagesspiegel* brachte unserem Fall bundesweit zusätzliche Aufmerksamkeit. Auch der Barnimer »Beirat für Integration und Migration« wandte sich in einem Brief an das Bundesamt für Migration in Nürnberg.

Schließlich kam noch ein Skandal hinzu, der das Fass zum Überlaufen brachte: Mitarbeiter einer Ausländerbehörde versuchten, die Mutter von Magomed, die sich seit Wochen im Krankenhaus befand, dazu zu bewegen, ihrer Familie nach Polen zu folgen, und wollten sie abschieben. Nur dem Widerstand der Ärzte ist es zu verdanken, dass dieser erneute Versuch der Abschiebung verhindert werden konnte. Der Vorfall ging durch alle Zeitungen, die Empörung war groß.

Freudentränen über die Erfolgsnachricht

Am 6. September dann die unglaubliche Überraschung! Noch inoffiziell erfuhren wir von der Anwältin der tschetschenischen Familie, dass das Bundesamt für Migration der Übernahme des Asylbewerberverfahrens für die Familie von der Volksrepublik Polen durch die Bundesrepublik Deutschland zugestimmt hatte. Nun flossen wieder Tränen – Freudentränen!

Mit diesem Erfolg hatte kaum jemand rechnen können. Wir hatten nicht zu hoffen gewagt, dass uns das gelingen könne. Der Presse gegenüber erklärten wir sogleich, dass die Ankunft von Magomeds Familie mit einem Willkommensfest verbunden sein würde, wie sollte es anders sein im Wandlitz der Willkommenskultur.

Vier Wochen später fuhr ich mit Tabea Kronzucker, die sich von Anfang an um die Familie kümmerte, zum Flughafen Tegel, um die Wiedervereinigung der Familie erleben zu können.

Mit meinem Wohnmobil brachten wir die Neuankömmlinge in ihre frisch eingerichtete Wohnung in einer Neubausiedlung. Als wir an der Autobahnausfahrt Wandlitz vorbeifuhren, sah ich im Rückspiegel die freudige Reaktion der Kinder: Der Schriftzug »Wandlitz« war für sie offensichtlich mit Zuwendung, Solidarität und Geborgenheit verbunden.

Nun aber ging es weiter in eine andere Stadt. Linda, das hübsche Mädchen unter den vier Kindern, jauchzte immer wieder die russischen Worte »Novyy dom!« – »Unser neues Zuhause«! Die Familie durfte endlich ankommen. Eine Kleinstadt in Brandenburg ist seitdem ihre neue Heimat. Endlich »zu Hause«!

Fazit Erfolge gegen eine flüchtlingsfeindliche Abschottungspolitik, wie sie im Dublin-II-Abkommen niedergelegt ist, sind schwer, aber nicht unmöglich. Eine Kombination aus persönlichem Vorsprechen bei den für die Ausweisung verantwortlichen Personen mit differenzierter Pressearbeit, gezieltem Ansprechen und Einbeziehen von politischen Mandatsträgern wie auch dem Mittel der Onlinepetitionen hat zumindest dieser einen tschetschenischen Familie derzeit angst- und traumafreie Monate in der Bundesrepublik Deutschland zu sichern vermocht.

Was Willkommenskultur zu bewirken vermag

Tabea Kronzucker ist Schauspielerin, Improvisationskünstlerin, Comedienne. Mit einer furiosen One-Woman-Show erlangte sie bundesweite Bekanntheit.

Sie sprüht vor Ideen, lacht unermüdlich, ein »normales« Interview mit ihr zu führen ist schlicht unmöglich. So wird es ein Gespräch über viele Themen, bei dem es immer wieder um die Frage geht: *Kann man was tun? Was kann man tun, um diese Welt ein wenig freundlicher zu machen, ein wenig gerechter, um ein wenig mehr Grund zum Lachen zu finden?*

Tabea Kronzucker erzählt mir von einer Studie, die nachwies: Intuitives Handeln ist immer sozialer als überlegtes Handeln.

Bevor wir über ihre Arbeit mit Magomed und seiner Familie sprechen, berichtet sie von ihrem »Kambodscha-Schock«, einem Besuch in Kambodscha mit der kaum erträglichen Konfrontation mit den Gräueltaten des Pol-Pot-Regimes, der bei ihr den festen Vorsatz auslöste: »Ich darf, ich will nicht mehr wegsehen!«

Sie berichtet:

2008 waren wir in Kambodscha. Diese Reise hat mich total ausgeknockt. Wir waren in Thailand im Urlaub. Und da, wo wir waren, war es uns etwas zu touristisch. Dem wollten wir entkommen, indem wir über die nahe gelegene Grenze nach Kambodscha fuhren. Natürlich hatten wir irgendetwas von den Grausamkeiten von Pol Pot schon gehört, jetzt wurden wir konfrontiert mit der unvorstellbaren Dimension dieses Massenmordes. In einer Gedenkstätte eines der vielen ehemaligen Konzentrationslager gab es einen Bericht von einer Gruppe von Mitgliedern der Kommunistischen Partei Schwedens, die 1975 durch Pol Pots Kambodscha geführt wurden, sie hatten offenbar nichts mitbekommen. Und das ist das Thema, was mich immer wieder bewegt: Was sehe ich? Was kann ich nicht sehen? Was will ich nicht sehen?

Ich bin ja in der DDR aufgewachsen und habe auch vieles erst hinterher mitbekommen.

Ich möchte nicht jemand sein, der bewusst wegguckt. In so einer komplexen Gesellschaft, in der wir leben, glaube ich, gehört eine Entscheidung dazu: Ich will mir das angucken.

Ich glaube, wenn man sich dazu entschließt, dass man eine Verantwortung hat, alleine dadurch, dass man es weiß, dann sind einem negative Folgen für das eigene Handeln fast egal. Dann weiß man's, dann berührt es einen, dann hat man etwas damit zu tun, man ist dann auch in der Verantwortung, sich einzugestehen: Ich hab es ja auch geduldet. Das war mein Erlebnis in Kambodscha.

Nach dieser eindrucksvollen Schilderung kommen wir auf die Wandlitzer Willkommenskultur zu sprechen:

Können Sie sich noch erinnern, wie Sie das erste Mal von dem geplanten Asylbewerberheim in Wandlitz erfahren haben?
Als das Heim schon da war, las ich im Wandlitzer Amtsblatt einen Artikel über Ihren Beitrag auf der Bürgerversammlung im »Goldenen Löwen«. Seit Langem wollte ich irgendetwas zur Unterstützung von Flüchtlingen tun. In Berlin gibt es »Xenion«, eine Organisation, die Patenschaften für Flüchtlinge vermittelt. Da muss man aber acht Stunden in der Woche regelmäßig da sein. Bei meinen Theaterterminen war das einfach unmöglich. Da habe ich mir gedacht: Ach, wie toll, dass es hier ein Heim gibt, da kann ich helfen. Dann bin ich mit meinem Hund da hingegangen, ins Foyer, und traf dort Magomed und Hamsad. Sie haben sich gleich für meinen Hund interessiert, haben zum Beispiel gefragt: Ist das ein Männchen oder ein Weibchen? Aber dennoch, das war eine ganz schöne Überwindung, da reinzugehen und zu sagen: »Hallo, hallo – ich will irgendwie helfen«. Ich habe dann die Telefonnummer von Ihnen in der Zeitung gelesen und habe Sie angerufen. Sie haben mir die Liste derer zugeschickt, die vom Runden Tisch den Sprachunterricht machen. Da habe ich mich mit

eingeklinkt in die Gruppe. Ich habe aber gemerkt, das ist nicht so mein Ding, als Lehrer vorne zu stehen. Und als dann Magomed mich gefragt hat: »Bassin!« (er wollte mir damit sagen, er möchte ins Schwimmbad gehen), wurde mir klar, was mein Part war, was für mich stimmig wurde: Ich habe dann viel mit den Kindern in der Freizeit unternommen. Mit Unterstützung des Bademeisters haben sie schwimmen gelernt. Magomed und seine Schwester Linda haben uns zu Hause besucht, viel mit unserem Hund gespielt, und mein Freund Kai ist mit Magomed Motorrad gefahren. Ich war mit ihnen im Theater. So etwas hatten sie in ihrem Leben noch nie gesehen!

Wie haben Sie dann die Abschiebung erlebt?
Wir haben mit den Miramatovs bei uns im Garten gegrillt. Dabei ging's der Mutter immer schlechter. Irgendwann wurde es schlimmer, und da habe ich sie nach Bernau ins Krankenhaus gebracht. Als ich am Montagmorgen Magomed und seine Geschwister zu den Ferienspielen abholen wollte, kam mir die Heimleiterin entgegen und sagte: »Die sind abgeschoben!« Dann habe ich gefragt: »Was ist mit der Mutter?« – »Die ist noch im Krankenhaus, die wird nachgeschickt.« In meiner ohnmächtigen Wut waren drei Schritte ganz wichtig: Erstens, ich bin sofort zur Ausländerbehörde nach Eberswalde gefahren und habe die verantwortliche Leiterin mit dem Sachbearbeiter gefragt: »Warum habt ihr das gemacht? Sie hätten, als Sie erfahren haben, dass die Mutter im Krankenhaus liegt, die Ausweisung abbrechen können und abbrechen müssen, ohne gegen irgendeinen Paragrafen zu verstoßen!« Mir war wich-

tig, mit den direkt Verantwortlichen Auge in Auge zu sprechen und nicht im kleinen Kreis Kritik auszutauschen, sondern es dort vorzutragen, wo es hingehört.

Und das Zweite, was mir wichtig war, war meine Mail, die ich mittags zusammen mit Kai rausgeschickt habe – ich brauchte und wollte jetzt den Austausch mit mehr Leuten vom Runden Tisch.

Drittens: Ich fuhr zu Zainab ins Krankenhaus und stärkte ihr den Rücken. Sie durfte jetzt nicht aufgeben und sich in diesem Krankheitszustand nach Polen abschieben lassen! In den folgenden Wochen war ich fast täglich bei Zainab am Krankenbett.

Da hat es ihr auch geholfen, dass ich immer die neuesten Zahlen der Onlinepetition mitbringen konnte: »Guck mal hier, Herr Oberhof hat eine Unterschriftensammlung gestartet: Wir haben jetzt schon 311 Unterschriften oder 546 usw.« Ich habe die Zeitungsartikel und die Fotos gezeigt. Damit sie spürte: Du bist nicht alleine. Da machen Leute was. Das hat ihr den Rücken gestärkt und verhindert, dass sie in dieser für sie schrecklichen Situation aufgibt. In meinem mangelhaften Russisch habe ich ihr dann immer gesagt »Зайнаб герой!« – »Zainab, du bist eine Heldin!«

Bei der Wohnungssuche gab es dann noch mal viele Unstimmigkeiten mit der Kreisverwaltung, ich wollte gerne eine Wohnung in der Nähe von Wandlitz für die Familie haben. Nun sind sie doch ziemlich weit weg. Trotzdem besuchen mich die Eltern, Magomed, Linda, Mayrbek und Magabi regelmäßig.

Auch Tabea Kronzucker gehört zu diesen Menschen, die ich nie kennengelernt hätte ohne die Arbeit am Runden Tisch. Wenn ich abends in Wandlitz bei irgendeiner Veranstaltung Kontakte knüpfen möchte, ist sie als Schauspielerin meistens in Berlin oder irgendwo in Deutschland auf den Bühnenbrettern.

Ohne die Ausweisung von Magomed und seiner Familie wären wir uns auch sonst nicht viel begegnet, weil ihr die Arbeit in Gremien, wie sie sagt, »ein Gräuel« ist. Sie war der Mensch, der im richtigen Augenblick an der richtigen Stelle war. Für Magomed und seine Familie ist Tabea Kronzucker ein Engel, den der Himmel geschickt hat.

Jedes Arbeiten will ein Ergebnis. Jedes Engagement sucht den Erfolg. Dass das schier unerreichbare Ziel erreicht werden konnte, Magomed und seine Familie nach Wandlitz zurückzuholen, hat uns viel Rückenwind gegeben, hat viel Mut gemacht und gezeigt, dass es sich lohnt, auch in schier ausweglosen Situationen zu kämpfen.

Dass die sechsköpfige Familie Miramatov aus Tschetschenien vorläufig vor dem Zugriff des tschetschenischen Geheimdienstes wie krimineller Mädchenhändler bewahrt werden konnte, ist auch ein Verdienst von Tabea Kronzucker. Respekt!

Ein fiktiver Brief

Im Januar 2014 führten wir in der Kirche Berlin Alt-Pankow ein Stück auf, das ich unter dem Eindruck der Ereignisse gemeinsam mit der Kantorei Wandlitz geschrieben habe. Es heißt

»Willkommen Fremde – Stück für Chor, drei BriefeschreiberInnen und einen Projektor«.

Für dieses Stück verfasste ich nachfolgenden fiktiven Brief. Wie unschwer zu erkennen ist, wird in dem Text versucht, die Ereignisse rund um die Familie Miramatov aus der Sicht der Mutter *subjektiv* zu schildern. Ich stelle mir vor, dass Zainab sich so gefühlt haben könnte.

Geliebter Bruder Achmi,
Allah sei mit Dir und mit unserer ganzen Familie. Endlich sind wir wieder zusammen. Ich habe Dir im Frühjahr geschrieben, wie wohlwollend wir in Wandlitz von vielen Leuten dort begrüßt wurden. Dienstag und Donnerstag bin ich mit den Kindern zum Sprachunterricht gegangen, die Jungs konnten zum Fußballtraining. Hier war es ganz anders als in Grupas in Polen, wo die Einheimischen so aufgebracht waren wegen der russischen Besatzer von früher und nicht unterschieden haben, ob wir aus Russland oder aus Tschetschenien kommen. Hier in Wandlitz fühlten wir uns sicherer.

Aber ich war krank und habe ich mich nur langsam erholt. Und stell Dir vor, was uns völlig überraschend passierte. Am 15. Juli erhielt ich im Krankenhaus in Bernau einen Anruf von meinem Mann und meinen vier Kindern, die ich im Hintergrund heulen hörte.

Sie sollten sofort nach Polen abgeschoben werden, und wir konnten es nicht verhindern. Es war so schrecklich, ich hatte solche Angst, vor allem, weil mein Mann doch in Grosny schon drei Mal vom Geheimdienst verhört wurde.

Und es war so schrecklich, als damals vor unseren Augen ein Kind starb. Ich habe tagelang geheult, ich war völlig am Ende und wusste nicht, wie das Leben weitergehen sollte.

Eine deutsche Frau hat mich jeden Tag besucht und mich getröstet. Die Leute vom Wandlitzer Komitee haben die Presse wild gemacht, und sie haben 1000 Unterschriften gesammelt, dass mein Mann und unsere Kinder wieder zurückkommen dürfen. Ständig standen Artikel in der Presse, Leute aus dem deutschen Parlament haben protestiert, und trotzdem wollten mich zwei Beamte der Barnimer Ausländerpolizei noch zwei Monate später aus dem Krankenhaus ins Flugzeug nach Polen verfrachten.

Ich bin den deutschen Ärzten so dankbar, dass sie mir geholfen haben. Ich kannte die Deutschen bisher ja nur aus Kriegsfilmen, da waren das alles Teufel. Jetzt habe ich die andere Seite kennengelernt. Und weißt Du was: Letzte Woche konnten mein Mann und die Kinder wieder nach Deutschland zurück.

Wir haben so geheult auf der Fahrt vom Flughafen. Jetzt bewohnen wir eine schöne Wohnung mit Blick über die Wälder. Mein ältester Sohn kommt bald in den Fußballverein und alle meine Kinder demnächst in die Schule um die Ecke.

Deutschland ist das Land, in dem ich die größten Ängste seit dem Krieg zu Hause erlebte, aber auch das größte Glück, als ich meine Kinder wieder in die Arme schließen konnte.

Ich bin den Wandlitzern so dankbar. Auf Tschetschenisch würde ich sagen: »Barkal, barkal, barkal!« Aber die Deut-

schen verstehen ja unsere Sprache nicht, Russisch schon ein bisschen besser. Also sage ich Ihnen: ›Bolschoe sposibo! Bol-scho-e spo-si-bo!‹«

Reportage des *RBB* über Magomed

Willkommensglück: Auch eine Bereicherung für das eigene Leben

Wer sich vor solch eine Aufgabe gestellt sieht und sich entschlossen hat, eine Initiative wie den Runden Tisch in Wandlitz intensiv zu begleiten und auch koordinierend tätig zu sein, sieht sich früher oder später (eher früher!) vor eine bestimmte Frage gestellt: Ist das Private auch politisch? Und das Politische privat? Anders gefragt: Ist Willkommensglück auch privates Glück? Klare Antwort: Ja und nein!

Auf der einen Seite durfte ich während des vielleicht intensivsten Jahres meines ganzen Lebens erkennen: Das Kennenlernen ganz vieler verschiedener neuer Menschen ist eine große und interessante Herausforderung. Es kann nur klappen, wenn man gemeinsam organisiert, es kann nur klappen, wenn im privaten Bereich jemand hinter einem steht und Unterstützung bietet. Diese Unterstützung durch meine Frau hatte ich immer. In diesem Sinne hat die gelebte Wandlitzer Willkommenskultur auch unsere Partnerschaft bereichert und ihr neue Seiten abgewonnen.

Auf der anderen Seite: Politische Arbeit ist öffentliche Arbeit. Soziale Arbeit ist Gemeinschaftsarbeit. Intimität, Rückzug und Diskretion treten in den Hintergrund. Die Reduzierung der privaten Zeit, die Unterbrechung des geschützten privaten Raumes zehrt an den Nerven. Das Telefon klingelt zu allen Tages- und Nachtzeiten – immer dann, wenn jemand etwas auf dem Herzen hat, etwas loswerden will oder etwas braucht, greift sie oder er zum Telefon und wählt die so oft in Zeitungen und auf Websites veröffentlichte Telefonnummer. Das E-Mail-Postfach quillt über, und es ist nicht mehr der übliche Spam, den man schnell wegklickt und löscht, sondern es sind Mails, die nach genauem Lesen und nach Antwort verlangen. Auch das braucht viel Zeit und Konzentration.

All das passiert natürlich auch in Momenten, wo gerade etwas Diskretes, etwas zutiefst Zweiseitiges auf der Tagesordnung des Paares steht (manchmal hat man das Gefühl, es passiert eigentlich immer genau in diesen Momenten ...). Wie soll, wo kann man da Grenzen ziehen? Sprechstunden einrichten? Eine Sekretärin einstellen? In diesen Monaten wurde der Anrufbeantworter mein Freund. Immer hatte ich ihn eingeschaltet, stellte ihn aber leise und hörte ihn auch nicht sofort ab. Mails las ich zu festen Zeiten.

Es waren aufregende und aufgeregte Zeiten, voller Solidarität, Empathie, mit immer neuen Eindrücken, Konfrontation mit vielen anspruchsvollen Situationen. Das ist einerseits motivierend und spannend, es hält aber auch Seele und

Psyche in einem immerwährenden Status hoher Konzentration. Adrenalinausstoß als Dauerzustand, das Hamsterrad lässt grüßen.

Ich erinnerte mich an den wunderbaren Film aus dem Jahr 1982, in dem Ben Kingsley Mahatma Gandhi spielt. Auch in Zeiten dramatischer politischer Konflikte und Kontroversen setzte sich Gandhi immer wieder an sein Spinnrad und spann, auch wenn er nicht gerade der Beste bei dieser Arbeit war. Als die Führer der indischen Befreiungsbewegung Gandhi in höchster Aufregung besuchten und von ihm Rat wollten, verabschiedete er sich zwischendurch, weil sein Sohn ihn um Hilfe bat, da die Ziege sich am Vorderlauf verletzt hatte. Wie oft wünschte ich mir in dieser Zeit die Gelassenheit von Mahatma Gandhi, sein Spinnrad, seine Ziegen!

»Verzicht ist Gewinn«. Loslassen als große Herausforderung

Schon im März 2013 erklärte ich gegenüber einigen Aktiven des Runden Tisches, dass ich nach dem Bürgerbegegnungsfest Ende Mai in die zweite Reihe zurücktreten wollte. Mein Blog »Respect! Empower! Include!« war verwaist, und ich hatte in den zurückliegenden Monaten nicht einmal ein Zehntel dessen an Text geschrieben, was ich die Jahre vorher an politischen und psychologischen Reflexionen verfasst hatte.

Die Kantorei Wandlitz entwickelte sich gerade in diesen Wochen zu ansteigender Qualität. Auch ich wollte mithalten und dazu die Zeit finden, außerhalb der Proben die Stücke zu üben und meine Stimme auszubilden. Auch zu handwerklichen Arbeiten kam ich in diesen Wochen kaum noch. Das zehrte durchaus an den Nerven.

Andererseits: Warum sollte es mir anders ergehen als jenen 400 Ehrenamtlern, die ich auf dem Kirchentag in Hamburg Beifall klatschen hörte, als auf einer Veranstaltung zum kirchlichen Ehrenamt die Kabarettgruppe reimte: »Ich geb den kleinen Finger, man nimmt die ganze Hand. Das nennt man dann das Ehrenamt!«

Indes: Es ist zu einfach, die Initiativen, Organisationen, Gemeinschaften zu bezichtigen, sie würden den Einzelnen nicht mehr loslassen, ihn verheizen, überfordern. Die ganze Wahrheit ist: Es gehören immer zwei dazu. Die, die andere überfordern, und die, die sich überfordern lassen.

Zu den schönsten Momenten meiner Erfahrungen bei der Arbeit am Runden Tisch gehört deshalb auch – so paradox es klingen mag – der gelungene Rückzug in die zweite Reihe. Denn nichts anderes ist es ja. Ich bin nicht ausgestiegen. Ich bin immer noch ansprechbar. Aber ich wirbele nicht mehr in vorderster Linie, koordiniere nicht mehr, sondern helfe punktuell, wenn ich kann und möchte. Totale Freiwilligkeit eben!

Ich machte mir klar: Ich will und darf keinen Beifall erwarten, wenn ich beschließe, für das Projekt weniger Kraft einzubringen. Ich will und darf nicht erwarten, dass die Lücke, die ich hinterlasse, geschlossen wird mit Arbeitsformen, Methoden und Inhalten in der Art, wie ich sie getan oder gewollt hätte.

Ich lernte letztlich auch, dass delegieren, Verantwortung abgeben und loslassen genauso schwer sind wie einst das Loslassen der eigenen Kinder. Ich hatte es damals nicht ganz ernst gemeint, als ich anlässlich der Geburt jedes meiner drei Söhne jeweils nur 10 Minuten nach dem Moment des Neueintritts dieses kleinen Wesens in unsere Welt seine Mutter ermahnte: »Aber vergiss nicht, in 18 Jahren verlässt er das Haus!«

Damals ahnte ich nicht im Geringsten, dass das Loslassen der Kinder Vertrauen darauf voraussetzt, dass der einzig richtige Weg meiner Kinder derjenige ist, den sie selbst gehen, insbesondere auch dann, wenn er vom Weg der Eltern, wenn er von meinen Vorstellungen und Wertesystemen abweicht. Ich ahnte nicht, wie schwer das werden würde.

Aber ich habe es geschafft! Auch aus der ersten Reihe des Runden Tisches konnte ich loslassen, Vertrauen in andere Menschen setzen und gesund bleiben. Schon die öffentliche Ansage, dass meine Arbeit in vorderster Linie ein zeitliches Ende haben sollte, setzte große Kräfte in mir frei. Sie gab meiner Arbeit zusätzliche Struktur, im Grunde genommen so etwas wie ein Ziel.

Rückzug üben, um Platz zu machen für das Neue

Als ich gemeinsam mit der Kantorei Wandlitz vom Bürgerkomitee Berlin-Pankow anlässlich des Holocaust-Gedenktages am letzten Sonntag des Januar 2014 in die Kirche Alt-Pankow eingeladen wurden, verfasste ich dazu drei fiktive Briefe:

- einen einer ängstlichen Anwohnerin der Bernauer Chaussee

- einen, in den ich meine eigenen Emotionen und Erlebnisse hineinschrieb
- einen, in dem sich die Erlebnisse der Abschiebung Magomeds, seiner Geschwister und seines Vaters niederschlugen.

Die Aufführung, unterbrochen von Liedern der Kantorei, die Fremdheit und fremde Kultur zum Inhalt hatten, war ein großer Erfolg.

Heute denke ich, dass diese Briefe und dieser Abend alle Erlebnisse, die mir die Wandlitzer Willkommenskultur beschert hatte, so stark in Erinnerung riefen, dass sie als Keimzelle der Idee zu betrachten sind, dieses Buch zu schreiben. Ohne den Mut, Abschied zu nehmen und loszulassen, aber auch ohne den Anstoß zur Reflexion dieser intensiven 15 Monate wäre mir das niemals geglückt. Ich führte die Interviews, die sich in diesem Buch finden, ich ordnete meine Gedanken und sah den geistigen Überbau, die Grundlage unserer Willkommenskultur vor mir. Und schrieb.

So paradox es klingt, aber das Erfolgserlebnis im Privaten bestand auch darin, nach einer Phase intensivsten gesellschaftlichen Engagements das gelingende Zurückziehen zu lernen. So zeigte sich sogar im Moment des Abschiednehmens ein ganz persönliches Willkommensglück!

Fazit Freiwilligenarbeit kann beglückend sein, wenn und solange sie wirklich freiwillig geleistet wird. Dies schließt die Fähigkeit der Initiativen oder Teams ein, private Bedürfnisse und Wünsche, die eine Reduzierung oder Beendigung der Freiwilligenarbeit nach sich ziehen, auch dann, verbunden mit dem Dank für die bisherige Arbeit, zu akzeptieren, wenn die Gründe dafür nicht transparent kommuniziert werden (können). Wirksamkeit, emotionale Ausstrahlung und damit verbundene Überzeugungskraft ehrenamtlicher Arbeit basieren wesentlich auf der Zufriedenheit der sie tragenden Personen.

Und wie ging's weiter? Doch kein Loslassen? Der Runde Tisch als Dauereinrichtung

Nach Ankündigungen im August und in der Einladung zur Oktobersitzung des Runden Tisches erklärte ich endgültig, mich bis Ende des Jahres 2013 aus der ersten Reihe zurückziehen zu wollen. Für viele war es ein Schock, doch jeder bemühte sich, mir kein schlechtes Gewissen zu machen; gleichzeitig taten die Aufforderungen weiterzumachen, weil man mich doch brauche, ja auch gut.

Ich war mir sehr gewiss, dass der Schritt in die zweite Reihe richtig war. Doch wie sollte, wie konnte man den Übergang organisieren, ohne dass es zu einem Bruch oder vermeidbaren Störungen der Arbeit des Runden Tisches kommen würde? Frau Kickel-Andrae sprach mich diesbezüglich nach der Sitzung an: Sie habe Kontakt zur Pressesprecherin eines großen Wohlfahrtsverbandes, die auch als Coach bei der Weiterentwicklung von gemeinnützigen Organisationen Erfahrung habe. Mit ihr verabredeten wir uns. Am lehrreichsten war für mich die Vorbesprechung. Ich hatte detaillierte Vorstellungen mitgebracht, wie die Struktur nach meinem Ausscheiden als Koordinator weitergeführt werden könnte.

Frau Beck, die bereit war, die Strukturveränderung des Runden Tisches professionell (aber dennoch kostenfrei) zu begleiten, sagte es mir ehrlich ins Gesicht: »Sie können ja gar nicht loslassen! Wie die Arbeit nach Ihnen gemacht wird, das müssen schon jene entscheiden, die die Arbeit tun.«

14 Tage später fand mit zehn interessierten Aktiven ein Workshop statt. Das war spannend! Auf die Frage »Was ist Ihrer Meinung nach die wichtigste Aufgabe des Runden Tisches?« las ich für mich völlig überraschende, zum Teil auch völlig neue Antworten. Mir persönlich ging es seit der Bürgerversammlung vor allem um eins, nämlich um die Überwindung von Angst in der einheimischen Bevölkerung gegenüber den Flüchtlingen durch vielfältigstes Zusammenführen der unterschiedlichen Kulturkreise.

Nun erfuhr ich und machte mir klar, dass es natürlich auch völlig andere Schwerpunkte geben kann. Konkret genannt wurden etwa:

- bestmögliche Unterstützung der Flüchtlinge
- Unterstützung der Heimleitung
- bestmögliche Verteilung der gesammelten Spenden an die Flüchtlinge

All das hatte natürlich auch vorher schon im Fokus gestanden, war aber nie explizit formuliert worden, und ich persönlich hätte es nicht als oberstes Gebot aufgeschrieben. Es ergab sich eher aus meinem persönlichen Ansatz der Willkommenskultur. Auf die Fragen »Was möchte der Runde Tisch erreichen, wie soll es weitergehen? Mit welchen Wünschen und Vorstellungen sind die Teilnehmenden gekommen?« einigten sich alle 12 Teilnehmer darauf, dass der Hauptgegenstand der Arbeit der Einsatz für Flüchtlinge und gegen Nazis bzw. rechtes Gedankengut sein soll.

Noch heute bin ich der Meinung, dass es richtig war, diese theoretische Selbstverständnisdiskussion nicht an den Anfang unserer Arbeit gestellt, sondern »gleich losgelegt« zu haben.

Doch scheint es irgendwann unausweichlich, sich über die unterschiedlichen Motive und Erwartungshaltungen auszutauschen und daraus gemeinsame Nenner, gemeinsame und auch unterschiedliche Felder der Arbeit zu bestimmen. Dabei fand ich besonders wichtig, dass Frau Beck zu Beginn auch die Frage stellte, ob der Runde Tisch weitergeführt werden solle bzw. ob alle Teilnehmer und Teilnehmerinnen sich weiterhin am Runden Tisch beteiligen wollten. Diese Frage ließ zumindest theoretisch die Möglichkeit offen, Nein zu sagen, und machte die explizite nochmalige Verständigung notwendig, gemeinschaftlich weiterzuarbeiten.

Fazit Genauso wie langjährig bestehende Organisationen benötigen auch spontan entstandene Bürgerinitiativen die professionelle Beratung von Organisationsentwicklern. Mithilfe von Coaches von außen können sowohl der Stand als auch Selbstverständnis und unterschiedliche Erwartungen, aber auch Aktivitätsbereitschaft festgestellt und kommuniziert werden. Es können Enttäuschungen verhindert werden, die auf falscher Kräfteeinschätzung bzw. fehlendem Selbstverständigungsprozess basieren. Vorhandene Organisations- und Entwicklungspotenziale gemeinnütziger Wohlfahrtsorganisationen oder politischer Stiftungen sollten dafür Bürgerinitiativen (ohne oder mit geringer finanzieller Belastung) zur Verfügung gestellt werden.

Wie andere Städte und Gemeinden von unseren Erfahrungen profitierten

An der Sitzung des Runden Tisches im August 2013 hatte der Ortsvorsteher des Eberswalder Stadtteils »Brandenburger Viertel«, Carsten Zinn, teilgenommen. Er wollte erfahren, wie in Wandlitz die Integration der Flüchtlinge gelungen war.

Wenige Tage später erhielt ich bereits eine Einladung zu einer Vorbereitungssitzung zur Gründung eines Runden Tisches der Toleranz ebendort im Brandenburgischen Viertel von Eberswalde. Ich war beeindruckt, dass an diesem Tag etwa 40 Personen, Vertreter der Sportvereine, der Kirchengemeinden, der kommunalen Verwaltung, der Polizei, der Schulen und auch von Parteien zusammengekommen waren, vereint in dem gemeinsamen Wunsch, den Flüchtlingen ein solidarisches Willkommen zu zeigen und Ängste der Einheimischen vor den Neubürgern abzubauen.

Wir zeigten den Film vom »Wandel in Wandlitz« des TV-Programms der *Deutschen Welle.* Anschließend sprach ich in einem kleinen Vortrag über folgende Punkte:

1. *Feindlich oder freundlich?* Ich vertrat die These, dass die Mehrheit der Bevölkerung den Asylbewerbern freundlich gegenüberstehe, und versuchte, dies zu begründen.
2. *Barmherzigkeit und Solidarität.* Dieses Wortpaar definierte ich als positive Begriffe, die im Mittelpunkt unserer Arbeit standen.
3. *Pluralismus.* Ich berichtete, warum der Respekt vor dem Pluralismus der Motive, der Gesinnungen, auch der Kompetenzen, der Wünsche und des unterschiedlichen Einsatzes von Zeit eine wichtige Voraussetzung unseres Erfolges sei.
4. *Auf gleicher Augenhöhe.* Ich machte deutlich, dass wir uns um Hierarchielosigkeit bemühten, dass wir versuchten, eine Arbeit »auf Augenhöhe« zu leisten.
5. *Menschen, nicht Organisationen.* Ich verdeutlichte die Vorteile der Tatsache, dass es sich beim Runden Tisch um ein Bündnis von Menschen und nicht von Organisationen handelte. Organisationen und Organisationsvertreter tendieren immer dazu, die Interessen und die Außenwirkung ihrer Organisation für höher zu achten als die gemeinsamen Ziele des Bündnisses.
6. *Unterschiedliche Rollen beachten.* Schließlich erläuterte ich an Beispielen, dass unser Erfolg auch damit zusammenhänge, dass er die unterschiedlichen Rollen von Zi-

vilgesellschaft, Öffentlicher Verwaltung und parlamentarischen Vertretungen bewusst macht und respektiert.

In ähnlicher Art und Weise folgten wir Einladungen nach Gransee nördlich von Oranienburg, nach Oderberg am Nordrand des Landkreises Barnim, nach Panketal, einem Nachbarort von Wandlitz und schließlich auch nach Leipzig.

In Leipzig waren wir beeindruckt davon, dass hier im Wesentlichen junge Studenten, unterstützt von örtlichen Kirchengemeinden, den Versuch unternahmen, der massiven Hetze der NPD, die auch schon einigen Anklang in der Bevölkerung gefunden hatte, ein konstruktives Willkommensprojekt entgegenzusetzen. An diesem Abend waren leider keinerlei Vertreter der Leipziger Parteienlandschaft anwesend. Doch es herrschte eine sehr aufgeschlossene, konstruktive und offene Stimmung auch gegenüber den anwesenden Bürgern, die ihre Ängste vor dem Asylbewerberheim ehrlich artikulierten.

Fazit Um die Ängste vieler verunsicherter Menschen bei Veränderungen erfolgreich zu überwinden, wie sie beispielsweise mit der Errichtung eines Flüchtlingsheims zusammenhängen, und die positive Zustimmung für eine aktive Asylpolitik aus der Mitte der Gesellschaft zu mobilisieren, sind Initiativen, die sich ausschließlich auf ehrenamtliche Arbeit stützen, oftmals überfordert. Analog zu den über Brandenburg hinaus bekannt gewordenen »mobilen Beratungsteams«, die mit staatlicher Unterstützung professionelle Hilfe leisten, wo es um die Zurückdrängung und Überwindung rechtsradikaler Einflüsse geht, könnten – gleichsam als Prophylaxe – »mobile Beratungsteams« im Frühstadium der Errichtung neuer Flüchtlingsheime tätig werden. Wie schön, dass dieser Vorschlag – auch auf Initiative des Wandlitzer Runden Tisches in der Zwischenzeit Wirklichkeit wurde.

Willkommen in Europa: Die Aufnahme von Geflüchteten in Wandlitz und in Riace/Italien

Drei junge Frauen und drei junge Männer, zwei aus Deutschland, zwei aus Frankreich sowie eine Polin und ein junger Norweger, waren schließlich die Ersten, die die Wandlitzer Willkommenskultur mit wissenschaftlichem Anspruch unter die Lupe nehmen wollten. Zwei Politikwissenschaftler, ein Archäologe, eine Soziologin, ein Ethnologe und eine Sprachwissenschaftlerin, sie alle hatten sich zum Ziel gesetzt, in einem vom Studienkolleg zu Berlin finanzierten Wissenschaftsprojekt zwei für die positive Aufnahme von Flüchtenden beispielhafte Orte in Europa, das italienische Riace und unser brandenburgisches Wandlitz, zu untersuchen.

Ihren Projektauftrag formulierten sie folgendermaßen:

Die Aufnahmesituation ist von Land zu Land, aber auch von Kommune zu Kommune unterschiedlich. Aber was ist eigentlich eine gelungene Aufnahme? Wie können die Interessen von Kommunen, Ortsansässigen und Geflüchteten unter einen Hut gebracht werden? Unsere Projektgruppe hat es sich für dieses Jahr zur Aufgabe gemacht, verschiedene Beispiele positiver Aufnahmesituationen in Europa auf kommunaler Ebene zu analysieren und deren (Erfolgs-) Faktoren herauszuarbeiten. Dabei soll Positivbeispielen in Italien ebenso Aufmerksamkeit geschenkt werden wie einer Kommune in Brandenburg, wobei die kommunalen VertreterInnen, Nachbarschaftsinitiativen sowie die Geflüchteten selbst in den Blick genommen werden. Am Ende soll ein Erkenntnisgewinn über einige breit anwendbare Kriterien gelungener Aufnahme auf kommunaler Ebene stehen.

Anfang Januar 2014 kamen die jungen Wissenschaftler erstmals nach Wandlitz und führten Interviews mit vielen Aktivisten des Runden Tisches. Wenig später fuhren sie in das italienische Riace, wo Flüchtlinge zur Ansiedlung systematisch angeworben werden, um nach der Abwanderung vieler Bewohner in die Städte den Ort mit Erfolg neu zu beleben, ein europaweit einzigartiger Ansatz.

Als im Sommer 2014 die sechs Studierenden ihre Arbeit im Berliner Haus der Akademie der Wissenschaften präsentierten, musste jeder Besucher am Eingang einen Fingerabdruck abgeben und bekam symbolisch einen der verschiedenen möglichen Bescheide, die über das Schicksal von Asylbewerbern entscheiden. Für viele war es das erste Mal, dass sie am eigenen Leibe erfuhren, was es bedeutet, »erkennungsdienstlich behandelt zu werden«.

Von unserer Gruppe waren die Sozialdezernentin, die Wandlitzer Bürgermeisterin, die beiden Sprecher des Runden

Tisches und ich angereist. Wir nahmen stolz zur Kenntnis, dass viele Facetten des Wandlitzer »Willkommensglücks« auf den Schautafeln niedergelegt waren. In kleinen Gruppen bot die Studiengruppe den rund 150 Teilnehmern die Möglichkeit, Fragen zu stellen und zu diskutieren.

Die Gespräche in Wandlitz hatten den angehenden Wissenschaftlern – das zeigte uns dieser Abend – viel Mut gemacht. Uns Älteren wiederum machte das Wissenschaftsverständnis dieser sechs jungen Menschen aus vier europäischen Ländern Mut, die sich nicht an einem unpolitischen Wissenschaftsbegriff orientieren, sondern auch Forschung und Bildung auf das Ziel ausgerichtet sehen, allen Menschen ein Dasein in Würde zu ermöglichen

Fortführung des Runden Tisches – Zwei Interviews

Ab Januar 2014 führten Hannah Kickel-Andrae und Diakon Peter Dudyka den Runden Tisch in Wandlitz weiter. Ich wollte von ihnen wissen, was nach der intensiven und spannenden ersten Phase im Jahr 2013 passierte.

Frau Kickel-Andrae, aktives Gemeindemitglied der evangelischen Gemeinde in Wandlitz, wurde bereits im Herbst 2012 von Pfarrerin Berchner angesprochen, dass sich ein Runder Tisch der Toleranz bilde und ob sie bereit sei, dort mitzuarbeiten. In der ersten Phase betreute sie die evangelische Christin Milene aus Kamerun, holte sie regelmäßig zum Gottesdienst ab und übte mit ihr auf deren eigenen Wunsch das »Vaterunser«, das sie eben nicht nur auf Französisch, sondern im Gottesdienst auch auf Deutsch sprechen und beten wollte. Später wurde sie der gute Geist der Bürgerbegegnungsfeste, hatte alle Fäden in der Hand und leitete mit professioneller Erfahrung die Vorbereitung und Durchführung dieser Veranstaltungen. Inzwischen wurde sie das »kommunikative Drehkreuz« des Runden Tisches. Für das vorliegende Buch ermöglichte sie es, die Geschichten der beiden Flüchtlinge Khalid und Asha mit aufzunehmen.

Diakon Peter Dudyka von der katholischen Gemeinde in Wandlitz wurde in Vorbereitung der Einrichtung des Wandlitzer Flüchtlingsheims von der Sozialdezernentin Silvia Ulonska und der Ausländerbeauftragten des Kreises angesprochen und um Mithilfe gebeten. In Althüttendorf sei eine Pastorin sehr aktiv in die Flüchtlingsarbeit einbezogen, und man erhoffe sich Unterstützung von den Wandlitzer Kirchengemeinden. Peter Dudyka erinnert sich: »Ich habe ihnen dann geantwortet: ›Ja klar mache ich mit.‹ Und dass es eine Grundaufgabe der Kirche sei, Geflüchteten und Gestrandeten zu helfen. Die Bürgerversammlung am 5.11.2012 fand ich sehr beeindruckend, die Dynamik, wie die Gefühle der unterschiedlichen Teile der Bevölkerung aufeinandertrafen. Und wie es dann, auch mit Gottes Segen, in die richtige Richtung gekommen ist.«

Von Anfang an übernahm er mit dem Gemeindebus logistische Unterstützung: Ob es darum ging, gespendete Möbel in die Spendenhalle zu bringen oder Flüchtlinge das erste Mal zu den Deutschkursen in die Kreisstadt Eberswalde zu begleiten, Diakon Dudyka erfüllte in dieser Phase die Funktion des Lotsen.

Als nach dem Weggang der evangelischen Pfarrerin Janet Berchner der Treffpunkt für den Runden Tisch vom evangelischen Gemeindehaus in das frisch eröffnete St.-Konrad-Haus der katholischen Gemeinde wechselte, übernahm Diakon Dudyka immer mehr Verantwortung für das Gelingen dieser Treffen.

Er hatte beispielsweise auch den engsten persönlichen Kontakt zum Flüchtling Tayo aus Kamerun, der von sich aus den Kontakt zur katholischen Gemeinde suchte. Vor Jugendlichen in der Gemeinde erzählte dieser seine Fluchtgeschichte.

Er musste aus Kamerun flüchten, als sein Vater an einer Demonstration gegen den Präsidenten Paul Biya teilnahm, der seit 32 Jahren ununterbrochen im Amt ist und dafür im Jahr 2008 extra eine Verfassungsänderung durchdrückte. Bei einer dieser Demonstrationen wurde Tayos Vater ermordet. Seitdem stand seine Familie auf der schwarzen Liste des Geheimdienstes. Er flüchtete nach Libyen und weiter nach Lampedusa. Dort hatte er einen guten Kontakt zu einem Pfarrer und lernte schnell Italienisch.

Als er nach Deutschland kam, meldete er sich wegen seiner guten Kontakte zur Kirche in Italien auch in Wandlitz gleich wieder bei der Gemeinde. Er nimmt seither am Gemeindeleben teil und hilft, wo er kann. Er sagt, er kann nichts in die Kollekte legen, aber dafür möchte er seinen Beitrag »abarbeiten«.

»Vor allem aber«, sagt Peter Dudyka, »ziehe ich aus dem Runden Tisch den Gewinn, dass ich so viele Leute aus Wandlitz kennengelernt habe, die ich vorher gar nicht kannte, ob nun Christen oder Nichtchristen.«

Eher zufällig machten wir drei uns klar, dass jetzt nach mehr als anderthalb Jahren erstmals drei Christen an einem Tisch zusammensaßen und über die Rolle der Kirchen in der Wandlitzer Willkommenskultur sprachen. Wir stellten gemeinsam fest, wie positiv es ist, dass beim Thema Flüchtlinge und Asyl auch in einer weitgehend säkularisierten Gesellschaft fast automatisch die Kirchen als gefordert gesehen werden. Das ist nicht nur eine Herausforderung, sondern auch eine Chance für Christen, wenn sie ihr Christsein so verstehen, wie es Papst Franziskus gleich zu Beginn seiner Amtszeit formulierte. Er betonte, Kirche müsse an die »Ränder der Gesellschaft«, müsse denen beistehen, die in Not sind, weshalb er auch seine erste »Amtsreise« nach Lampedusa unternahm, um sich dort mit den Flüchtlingen zu solidarisieren und die europäische Abschottungspolitik auf das Schärfste zu kritisieren.

Als das Stichwort »Kirchenasyl« fiel, stimmten wir drei darin überein, dass es vieler Überzeugungsarbeit, guter Informationspolitik und langfristiger Vorbereitung bedürfe, auch innerhalb der Kirchengemeinden Verständnis und Empathie für dieses Notfallinstrument zu schaffen. Immerhin konnten damit in den letzten zehn Jahren in knapp 600 Fällen über 1000 Flüchtlinge vor der Abschiebung bewahrt werden, indem sie für einen begrenzten Zeitraum in Gemeinderäumen Obdach fanden und in diesem Zeitraum zusätzliche gerichtsverwertbare Fakten beschafft werden konnten, um eine Abschiebung auch juristisch abzuwehren.

Ein paar Worte wollte ich von beiden dann noch über den Staffelwechsel am Runden Tisch hören.

Wie haben Sie diese Phase seit Herbst 2013 in Erinnerung?
PETER DUDYKA: Sie hatten ja schon länger angekündigt, dass Sie nicht mehr mit dieser hohen Intensität Verantwortung am Runden Tisch tragen könnten. Es war also wichtig, dass der Wechsel nicht Knall auf Fall vonstattenging, und ich fand es gut, dass wir öffentlich alle Interessierten zu einem Workshop »Wie geht es weiter mit dem Runden Tisch« eingeladen haben. Nachdem diese Entwicklung zufällig damit zusammentraf, dass die evangelische Pfarrerin nach Berlin wechselte und andererseits unserer schöner Raum hier im St.-Konrad-Haus neu eingeweiht werden konnte, habe ich mich – nachdem Sie vorgeschlagen hatten, dass wir uns künftig hier treffen – verantwortlich gefühlt, für die Sitzungen ein bisschen Atmosphäre zu schaffen, Kaffee, Getränke und Kekse bereitzustellen. So was tut der Seele ja ganz gut. Das ist auch Anerkennung des Ehrenamtes.

Natürlich haben wir auch die Methoden geändert. Sie haben ja früher allen alles mitgeteilt, wir haben uns darauf geeinigt, dass die, die bei den Treffen anwesend sind, entscheiden dürfen und sollen. Ich glaube, wir haben jetzt Formen geschaffen, wie wir die Arbeit auch langfristig fortführen können.

HANNAH KICKEL-ANDRAE: Die Aufgabe bestand darin, die Arbeit auf mehrere Schultern zu verteilen und dabei auch zu beachten, dass sehr viele Menschen tagsüber einer Berufstätigkeit nachgehen müssen. Wir versuchen, das unter anderem mit der Formulierung von Einsatzplänen zu lösen, verschiedene Aufrufe oder Ablaufszenarien sind bei mehreren Menschen hinterlegt, sodass auch dann gehandelt wird, wenn der eine oder andere gerade aus persönlichen oder beruflichen Gründen unabkömmlich ist. Unsere Arbeit ist nicht mehr ganz so spektakulär wie zu Anfang, vieles ist Alltag geworden.

Und sie entwickelt sich am Bedarf kontinuierlich weiter. So verändern sich beispielsweise unsere Feste von Mal zu Mal. Während es das erste Mal vor allem die Begegnung im Flüchtlingsheim war und beim zweiten Mal in der Saalveranstaltung durch die Interviews mit den Flüchtlingen ihre Biografien schon eine größere Rolle spielten, so werden beim nächsten Fest im Oktober die Flüchtlinge mit auf der Bühne stehen und selbst Musik machen. Ich bin ziemlich froh, dass wir hier eine ständige Qualitätssteigerung erleben. Uns ist klar, dass wir weiterhin einen langen Atem brauchen.

PETER DUDYKA: Eine Aufgabe ist für uns, dass die Bürgerbegegnungsfeste immer ein Highlight sind. Das ist ein Punkt, der geeignet ist, das positive Klima in Wandlitz aufrechtzuerhalten, damit sich der Begriff »Willkommen« in die Hirne und dann auch in die Herzen einbrennt. Ich finde aber auch, dass wir die Kommunalpolitik vermehrt mit ins Boot holen müssen. Die Volksvertreter sollten stärker mit vorangehen. Ich bin da sehr optimistisch. Das Netzwerk steht, das ist wichtig. Das ist etwas, was es vorher nicht gab.

HANNAH KICKEL-ANDRAE: Es kommen auch immer wieder neue Leute dazu. Bei der letzten NPD-Demo haben mich zwei Frauen angesprochen, eine davon ist Grafikerin und hat erklärt, sie würde uns gerne mit ihrer Kompetenz unterstützen.

Solche Begegnungen können den Reiz der Flüchtlings-, der Willkommensarbeit ausmachen. Auch wir drei, die wir zu diesem Interview an einem Tisch zusammensaßen, sind uns hier in Wandlitz erstmals begegnet, als wir gemeinsam die große Aufgabe angehen wollten, Angst vor Flüchtlingen zu überwinden und eine Willkommenskultur zu schaffen. Heute dürfen wir feststellen, dass, indem wir die Begegnung zwischen Einheimischen und Flüchtlingen organisiert haben, die Kommune insgesamt stärker zusammengerückt ist und Begegnungen auch jenseits des Themas Flucht und Vertreibung vorangekommen sind. Vielleicht ist auch das ein wichtiges »Abfallprodukt« unserer Willkommenskultur.

Willkommen im Wandlitz des Jahres 2035 – Eine kleine Utopie

»Eine Weltkarte, die das Land Utopia nicht verzeichnet, ist keines Blickes wert.«
Oscar Wilde

Bis zu dieser Stelle handelt das vorliegende Buch von einer Willkommenskultur in Wandlitz, die vor allem dem Willkommen von Flüchtlingen und Asylbewerbern, also ausländischen Mitbürgern, fremden Ethnien und Kulturen gilt. Mir scheint jedoch sehr klar zu sein, dass aller Voraussicht nach in 20 Jahren Fragen der Integration, der Inklusion, des »Zusammenlebens auf gleicher Augenhöhe« nicht mehr den Zuzug von Menschen aus anderen Ländern zum Inhalt haben werden.

Im Folgenden versuche ich zu erläutern, warum und wie in rund 20 Jahren vor allem die vollständige Gleichstellung und

Gleichberechtigung von Menschen mit Beeinträchtigungen, oder wie es im Englischen heißt, »mit besonderen Bedürfnissen« (»with special needs«), den Hauptinhalt ungelöster Fragen einer Willkommenskultur ausmachen werden. Es geht mir hier um Menschen mit psychischen und physischen Handicaps, Rollstuhlfahrer, Blinde, Taubstumme oder auch Menschen, »die einen Tick anders« sind, all jene also, die man früher eher diskriminierend als »psychisch Behinderte« bezeichnete.

Wenn Sie Lust haben, steigen Sie doch ein und kommen Sie mit auf eine kleine, optimistische Reise mit der Zeitmaschine in die nahe – auch ökologisch transformierte – Zukunft am Nordostrand einer Bundeshauptstadt mit ihren inzwischen viereinhalb Millionen Einwohnern!

Was hat sich alles seit dem Anfang des Jahrtausends hier am Stadtrand von Berlin geändert! Nach der Vereinigung von Berlin und Brandenburg im Jahre 2021 wurde auch die Heidekrautbahn mit der Berliner S-Bahn vereinigt, und die Züge in Stadtinnere verkehren seither im 10-Minutentakt.

Die Verlagerung auf den öffentlichen Personennahverkehr ging nach 2020 in schnellen Schritten vonstatten. Vor allem das Erreichen des »Peak Oil« (des Punktes, an dem die weltweite Ölförderung gesunken ist) im Jahre 2023 hatte eine Vielzahl von Maßnahmen zur drastischen Verringerung des Verbrauchs fossiler Energien zur Folge.

Einerseits war durch den auf knapp unter fünf Euro gestiegenen Literpreis für Benzin wie auch die hohen Mautabgaben für Verbrennungsmotoren der Einsatz von Autos mit Benzinmotor nur noch sehr wenigen Superreichen möglich. Andererseits konnten aber auch Solarmobile nur dann steuerfrei gefahren werden, wenn sie nachweislich mit in der Region erzeugter Solarenergie betrieben wurden.

Ergänzt wurden S-Bahnen und Busse durch die erst jüngst eingeführten selbstfahrenden Automobile der OSMG (Open-Source-Mobile-Genossenschaft – ehemals Google), die die Fahrgäste nach internetgestützter Anmeldung kostengünstig und in Kleinbussen mit zehn Sitzplätzen zügig und umweltschonend wie preiswert zu allen Orten befördern, an denen bisher weder S-Bahn noch Bushaltestellen vorhanden waren.

Das traditionsreiche Wandlitzer Museum »Barnim-Panorama« wurde zu einem begehrten Anziehungspunkt, seit die Ausstellung früher Windkrafträder, dieser bizarren Bauwerke aus der Anfangszeit der Energiewende, staunende Besucher aus ganz Deutschland anlockte.

Inzwischen wurden die bis zu 300 Meter über der Erdoberfläche fliegenden Winddrachen neben den obligatorischen Solardächern zur Hauptenergiequelle von Wandlitz, das darauf stolz ist, seit 2028 mit den »Stadtwerken Wandlitz Erneuer:Bar« vollständig autark und CO_2-frei eine dezentrale, regionale und regenerative Energieversorgung zu betreiben.

Nur die Älteren können sich daran erinnern, dass die Zuwanderung ausländischer Flüchtlinge in den ersten Jahren des neuen Jahrtausends bei vielen Mitbürgern Angst vor dem Neuen ausgelöst hatte. Schon längst hat sich Wandlitz zu einer multikulturellen Gemeinde gewandelt.

Aufgrund des dramatischen Arbeitskräftemangels in allen europäischen Ländern, bei gleichzeitiger Bevölkerungsverdoppelung auf dem afrikanischen Kontinent, beschloss erst im

Herbst des Jahres 2034 die Bundesregierung unter Leitung der Bundeskanzlerin Merve Ayslan (deren Urgroßvater aus Anatolien stammte) ein Anwerbeprogramm für Einwanderer aus Afrika. Dieses umfasste Übernahme der Umzugskosten, Zurverfügungstellung zinsbegünstigter Kredite beim Bau energieautarker genossenschaftlicher Wohnungsanlagen und weitere Eingliederungshilfen.

Geraldine Ahmadou, Leiterin des Wandlitzer Integrationsamtes, deren Mutter 2013 aus Kamerun flüchtend in Wandlitz eine neue Heimat gefunden hatte: »Integration und Willkommenskultur ist für uns heute nicht so sehr eine Frage des Zusammenlebens von Menschen unterschiedlicher Ethnien, Kulturen und Sprachen, sondern vor allem der noch immer nicht befriedigend gelösten Fragen der Inklusion von Menschen mit besonderen Bedürfnissen.«

In der Tat hatte es 15 Jahre gedauert, bis in der Bundesrepublik die UN-Behindertenrechtskonvention in Gesetze gefasst wurde. Erst ab 2024 wurde damit begonnen, Schritt für Schritt die vollständige Gleichstellung von Menschen mit Beeinträchtigungen einerseits und den sogenannten normalen Menschen andererseits umzusetzen. Eine wichtige Voraussetzung dafür war, dass in der Strafrechtsreform von 2027 Verletzungen der Seele bzw. der Würde des Menschnen dem Tatbestand der Körperverletzung gleichgestellt wurden.

Die steigende Lebenserwartung führte dazu, dass Seniorenpolitik vor allem auch Politik der Barrierefreiheit bedeutete. Allein durch die Erhöhung der Lebenserwartung von durchschnittlich 74,6 Jahren im Jahre 2014 auf 87,2 im Jahre 2035 erhöhte sich der Anteil der Menschen über 60 von 30 auf

37 Prozent. Schon aus diesem Anstieg immer älterer Menschen an der Gesamtbevölkerung ergab sich der auf 29 Prozent angewachsene Anteil von Menschen mit Handicaps an der Gesamtbevölkerung. »Behinderung« wurde normaler.

Jahrzehntelang hatten sich Unternehmer von ihrer Verpflichtung, fünf Prozent der Arbeitsplätze behinderten Menschen zur Verfügung zu stellen, freikaufen können. Damit war ab 2030 Schluss. Unternehmer, die nicht die geforderte Anzahl von Behinderten in der Belegschaft einstellten, drohte Gefängnisstrafe.

Bauanträge sowohl für öffentliche wie auch für private Gebäude, die nicht grundsätzlich behindertengerecht und barrierefrei konzipiert waren, waren seit dieser Zeit nicht mehr »genehmigungsfähig«.

Alle digitalen wie auch gedruckten Informationen der Behörden (und aller Firmen ab einem Jahresumsatz von 1 Mio. Euro) mussten seit 2029 neben dem Originaltext sowohl in »leicht verständlicher Sprache« wie auch in Blindenschrift veröffentlicht werden.

Betrafen die Veröffentlichungen Minderheiten, die mehr als 2,5 Prozent der Bevölkerung umfassten, so mussten die Veröffentlichungen auch in deren Heimatsprache übersetzt werden.

Die Strafandrohungen für »sexuelle Gewalt gegenüber Behinderten« wurden verdoppelt, der Opferschutz in diesem Bereich deutlich verbessert. Das führte dazu, dass nach einer zunächst fast auf das Doppelte angestiegenen Zahl von nachgewiesenen Missbrauchsfällen in diesem Bereich der Straftatbestand Anfang der 2030er-Jahre hoffnungsvoll zurückging.

Das »bedingungslose Grundeinkommen«, das im Mittelpunkt des Bundestagswahlkampfes 2034 gestanden hatte, sollte nun in einem ersten Schritt allen Menschen mit einem Behinderungsgrad ab 20 Prozent zugestanden werden. Gleichstellungsminister Samuel Koch erklärte dazu: »Mit dem bedingungslosen Grundeinkommen für Menschen mit besonderen Bedürfnissen gehen wir den Schritt weg von der ›Bedürftigkeitsprüfung‹ hin zur Bedarfsdeckung. Weg von der ›wirtschaftlichen Verwertbarkeit‹ hin zu wirklichen Rechtsansprüchen auf gleiche Lebensverhältnisse und Chancen.«

Anlässlich seines Besuches in Wandlitz zur Eröffnung des zweiten Inklusionsgymnasiums, bei dem in allen Klassen durchschnittlich vier Menschen mit Beeinträchtigungen jeweils mit Einzelfallhelfern sich gemeinsam mit allen anderen auf das Abitur vorbereiteten, fragten wir ihn: »Sehen Sie heute noch den Bedarf an Gleichstellung ausländischer mit einheimischen Bürgern?« Seine Antwort: »Wir haben hier Riesenfortschritte gemacht. Und wie man hört, hatte auf diesem Sektor Wandlitz ja schon vor Jahrzehnten die Nase sehr weit vorne. Was jetzt bleibt, ist, dass bei der Gleichstellung von Menschen mit Beeinträchtigungen auch die besonderen Sprachbarrieren ausländischer Behinderter vollständige Berücksichtigung finden. Die seit Kurzem erfolgte gesetzliche Durchsetzung des Grundsatzes ›Gleicher Lohn für gleiche Arbeit‹ und die Einführung des Grundeinkommens werden dabei eine große Hilfe sein.«

Ist das vorstellbar? Das ist vorstellbar!

Jede Zukunft beginnt mit dem ersten Schritt. Was wir in Wandlitz erlebt haben, fühlte sich in manchen schönen Momenten an wie ein warmer Südwind künftiger solidarischer Sozialbeziehungen. Im vorliegenden Buch habe ich mich bemüht, das Aufblitzen neuer Erfahrungen im Miteinander unter das Vergrößerungsglas zu nehmen. Man mag diesem Text vorwerfen, die positiven Seiten vergrößert und die Probleme verkleinert zu haben. Na und?

Wir erleben es täglich: Negative Nachrichten verbreiten sich von alleine. Das Positive, das Neue, das, was kaum einer zu hoffen wagte, das braucht die Unterstützung, die Verbreitung, auch die prüfende Analyse und vor allem Nachahmer!

So manchen kritischen Gedanken, so manche zornige Überlegung, so manche wütende Erfahrung habe ich im Laufe des Schreibens an diesem Text wieder gelöscht. Von der Festplatte. Und aus meinem Herzen. Es wird so viel Kritik geübt in diesen Zeiten. Es wird so viel ausgegrenzt und abgegrenzt. Uns fällt es offenbar leicht, mit dem Zeigefinger auf andere zu deuten, während wir dabei übersehen, dass drei Finger unserer Hand auf uns zurückweisen.

Eines meiner kritischen Themen heißt: »Parteien und Willkommenskultur«. Als ich mit der Wandlitzer Bürgermeisterin über meinen Unwillen sprach, dass aus der Gemeindevertretung so wenig Impulse zur Unterstützung der Willkommenskultur gekommen waren, machte sie mich darauf aufmerksam: »Das sind doch auch nur Ehrenamtler!«

Für einen Moment schämte ich mich. Natürlich, es kann nicht anders gehen: Jeder gibt freiwillig das, was er zu geben bereit und in der Lage ist. Jeder gibt sein Bestes.

Und wie Marshall Rosenberg, der »Vater« der gewaltfreien Kommunikation einmal sagte: »Jeder Mensch ist bereit, Gutes zu tun, wenn es freiwillig ist.« Aber jeder Mensch kennt auch Ängste. Als siebenjähriger Junge hatte ich vor allem Angst, meinen beiden großen Brüdern gleich nach dem ersten Frost auf das dünne Eis des Schlittschuhteiches zu folgen. Dünnes Eis! Das geht gar nicht ohne Angst! Angst hilft uns, Gefahren zu erkennen und zu vermeiden. Aber die Natur hat uns neben der Angst auch den Mut mitgegeben. Ohne ihn wären weder Nord- noch Südpol entdeckt worden, weder die Dampfmaschine noch der Computer.

Mut zur Zukunft heißt für mich: Mut zum Miteinander, Mut zum solidarischen Austragen von Konflikten, Mut zur Verschiedenartigkeit. Und immer wieder auch: Mut, auf dünnem Eis neue Wege zu gehen. Ich freue mich auf das Jahr 2035. In Wandlitz und in der Welt.

Anhang

Ein Brief an alle Neuankommenden

Uns alle bewegt in diesen Tagen die Frage: Was wird? Was bleibt, und was muss sich ändern, wenn wir das schaffen wollen? Ich habe versucht, ein paar Gedanken dazu in einem Brief an die »Neuankommenden« zusammenzufassen. Er soll an dieser Stelle den Ausklang des vorliegenden Buches bilden und uns allen den Weg weisen. Den Weg zu einer Willkommenskultur, die diesen Namen verdient.

Liebe Milene, lieber Mustafa, liebe Afelia,
lieber Muhammed, liebe Maria, lieber Hussein!
Jetzt, da ihr nach langer Flucht und dem Verlust eurer Heimat in unser Land gekommen seid, hört ihr immer wieder: Ihr müsst euch anpassen, unsere Werte akzeptieren und vor allem unser Grundgesetz.

Dabei müssen wir uns ja auch anpassen. Und wie. Unsere Werte. Teilen lernen. Das Fremde achten. Nicht als Be-

drohung, sondern vielleicht als Bereicherung denken und erfahren. Und unser Grundgesetz.

Wir selbst müssen es neu buchstabieren lernen: »Die Würde des Menschen ist unantastbar!«

Die des Kindes. Die des Menschen mit besonderen Bedürfnissen. Die Würde der Frauen. Die Würde aller Menschen, egal welcher religiösen oder sexuellen Orientierung. Oh ja, da müssen wir noch viel lernen!

»Die Würde des Menschen ist unantastbar.« Unantastbar. Auch an der Grenze zwischen Salzburg und Bad Reichenhall. Auch in den Turnhallen und Messehallen und Baumärkten und Lagerhäusern, in den Zeltstädten der Erstaufnahmeeinrichtungen.

Die Würde vieler von euch wird derzeit angetastet. Nicht nur in den sozialen Netzwerken. Auch in den bitterkalten ungeheizten Zelten auf den Notliegen des Katastrophenschutzes. Wo Frauen und Männer ohne Rückzugsmöglichkeiten zusammengepfercht sind.

Wir müssen uns anpassen. Wir müssen unsere Gesetze achten. Vor allem unser Grundgesetz. Vor allem den Artikel 1. Anpassen ist Veränderung. Viele haben Angst vor Veränderung.

Aber die Würde darf nie auf der Strecke bleiben.

Ihr, die ihr neu in unser Land kommt, müsst euch anpassen, müsst unsere Gesetze kennenlernen und achten. Aber viele von uns, nein, wir alle, müssen jetzt, da ihr zu uns kommt, ebenfalls neu lernen, die Gesetze zu achten. Neu zu verstehen. Und die Werte einer Epoche, die bei uns »Auf-

klärung« hieß: Gewaltfreiheit, Toleranz, Wahrhaftigkeit. Und die Werte einer Revolution, auf der unsere Demokratie fußt:

Freiheit! Gleichheit! Geschwisterlichkeit!

Vor allem aber immer wieder den Artikel 1: »Die Würde des Menschen ist unantastbar!«

Die Würde von Sandra und Kevin, von Xaver und Krezentia genauso wie von Milene und Mustafa, von Afelia und Muhammed.

Willkommen in unserem Land! Wir verändern uns!

Geleitwort der Bürgermeisterin von Wandlitz, Dr. Jana Radant

Liebe Leserinnen und Leser,

das bürgerschaftliche Engagement für das neue Flüchtlingsheim in unserem Ortsteil Wandlitz startete neben einer Vielzahl von Aktivitäten deutlich sichtbar mit Willkommensplakaten in Großformaten. Ein Willkommen in 14 Sprachen. Eine angenommene Herausforderung und zugleich Verpflichtung, die das Handeln einer Vielzahl von Anwohnern und mein Handeln als Bürgermeisterin in neuer Nachbarschaft in den kommenden Monaten bestimmen sollte.

Durch das beeindruckende Wandlitzer Engagement wurde der Begriff »Willkommenskultur« aktiviert, neu belebt und Beispiel über die gemeindlichen Grenzen hinaus. Darauf können wir stolz sein!

Die große Anzahl bewaffneter Konflikte in der Welt lässt vermuten, dass unser Land und Europa auch in der Zukunft Zwischenstation oder neue Heimat für eine wachsende Anzahl von Flüchtlingen sein werden. Dieser Herausforderung werden wir uns gemeinsam stellen.

Mein Dank gilt ausdrücklich dem »Runden Tisch Willkommen«, der mit seinem Einsatz die besondere Willkommenskultur in Wandlitz trägt und prägt. Und ich danke Mathis Oberhof, der als Mitinitiator dieses bürgerschaftlichen Engagements in unserer Gemeinde nicht nur einen großen persönlichen Einsatz zeigt, sondern uns mit dem vorliegenden Buch Handlungsempfehlungen und Ideen vermittelt, wie Nachbarschaft zwischen Anwohnern und Flüchtlingen gelingen kann.

Wagen Sie den Weg, es lohnt sich!

Dr. Jana Radant
Bürgermeisterin der Gemeinde Wandlitz

Anmerkungen

1 Horn, Brigitte: Dezentrale Unterbringung favorisiert, Märkische Oderzeitung, 8.11.2012, http://www.moz.de/artikel-ansicht/dg/0/1/1053668?res=1 (20.11.2015)

2 Bey, Steffi: Wandlitzer Willkommenskultur, Neues Deutschland, 20.1.2014, http://www.neues-deutschland.de/artikel/921308.wandlitzer-willkommenskultur.html (20.11.2015)

Internet-Links und Adressen

Zeitgleich mit dem Ansteigen der Flüchtlings-Hilfsinitiativen steigt auch die Anzahl der Internetseiten, Downloadmöglichkeiten, Broschüren und weiteren Informationsmaterialien.

Auf den folgenden Seiten gebe ich deshalb einen repräsentativen Überblick mit dem Stand von Dezember 2015. Ein paar dieser Adressen sind im Text bereits genannt worden. Der Übersichtlichkeit halber wiederhole ich sie hier noch einmal.

Ich freue mich, wenn die Liste danach immer schneller immer umfangreicher wird. Den aktuellen Stand können Sie auf der Internetseite www.helprefugeeswelcome.wordpress.com lesen. Der nebenstehende QR-Code führt direkt dorthin.

www.helprefugeeswelcome.wordpress.com

Wenn Sie uns eine neue Internetadresse zum Thema »Flüchtlingshilfe« mitteilen wollen, schreiben Sie bitte eine Mail an: refugees-welcome@arcor.de

Überblick über Standorte von Aktionen und Initiativen:
www.wie-kann-ich-helfen.info
www.willkommensnetz.campact.de
www.beanangel.direct

Die Tagesschau hat eine umfangreiche Liste von lokalen Initiativen zusammengestellt:
www.tagesschau.de/fluechtlingsprojekte

Lokale Hilfsgesuche: www.helphere.de

Zeit spenden

Zugang zu Informationen schaffen
Kostenloser WLAN Zugang für Flüchtlinge
www.refugees-online.de

Mehrsprachige Informationen für Flüchtlinge
Flüchtlingsradio (Refugee Radio): Podcasts auf www.ndr.de und www.funkhauseuropa.de
Informations-App: www.welcome-app-concept.de

Mehrsprachige Informationen im Internet
www.blogger-fuer-fluechtlinge.de
»Guide for Refugees« auf www.ard.de und der Youtube-Account »Guide for Refugees« des *Bayerischen Rundfunks*

Beschilderungssystem für Flüchtlingsheime
http://bit.ly/1k2yeBU

Digitaler Willkommensatlas
www.kmyk.de

Gemeinsam Deutsch lernen

Bilderbücher und -bögen zur Erstverständigung und digitale Wörterbücher

http://bit.ly/ersterkontakt
http://bit.ly/point_it
http://bit.ly/reiseknowhow
http://de.langenscheidt.com
www.refuchat.com

Unterrichtsmaterialien für den regulären Deutschunterricht

www.iwdl.de
www.wegerer.at
www.lingolia.com
http://bit.ly/NetzwerkBerlinDeutschLernen
www.equal-sepa.de
http://wycliff.de/fluechtlinge
http://wikis.zum.de/willkommen
www.kostenlose-ausmalbilder.de
www.germanforrefugees.com
www.refugeephrasebook.de
http://de.langenscheidt.com
http://fluechtlingsdeutsch.tumblr.com
www.welcomegrooves.de
http://bit.ly/Woerterbuchanalphabeten

Interaktive Webseiten und Angebote aus TV und Radio zum Deutschlernen

www.dw.com
http://alf-hannover.de

Online-Uni für Flüchtlinge
http://kiron.university

Hilfe zum Dolmetschen
http://bit.ly/DolmetscherPoolMainz

Alltag in Deutschland
www.refugeeguide.de
http://bit.ly/bibliothekverband
http://bit.ly/interkulturellerkalender

Beraten

Formulare verstehbar machen und Rechtsberatung
www.facebook.com/Formularprojekt
http://rechtsberatunglageso.blogsport.eu

Informationen zu asylrechtlichen Fragen
http://ibnalbalad.de (auf Arabisch)

PRO ASYL
Postfach 16 06 24
60069 Frankfurt/M.
Tel. 069 24 23 14 20
www.proasyl.de

Informationsverbund Asyl und Migration
Greifswalder Straße 4
10405 Berlin
www.asyl.net

Bundesamt für Migration und Flüchtlinge
Frankenstraße 210
90343 Nürnberg
Tel. 0911 94 30
www.bamf.de

Bundesarbeitsgemeinschaft Asyl in der Kirche e. V.
Kirche Zum Heiligen Kreuz
Zossener Str. 65
10961 Berlin
www.kirchenasyl.de

Beauftragte für Migration, Flüchtlinge und Integration der Bundesregierung:
Staatsministerin Aydan Özoguz
Bundeskanzleramt
Willy-Brandt-Straße 1
11012 Berlin
Tel. 030 184 00 16 40
integrationsbeauftragte@bk.bund.de

Wir Gehen Mit – Die Mitläufer e.V.
Goebenstrasse 94
47169 Duisburg
www.wirgehenmit.org

In allen Bundesländern gibt es Flüchtlingsräte,
ebenso in vielen Städten.
www.fluechtlingsrat.de

BADEN-WÜRTTEMBERG:
Flüchtlingsrat Baden-Württemberg e.V.
Hauptstätterstraße 57
70178 Stuttgart
Tel. 0711 55 32 834
www.fluechtlingsrat-bw.de

BAYERN:
Bayerischer Flüchtlingsrat
Augsburgerstraße 13
80337 München
Tel. 089 76 22 34
www.fluechtlingsrat-bayern.de

BERLIN:
Flüchtlingsrat Berlin e.V.
Georgenkirchstraße 69–70
10249 Berlin
Tel. 030 243 44 57 62
www.fluechtlingsrat-berlin.de

BRANDENBURG:
Flüchtlingsrat Brandenburg
Rudolf-Breitscheid-Straße 164
14482 Potsdam
Tel. 0331 71 64 99
www.fluechtlingsrat-brandenburg.de

BREMEN:
Flüchtlingsrat Bremen
c/o Zuflucht – Ökumenische Ausländerarbeit e.V.
Berckstraße 27
28359 Bremen
Tel./Fax. 0421 835 61 52
www.fluechtlingsrat-bremen.de

HAMBURG:
Flüchtlingsrat Hamburg e.V.
Nernstweg 32–34
22765 Hamburg
Tel. 040 43 15 87
www.fluechtlingsrat-hamburg.de

HESSEN:
Hessischer Flüchtlingsrat
Leipziger Straße 17
60487 Frankfurt
Tel. 069 97 69 87 10
www.fluechtlingsrat-hessen.de

MECKLENBURG-VORPOMMERN:
Flüchtlingsrat Mecklenburg-Vorpommern e.V.
Postfach 11 02 29
19002 Schwerin
Tel. 0385 581 57 90
www.fluechtlingsrat-mv.de

NIEDERSACHSEN:
Niedersächsischer Flüchtlingsrat e.V.
Langer Garten 23 B
31137 Hildesheim
Tel. 05121 156 05
www.nds-fluerat.org

NORDRHEIN-WESTFALEN:
Flüchtlingsrat NRW e.V.
Wittener Straße 201
44803 Bochum
Tel. 0234 58 73 15 60
www.frnrw.de

RHEINLAND-PFALZ:
Arbeitskreis Asyl Rheinland-Pfalz
Postfach 2851
55516 Bad Kreuznach
Tel. 0671 845 91 52
http://wp.asyl-rlp.org

SAARLAND:
Saarländischer Flüchtlingsrat e.V.
Kaiser-Friedrich-Ring 46
66740 Saarlouis
Tel. 06831 487 79 38
www.asyl-saar.de

SACHSEN:
Sächsischer Flüchtlingsrat e.V.
Dammweg 5
01097 Dresden
Tel. 0351 87 45 17 10 und 0351 33 28 54 71,
www.saechsischer-fluechtlingsrat.de

SACHSEN-ANHALT:
Flüchtlingsrat Sachsen-Anhalt e.V.
Schellingstraße 3–4
39104 Magdeburg
Tel. 0391 537 12 79
www.fluechtlingsrat-lsa.de

SCHLESWIG-HOLSTEIN:
Flüchtlingsrat Schleswig-Holstein e.V.
Sophienblatt 82–86
24114 Kiel
Tel. 0431 73 50 00
www.frsh.de

THÜRINGEN:
Flüchtlingsrat Thüringen e.V.
Schillerstr. 44
99096 Erfurt
Tel. 0176 45 98 13 66
www.fluechtlingsrat-thr.de

Hilfe für traumatisierte Flüchtlinge
Zentrum Überleben: www.ueberleben.org
Behandlungszentrum für Folteropfer: www.bzfo.de
Gesellschaft für Neurolinguistisches Coaching:
www.nlc-info.org

Hilfe für weiblichen Flüchtlinge
Die bundesweite kostenlose Telefonnummer »Frauen in Not« lautet: 0800 116 016
Die Telefon-Hotline »Vertrauliche Geburt« hat die Nummer:
0800 404 00 20

Hilfe für den Zugang zum Arbeitsmarkt
www.arbeitsagentur.de
www.workeer.de
www.startnext.com/cucula
www.startnext.com/magdashotel

Angehörigensuchdienst
https://refunite.org
www.drk.de

Gemeinsam etwas erleben und tun

Gemeinsam kochen und essen
www.welcome-dinner.de
www.ueberdentellerrandkochen.de

In München gibt es eine »Volksküche für Flüchtlinge«:
www.facebook.com/Vokuemuc

Die Handwerkskammer Lübeck hat Rezepte zum Kochen mit Flüchtlingen zusammengetragen, Infos über:
hnaepflein@hwk-luebeck.de

Sport treiben
http://bit.ly/willkommenimverein
www.lsvbw.de
www.integration-durch-sport.de

Bei der Mobilität helfen

Begleitung zum Arzt
www.malteser-migranten-medizin.de

Partnerschaften /Integrationslotsen
Xenion vermittelt Vormundschaften: www.xenion.org
www.fluechtlingspaten-syrien.de
www.schuelerpaten-berlin.de
www.start-with-a-friend.de

Materielle Spenden

Informationen zu Sachspenden
www.helphelp2.com
www.kleiderstiftung.de

Informationen zu Geldspenden bzw. zur Spendenakquise
Das bundesweite einheitliche Spendenkonto der größten deutschen Hilfsorganisationen:
»Aktion Deutschland Hilft«
IBAN: DE62 3702 0500 000 1020 30 –
Spendenstichwort: Hilfe für Flüchtlinge

Amadeu Antonio Stiftung
Linienstraße 139
10115 Berlin
Tel. 030 24 08 86 10
www.amadeu-antonio-stiftung.de/projektfoerderung

In Brandenburg unterstützt das Sozialministerium Flüchtlingsprojekte pro Initiative mit bis zu 1000 Euro. Anträge hier: www.asyl-brandenburg.de

Platz spenden

www.fluechtlinge-willkommen.de
www.place4refugees.de

Formular zur Meldung von Liegenschaften/Wohnungen zur Aufnahme von Flüchtlingen in Thüringen: www.thueringen.de, Stichwort »Der Menschenwürde verpflichtet«

Öffentlichkeitsarbeit, Farbe bekennen

Vorlagen für Willkommenstransparente
http://bit.ly/VorlagenfuerWillkommensTransparente

Druck:
flyeralarm GmbH
Alfred-Nobel-Str. 18
97080 Würzburg
Tel. 0931 465 84 0
www.flyeralarm.com

Informationen zum Versicherungsschutz für Ehrenamtliche

Bayern: www.stmas.bayern.de
Hessen: www.gemeinsam-aktiv.de
Rheinland-Pfalz: www.wir-tun-was.de
Niedersachsen: www.freiwilligenserver.de
Für Baden-Württemberg, Brandenburg, Schleswig-Holstein, Sachsen und Mecklenburg-Vorpommern: www.ecclesia.de

Ich wünsche Ihnen Kreativität, viele motivierte Unterstützerinnen und Unterstützer und ein frohes Gelingen bei »Refugees Welcome«!

Danksagung

Viele, sehr viele Menschen haben dazu beigetragen, dass dieses Buch entstanden ist, diese Geschichte geschrieben werden konnte. Wie ich in meiner Eröffnungsrede des ersten Bürgerbegegnungsfests im Mai 2013 sagte, danke ich den Flüchtlingen, dass sie es auf ihrer dramatischen Flucht vor Unterdrückung, Gewalt und Krieg, Hunger und Umweltzerstörung wagten, in unser Land zu kommen.

Wir Wandlitzerinnen und Wandlitzer dürfen uns glücklich schätzen, durch die Entscheidung für ein Asylbewerberheim in unserem Ort diese Chance zur Weiterentwicklung erhalten zu haben. Ich danke all den mutigen, couragierten, kreativen, fröhlichen, ausdauernden, verantwortungsbewussten, fleißigen, konfliktbereiten und kompromissfähigen Wandlitzerinnen und Wandlitzern, die in so kurzer Zeit ihren Beitrag zum Wandlitzer Willkommensglück leisteten.

Mein Freund Wilfried Silbernagel, der sich als Berufsschullehrer vor allem darum bemüht, Schülern mit Migrationshintergrund einen erfolgreichen Hauptschulabschluss zu vermitteln, fragte mich im Januar 2014: »Warum schreibst du eigentlich kein Buch darüber?« Alle Gegenargumente und Ausreden, alle Ängste und alles Zögern vor so einem »großen Projekt« hat er mir ausgeredet und mir versprochen, mich als Coach auf der langen Reise des Projekts zu begleiten. Und er hat dieses Versprechen auch eingehalten!

Die positive Resonanz auf diese Idee, wie ich sie vom Ministerpräsidenten Dr. Dietmar Woidke, dem Landrat Bodo Ihrke, der Sozialreferentin von Barnim, Silvia Ulonska, und der Wandlitzer Bürgermeisterin Dr. Jana Radant bekam, war mir eine wichtige Rückenstärkung.

Hätte meine Frau Margot mich bei der Umstellung meines Tagesablaufs nicht unterstützt (was unter anderem mit vielerlei Konsequenzen dazu führte, dass das Wohnzimmer zur Schweigezone werden musste, solange ich in das Spracherkennungsprogramm diktierte), hätte ich diese Aufgabe nicht bewältigt.

Zu besonderem Dank bin ich Frau Dr. Brigitte Breuer verpflichtet, die in einer wohl viele Tage und Nächte langen akribischen Arbeit (gefühlte) Hunderte von Kommafehlern korrigierte, aber auch mutig nicht nur grammatikalische, sondern auch semantische und stilistische Verbesserungsvorschläge machte, die ich gerne annahm.

Auf eine für mich beeindruckende Art und Weise hat sich mein Koautor Carsten Tergast in die Wandlitzer Willkommenskultur hineingedacht, -gearbeitet und mit ihr verbunden, sodass die Geschichte lesbarer und spürbarer wurde. Danke, Carsten!

Mein Agent Kai Gathemann hatte den richtigen Riecher und die Ausdauer, mich professionell zu begleiten, bis das Projekt »in trockenen Tüchern« war. Solche Menschen braucht ein derartiger Text!

Ich danke allen Interviewpartnern, den Rechteinhabern der vielen Bilder in diesem Buch, den Lektorinnen, mit denen die Zusammenarbeit Herzlichkeit und Freude brachte, und dem herausgebenden Goldmann Verlag.

Meine Mutter Erika (1917–2000) musste im Winter 1945 zusammen mit ihrer Mutter und Schwester aus Masuren in Ostpreußen fliehen. Dass sie darüber reden konnte, dass sie uns Kinder fern von jedem Revanchismus, aber in der Haltung der Ächtung von Krieg und Gewalt erzog, hat mich und meine Haltung zu den Geflüchteten heute geprägt. Danke, Mutter!

Und dann wäre da noch mein Vater zu erwähnen, Pastor Johannes Oberhof (1905–1987). Er war in meinen Augen ein begnadeter und vom religiösen Sozialismus geprägter Schriftsteller, Kirchenhistoriker, Theologe, Philosoph. Er hat Tausende von Seiten voller kluger Gedanken verfasst. Mit schriftlich formulierten Gedanken und Manuskripten bin ich aufgewachsen. Sie gaben mir den Mut, dieses Projekt in Angriff zu nehmen. Und so widme ich dieses Buch auch meinem unvergesslichen Vater.

Mathis Oberhof
Wandlitz, Dezember 2015

Sachregister